रमुआ-कलुआ-बुधिया और राष्ट्रवाद

रमुआ-कलुआ-बुधिया
और
राष्ट्रवाद

डॉ. राम मिलन

लोकभारती प्रकाशन

लोकभारती प्रकाशन
पहली मंजिल, दरबारी बिल्डिंग, महात्मा गाँधी मार्ग
प्रयागराज-211 001
वेबसाइट : www.lokbhartiprakashan.com
ईमेल : info@lokbhartiprakashan.com

शाखाएँ : 1-बी, नेताजी सुभाष मार्ग, दरियागंज
नयी दिल्ली-110 002
अशोक राजपथ, साइन्स कॉलेज के सामने
पटना-800 006 (बिहार)
36-ए, शेक्सपियर सरणी
कोलकाता-700 017

मूल्य : ₹ 400

प्रथम संस्करण : 2019

जे.के. आर्ट प्रेस
प्रयागराज द्वारा मुद्रित

RAMUVA-KALUVA-BUDHIYA
AUR RASHTRAWAD
by Dr. Ram Milan

ISBN : 978-81-943648-2-5

महानायक ज्योतिबा राव फूले

एवं

बाबा साहेब डॉ. भीमराव अम्बेडकर जी

के चरणों में

सादर समर्पित

अनुक्रम

दो शब्द

'राष्ट्र' और 'राष्ट्रीयता' जैसे प्रत्यय भारतीय नवजागरण के दौर की भावना और विचारोत्प्रेरणा की सहवर्ती भूमि पर जिस रूप में विकसित हुए थे, उसे भारतीय समाज की 'संगठित होने की आकांक्षा' की सहज-स्वाभाविक फलश्रुति माना जा सकता है। तब 'राष्ट्रवाद' नाम की हवा इस तरह नहीं चल रही थी, जैसी आज। 'राष्ट्रीयता' तब एक भावना थी, कोई अतिरेकी आग्रह नहीं। इस भावना से हमारे समाज की सामूहिक 'स्व-चेतना' परिभाषित होना चाह रही थी। उसकी अकुण्ठ आवाज़ यह थी, जो अंग्रेज़ी राज के विरुद्ध स्वतन्त्रता के राष्ट्रीय आन्दोलन की आन्तरिक अनुगूँज बनी—

'जिसको न निज गौरव तथा निज देश का अभिमान है,
वह नर नहीं, नर पशु निरा है और मृतक समान है।'

यानी, तब राष्ट्रीयता की जो भावना थी, उसमें 'निज गौरव' (आत्मगौरव) और 'देश का अभिमान' (राष्ट्रगौरव) दोनों की 'समन्वित अनुभूत का विपुल अवकाश था। वैयक्तिक पहचान और सामाजिक पहचान के बीच विभाजनकारी भावना का निषेध था। धर्म की भावना का भी 'राष्ट्र' की भावना से कोई टकराव नहीं था। गाँधी जब कहते थे—'मैं हिन्दू हूँ, मुसलमान भी हूँ, सिख भी हूँ, ईसाई भी' तो मानो एक सम्पूर्ण राष्ट्र के रूप में 'अपने भारतीय मनुष्य होने को ही परिभाषित कर रहे होते थे। जिस राष्ट्रीय भावना के पक्ष में 'गाँधी को अपने प्राणों की बलि देनी पड़ी, दुर्भाग्य से आज उसी गाँधी के देश में राष्ट्रीयता की भावना को 'हिन्दू राष्ट्रवाद' में Reduce कर देने का उन्मादी उत्साह देखा जा रहा है। ऐसे संकटपूर्ण समय में डॉ. राम

मिलन की यह पुस्तक इस उन्माद के विरुद्ध एक गम्भीर वैचारिक आवाहन के रूप में देखी जा सकती है।

इस पुस्तक का शीर्षक पढ़ते ही रघुवीर सहाय की 'अधिनायक' शीर्षक कविता की यह पंक्ति तुरन्त ध्यान में आती है—

'राष्ट्रगीत में भला कौन यह भारत भाग्य विधाता है।
फटा सुथन्ना पहने जिसके गुन हरचरना गाता है।'

'हरचरना' की ही तरह डॉ. राम मिलन की इस पुस्तक से सन्दर्भित रमुआ- कलुआ और बुधिया हैं। 'राष्ट्रगान' सुनते हुए एक जिज्ञासा है जो कवि रघुवीर सहाय को अपने हरचरना के मन में घुमड़ती दिखी थी। राम मिलन अपने रमुआ, कलुआ और बुधिया को लेकर यह जिज्ञासा सामने लाना चाहते हैं कि हमारे देश के सामान्य जनों के लिए 'राष्ट्रवाद' का क्या अर्थ हो सकता है और क्या औचित्य।

डॉ. राम मिलन राष्ट्रवाद को न तो 'हिन्दू राष्ट्रवाद' के चश्मे से देखना उचित मानते हैं, न 'मुस्लिम राष्ट्रवाद' के चश्मे से। राष्ट्र को लेकर डॉ. राम मिलन अपनी अवधारणा न तो सावरकर के सहारे बनाना चाहते हैं, न जिन्ना के सहारे। वे लिखते हैं—असल में राष्ट्र का निर्माण रमुआ, कलुआ और बुधिया का ही निर्माण है। कलुआ-बुधिया और रमुआ से प्रेम, सद्भाव और भाई चारा?'

'राष्ट्रवाद' की खोज का रचनात्मक प्रयास है यह पुस्तक तथाकथित राष्ट्रवाद के अनेक संकीर्ण रूपों की पड़ताल करते हुए अन्ततः लेखक अपनी खुद की परिकल्पना में राष्ट्रवाद के एक व्यापक बिम्ब को उभारने की चेष्टा करता है—'सार्वभौमिक राष्ट्रवाद' के रूप में।

पुस्तक में विभिन्न देशी-विदेशी विद्वानों के उद्धरण देकर लेखक ने अपने व्यापक अध्ययन का भी प्रमाण दिया है और अपनी इस सदाकांक्षा का भी कि हमारा समाज, व्यर्थ के व्यामोहों से मुक्त होकर देश-प्रेम की सच्ची भावना को विश्व-मानवता की उदात्त भावभूमि पर प्रतिष्ठित होने दे।

–राजेन्द्र कुमार

1
राष्ट्रवाद : एक खोज
(Nationalism : A search)

राष्ट्र क्या है? इसकी परिभाषा बड़ी वृहद् है। किसी के लिए राष्ट्र देवता या फिर कहें ईश्वर से भी बढ़कर हो सकता है; तो किसी के लिए राष्ट्र बाद में और ईश्वर या देवता पहले है। ऐसी स्थिति में अगर कोई कहे कि राष्ट्र या फिर ईश्वर में से किसी एक को चुनो! और सिर्फ़ एक की ही भक्ति करो! तो क्या यह सम्भव है, उन लोगों के लिए जो सिर्फ़ राष्ट्र या ईश्वर को मानते हैं, जानते कदापि नहीं।

जहाँ तक मैं समझता हूँ कि राष्ट्र को जानने और समझने का सबका अपना-अपना दृष्टिकोण और नज़रिया है। जैसे कोई साधारण आदमी चाहे वह गाँव का या फिर शहर का हो, पढ़ा-लिखा हो या फिर पढ़ा-लिखा न हो, राष्ट्र उसके लिए एक भारी-भरकम शब्दमात्र के सिवाय कुछ नहीं। तो क्या राष्ट्र एक खूँटा है। जिसमें जानवरों की तरह प्रत्येक इन्सान को भी बाँध दिया जाना चाहिए? या फिर यूँ कहें कि इन्सान जानवर है जो स्वतन्त्रता की सारी पराकाष्ठा पार कर चुका है। व्यक्ति के लिए राष्ट्र उपयोगी है या फिर राष्ट्र के लिए व्यक्ति उपयोगी है? राष्ट्र ने व्यक्ति को जन्म दिया है, या फिर व्यक्ति ने राष्ट्र को? यदि राष्ट्र और देश दोनों एक ही हैं और व्यक्ति से पहले या फिर बड़े हैं तो, क्या इनमें इतनी भी जगह नहीं जहाँ प्रेमी और द्रोही या फिर भक्त और नास्तिक साथ-साथ रह सकें? यदि नहीं तो फिर राष्ट्र या देश व्यक्ति से बड़े कैसे? और व्यक्ति छोटा कैसे? ऐसी स्थिति में क्या व्यक्ति राष्ट्र या फिर देश से बड़ा नहीं?

व्यक्ति या व्यक्तियों ने अपनी स्वतन्त्रता और गुलामी को तो समय-समय पर अपने तरीके से भोगा! क्या राष्ट्र या फिर देश को कभी यह महसूस हुआ। और हाँ, जब कभी भी कोई राष्ट्र या देश तथाकथित रूप से परतन्त्र या गुलाम हुआ तो, इसकी पीड़ा आख़िर किसने महसूस की? राष्ट्र या देश ने या फिर व्यक्ति और व्यक्तियों के समूह ने और तब इसे आज़ादी या मुक्ति किसने दिलायी? शायद व्यक्ति या फिर व्यक्तियों के समूह ने ही।

राष्ट्र की अवधारणा शायद सब समय और सब काल में ही रही है, और शायद आगे भी रहेगी। मनुष्य इस अवधारणा का केन्द्र बिन्दु है। राष्ट्रीयता मानवीय एकता का प्रतीक है। प्राचीन वेदों से लेकर अब तलक राष्ट्र की न जाने कितनी ही कल्पनाएँ की गयीं हैं।

अब आप अथर्ववेद, काण्ड 3, सूक्त 8, मन्त्र 1; को ही ले लीजिये।

बृहत् राष्ट्रम् संवेश्यम् दधातु।

ऋषि ने निवास के लिए बृहत् राष्ट्र को धारण करने की कल्पना की है। इसमें परिवार, समाज और राष्ट्र के लोगों के विचार-कर्म सहयोगी होने चाहिए, वे परस्पर विरुद्ध बात और विरुद्ध कर्म न करें, तभी राष्ट्र यानी व्यक्ति या प्राणी का हित एवं कल्याण है।

इस भूमण्डल पर अनेक राष्ट्रों की कल्पना कर उसका विभाजन कर लिया गया है। व्यवस्था के लिए यह ठीक हो सकता है, परन्तु कितना अच्छा होगा कि एक राष्ट्र दूसरे राष्ट्र के हितचिन्तक रहें। भला अपने राष्ट्र की उन्नति एवं रक्षा करना किसे अच्छा नहीं लगेगा? क्या राष्ट्र या देश की कल्पना तभी जायज है, जब एक राष्ट्र या देश के सामने, कोई दूसरा राष्ट्र या देश मुँह बगार कर अपनी भोंडी राष्ट्रीयता का प्रदर्शन करते हुए डींगें मारने हेतु बावला दिखायी दे रहा हो! या फिर ठीक वैसे ही जैसे किसी देश या राष्ट्र के भीतर कुछ शरारती असामाजिक तत्त्व, पाखण्डी, निहायत चरित्रहीन लोग अपनी तथाकथित राष्ट्रीयता और देश-प्रेम का भोंडा प्रदर्शन करने हेतु हमेशा उतावले दिखते हों। जब कि राष्ट्र या फिर राष्ट्रवाद से इनका कोई रंचमात्र का भी सरोकार न हो। राष्ट्रनिर्माण में इनकी भागीदारी भी सन्देह के घेरे में हो। जहाँ तक मैं समझता हूँ राष्ट्रगीत या फिर राष्ट्रगान किसी व्यक्ति विशेष की रचना हो सकती है, किसी विशेष काल-समय या परिस्थिति में। अब अगर वही रचनाकार आज उन परिस्थितियों से इक्तेफ़ाक न रखता हो तो, क्या राष्ट्र या फिर देश मिट्टी में मिल जायेगा? यदि हाँ तो क्या? राष्ट्र मिट्टी नहीं है, उन तथाकथित विद्वान्-मूर्खों के लिए जो राष्ट्र या देश को मिट्टी का मान बैठे हैं? और फिर यदि उस रचनाकार की रचना से ही देशप्रेम, देशभक्ति या राष्ट्रप्रेम झलकता है तो उसी रचना को गानेवाले, अन्य राष्ट्र के लोगों से आख़िर इतनी नफ़रत क्यों? क्या, वह इन बुद्धिजीवियों के अपने ही राष्ट्र या देश के भाई नहीं हैं? और यदि भाई हैं तो फिर इन भाइयों से नफ़रत, यह कैसा और कौन-सा राष्ट्रवाद है? क्या किसी राष्ट्र या देश का राष्ट्रीय गीत या फिर राष्ट्रगान ही उस राष्ट्र की राष्ट्रीयता का पैमाना (मानक) है।

जिस प्रकार राष्ट्र या देश का वजूद मनुष्य या फिर मनुष्यों के समूह अर्थात् समाज के बिना असम्भव है, ठीक वैसे ही राष्ट्रवाद की कल्पना भी बिना शत्रु राष्ट्र के असम्भव

है। बिना शत्रु राष्ट्र के राष्ट्र के भीतर झूठा राष्ट्रवाद (Pseudo Nationalism) अपने ही राष्ट्र के लिए एक आत्मघाती हमला है।

इससे भी अधिक घातक और विनाशकारी प्रयत्न एक ही राष्ट्र के भीतर तथाकथित राष्ट्रप्रेमियों द्वारा देशद्रोहियों को खोजना। आख़िर यह कैसे सिद्ध होगा कि तथाकथित जो देशप्रेमी दिखते हैं या फिर खुद को देशप्रेमी और राष्ट्रवादी दिखाने का नाटक कर रहे हैं वह असल में भी राष्ट्रवादी और राष्ट्रप्रेमी भी हैं। क्या वह राष्ट्र को इस प्रकार से परिभाषित कर सकते हैं जो सर्व सहमति से सबको ही सर्वमान्य हो? शायद नहीं। तो फिर राष्ट्र को उनकी बपौती कैसे मान लिया जाय? या फिर जिन्हें राष्ट्र विरोधी या देशद्रोही की संज्ञा से सम्बोधित करने का षड्यन्त्र भरा उपक्रम किया जा रहा है, वह असल में भी देशद्रोही या राष्ट्रविरोधी हैं?

क्या षड़यन्त्र करनेवाले लोग वास्तव में भी राष्ट्र या फिर देश के शुभचिन्तक और हितैषी हैं?

मुझे लगता है, कि व्यक्ति या फिर व्यक्तियों के समूह के बिना राष्ट्र की अवधारणा ही एक पागलपन, वाहियात सनक के सिवाय कुछ भी नहीं। काफ़ी जद्दोजहद और मानसिक संघर्ष के उपरान्त मुझे यह कहने में कदापि भय या फिर संकोच नहीं है कि आज राष्ट्र और राष्ट्रवाद कुछ मुट्ठीभर मानसिक रूप से दिवालिया लोगों की वज़ह से बृहद् से संकीर्ण होता जा रहा है। अफ़सोस होता है कि कुछ लोग इसे अपनी ज़ागीर समझ बैठे हैं, ठीक वैसे ही जैसे कि राष्ट्र अब गँजेड़ियों के लिए गांजा, अफ़ीमचियों के लिए अफ़ीम, राजनीतिज्ञों के लिए, बहस, चैनलों के लिए टी.आर.पी. तो साधारण लोगों के लिए एक रोग या फिर बीमारी से अधिक कुछ भी नहीं रह गया हो!

इसका यह कतई मतलब नहीं कि उपर्युक्त व्यक्ति या व्यक्तियों का समूह मनुष्य नहीं हैं। बल्कि उनमें और साधारण मनुष्यों में मात्र और मात्र इतना ही अन्तर है कि वह राष्ट्र को सिर्फ़-और सिर्फ़ अपनी स्वार्थ सिद्धि का साधन मानते हुए राष्ट्र को एक बाज़ार और राष्ट्रवाद को एक धारदार हथियार की तरह इस्तेमाल करते हुए राष्ट्र की न्यूनतम इकाइयों अर्थात् रमुआ, कलुआ, बुधिया एवं जनसाधारण को तहस-नहस करते रहते हैं। जबकि साधारण जनमानस भावना में बहकर अपना सब-कुछ नष्ट कर लेता है।

राष्ट्र मेरी दृष्टि से व्यक्तियों, मनुष्यों का वह समूह है, ज़ो आपस में अपने सुख-दुख, ज्ञान-विज्ञान, आशा-निराशा, सहमति-असहमति एवं तर्क-वितर्क का आधार है। भला कौन अभागा ऐसा होगा जिसे अपने देश या अपने राष्ट्र से प्रेम न हो!

राष्ट्र और राष्ट्रीयता मेरे लिए एक खोज है। यह किसी अन्य के लिए अतिशयोक्ति हो सकती है, परन्तु मेरे लिए एक वास्तविकता से कतई कम नहीं। मैंने कभी भी "बसुधैव कुटुम्बकम्" का नारा नहीं लगाया जैसा कि अपने आपको सतानती या

पुरातनी लोग जगह-जगह पर इस नारे की बाँग लगाते देखे जा सकते हैं। बल्कि मैंने सदा ही इसमें जीने का प्रयत्न किया है। भारत मेरे लिए एक देश है और मुझे भारत से प्रेम है। मेरा प्रेम प्रदर्शन की वस्तुमात्र नहीं है। जहाँ एक तरफ मेरा शरीर है तो वहीं भारत ही मेरा ईश्वर या मेरी आत्मा है। तुम्हारे ईश्वर तुम्हारे देवता मेरे लिए महापुरुष, महामानव, प्रेरणास्रोत या फिर दोयम दर्जे के साधारण मनुष्य से भी बदतर हो सकते हैं, लेकिन मेरा भारत मेरे लिए तुम्हारे तथाकथित अवतारों एवं तथाकथित धर्मों से भी बढ़कर है। क्योंकि तुम्हारे तथाकथित धर्म, तथाकथित अवतारों एवं संस्कृतियों ने इसी भारत भूमि पर ही जन्म लिया है। भारत मेरे लिए माता भी है, पिता भी है, भाई भी और सखा भी है।

'भारत माता की जय', वन्दे मारतम्, 'जन गण मन', 'मादरेवतन', 'जयहिन्द', **I Love My India** इन शब्दों में से जो भी मुझे याद आते हैं उन्हें बोलने में मुझे आख़िर क्या तकलीफ़! लेकिन यह भी उतना ही सच है कि न तो मुझे पूरा राष्ट्रगान आता है और न ही राष्ट्रगीत। और इसे याद करने की मैं आवश्यकता भी नहीं समझता, और न ही याद करने का कोई उचित कारण ही महसूस होता है। मैं देशभक्त हूँ इसमें मुझे कोई सन्देह कदापि नहीं। राष्ट्रगान या फिर राष्ट्रगीत सीखकर रटकर मुझे तथाकथित देशभक्तों के सामने देशभक्ति का प्रमाण देने की भी ज़रूरत नहीं। बेचारों को स्वयं भी शायद ही पूरा राष्ट्रगान और राष्ट्रगीत याद हो!

मेरे लिए राष्ट्र एक भूमण्डल है। सम्पूर्ण धरती है। एक पूर्ण ग्रह है, जिसमें प्राणि मात्र निवास करते हों। क्योंकि प्राणियों के बिना शायद ही राष्ट्र की कल्पना सम्भव हो! यदि प्राणी के बिना किसी राष्ट्र की कल्पना की जा सकती तो शायद, चन्द्रलोक जो कि एक भूमण्डल है, राष्ट्र होता, लेकिन ऐसा नहीं है। एक दृष्टिकोण से देखें तो, भारत, अमेरिका, चीन, न्यूजीलैण्ड, रूस, जापान या फिर श्रीलंका ये सभी देश हैं। राष्ट्र कदापि नहीं। व्यवस्था संचालन हेतु देश का होना कुछ भी बुरा नहीं। देश प्रेम होना ही चाहिए सबको अपने-अपने देश से। और फिर देश से ही क्यों? सम्पूर्ण मानव जाति एवं प्राणिमात्र से, प्रेम-सद्भाव ही असल में राष्ट्रवाद है।

संयुक्त राष्ट्र अमेरिका एक भ्रामक या फिर मिथक की तरह है, क्योंकि इसमें धरती के सम्पूर्ण देश समाहित नहीं हैं बल्कि कई राज्यों एवं छोटे-छोटे देशों का समूह है।

इसी तरह यूनाइटेड किंगडम कई राज्यों एवं छोटे-छोटे देशों का समूह है, लेकिन गौर से देखें तो एकता की इकाई भी। कहने का तात्पर्य जो छोटे-छोटे देश हैं वह आपस में मिलकर बड़े परिवार या फिर कहें, राष्ट्र का निर्माण करने में अग्रसर दिखायी पड़ते नज़र आ रहे हैं, तो वहीं बड़े देश खासकर एशियाई देश बातें तो राष्ट्रवाद और राष्ट्र निर्माण की करते हैं, लेकिन वास्तव में देश के भी टुकड़े करने पर आमादा हैं। यह राष्ट्रीयता का कैसा रोग है जो सार्वभौमिक मानवता को तहस-नहस करने पर उतारू है।

क्या यह विचार का विषय नहीं है कि जब धरा पर एक ही भूमण्डल है, तो फिर बिना धरती को विखण्डित किये अनेक राष्ट्र की कल्पना कैसे की जा सकती है? क्या एक बृहद राष्ट्र की कल्पना की गुंजाइश बिल्कुल भी सम्भव नहीं जिसमें अनेक देश राज्य या फिर प्रान्त बनकर प्रेमपूर्वक रह सकें! और राष्ट्रवाद या राष्ट्र के उद्‌घोषक यानी प्राणी की रक्षा करते हुए मानवता की उन्नति में अपनी राष्ट्रीयता का पालन करते हुए, सुखपूर्वक अपने जीवन का निर्वहन कर सकें। या फिर "वसुधैव कुटुम्बकम्" का अनर्गल प्रलाप करते हुए, मनुष्यता यानी राष्ट्रीयता को दिन प्रतिदिन नष्ट करने हेतु अपना सम्पूर्ण जीवन बर्बाद कर दें? दूसरी तरफ "भारत तेरे टुकड़े होगें" के पीछे की वास्तविकता आख़िर क्या है? हाँ जहाँ तक मैं समझता हूँ कि तथाकथित छद्म राष्ट्रवादियों ने इस नारे के विरोध में एक माहौल तैयार किया है, वह कुछ और नहीं बल्कि छद्म राष्ट्रवाद ही है। मुझे नहीं मालूम कि भारत के टुकड़े कैसे होंगे? और कौन करेगा?

जो भारत पहले से ही प्रदेशों-राज्यों, जिलों, तहसीलों, तालुकाओं और गाँवों में बँटा हो, उसके और कितने टुकड़े करोगे? जो भारत पहले से ही तथाकथित जाति-धर्म, मजहब, सम्प्रदाय, पन्थ, क्षेत्रीय भाषाओं-बोलियों, रहन-सहन, खान-पान के कारण सदा से ही बँटा रहा हो, उसके टुकड़े होंगे का तात्पर्य क्या है? आख़िर कौन सा धारदार हथियार है, उनके पास जो भारत के टुकड़े की बात करते हैं? या फिर यह एक फक़त सियासी षड्यन्त्र है।

आख़िर भारत में किसको आज़ादी चाहिए? और किससे आज़ादी चाहिए? जो लोग नारा लगाते हैं, 'मनुवाद से आज़ादी' 'संघवाद से आज़ादी' हम लेकर रहेंगे आज़ादी। तो क्या भारत ने ही उनकी आज़ादी को रोक रखा है। या फिर मनुवाद या संघवाद के छद्म रूप को पहचानने में उनसे ही भारी भूल हुई है!

जहाँ तक मैं जानता और समझता हूँ, मनुवाद और संघवाद कभी किसी पर जबरन थोपा गया होगा, इससे इनकार नहीं किया जा सकता है, और आज भी जहाँ समाज में एक दबा-कुचला शोषित तबक़ा है उस पर इसे जबरन थोपा जा रहा है! परन्तु उससे भी अधिक ख़तरनाक इसका दूसरा पहलू भी है, जहाँ एक सबल और शिक्षित तबका जो कभी अशिक्षित, शोषित और उपेक्षित था आज मनुवाद एवं संघवाद का हिस्सा स्वेच्छा से बनता जा रहा है। यहाँ तक कि जिन शोषित-वंचितों की अभी हाल ही की पीढ़ियों यानी उनके बाप-दादाओं ने जिस तिलक चन्दन और जनेऊ का अत्याचार और तमाशा अपनी आँखों से देखा! आज उसी तिलक चन्दन और जनेऊ को अपने सिर-माथे पर धारण कर गर्व की अनुभूति कर रहे हैं। शायद यह शोषित और उपेक्षित समाज के लिए कहीं अधिक चिन्ता का विषय है।

कहने का मतलब, जिन्हें संघवाद और मनुवाद में कोई दिलचस्पी नहीं, उन्हें संघवाद या मनुवाद छू भी नहीं सकता, ख़ास तौर पर जो शिक्षित और जागरूक हैं।

शिक्षा से मेरा तात्पर्य यहाँ किसी विशेष उपाधि से न होकर बल्कि मानसिक चेतना से है। या फिर चाहे वह कितना ही अशिक्षित समाज क्यों न हो?

आख़िर क्या कारण है कि देश के भीतर ही आज़ादी का नारा लगानेवाले लोग, दलितो-पिछड़ों, आदिवासियों पर मनुवाद और संघवाद के प्रभाव को कम करने या रोकने में असफल हुए? संघवाद और मनुवाद की तथाकथित उदारता और हिन्दूकरण के तिलिस्म को बेधने की उनकी रणनीति क्या है? क्या कभी इस पर उन्होंने विचार किया, अमल किया? कहने का तात्पर्य जब संघवाद और मनुवाद का बीज अंकुरित होकर, वृक्ष से वटवृक्ष बनने की प्रक्रिया में था तब आख़िर वह मिट्टी कहाँ थी? उसके लिए खाद-पानी किसने प्रदान किया? और आख़िर आपने क्या किया? यहाँ तक आज भी क्या कर रहे हैं? आप!

जहाँ तक मैं समझता हूँ, राष्ट्र की शुरूआत एक व्यक्ति से होती है, व्यक्ति ही राष्ट्र की सूक्ष्म से सूक्ष्मतम इकाई (Unit) है। यदि हमें राष्ट्र का निर्माण करना है तो व्यक्ति और समाज का निर्माण करना ही होगा।

अब प्रश्न उठता है कि, आख़िर व्यक्ति और समाज का निर्माण कौन क्यों और कैसे करेगा?

मैंने कहीं पढ़ा था, एरिक हाब्सबॉम ने कहा था—

"राष्ट्रवाद को इतिहास की तलब उतनी ही होती है जितनी कि एक अफीमची को अफीम की।"

देश में अफ़ीमचियों से भी अधिक ख़तरनाक छद्म राष्ट्रवादी आज गली-नुक्कड़ और चौराहों पर आसानी से देखे जा सकते हैं, या कहें टेलीवीजन चैनलों और अख़बार के पन्नों पर तो इनकी भरमार है। तो क्या व्यक्ति और राष्ट्र निर्माण का कार्य इन्हें ही सौंप देना चाहिए? या फिर किसी हिन्दू, मुसलमान, सिक्ख, जैन, बौद्धों को! या किसी संगठन या कुछ संगठनों के व्यक्ति और राष्ट्र निर्माण को ठेकेदारी पर देकर? या कुछ बाबाओं-स्वामियों, उलेमाओं और मौलवियों की कृपा एवं दुआओं के सहारे या फिर चन्द तथाकथित बुद्धिजीवियों के भरोसे जो किसी पेशेवर की तरह नित-प्रतिदिन नहा-धोकर टेलीवीजन चैनलों पर कुण्डली मारकर अपनी दार्शनिकता का भोंडा प्रदर्शन करते देखे जा सकते हैं।

यह एक गम्भीर विषय है। इस मुद्दे पर किसी भी एक निष्कर्ष पर नहीं पहुँचा जा सकता। मेरा मानना है, कि "राष्ट्र किसी की जागीर या बपौती नहीं है, चाहे वह नेता, अभिनेता या फिर किसी संगठन का प्रमुख ही क्यों न हो। राष्ट्र रमुआ, बुधिया और कलुआ का भी है।"

राष्ट्रवाद एक दम्भ नहीं है, दिखावा और प्रदर्शन भी नहीं है। असल में राष्ट्र का निर्माण रमुआ, बुधिया और कलुआ का ही निर्माण है। तो राष्ट्रवाद है! कलुआ, बुधिया

और रमुआ से प्रेम, सद्भाव और भाईचारा। राष्ट्र किसी एक व्यक्ति या फिर कुछ संगठनों मात्र से निर्मित नहीं हो सकता। क्योंकि किसी व्यक्ति विशेष या फिर संगठन का अपना अदृश्य (Hidden) एजेण्डा होता है, जो सामाजिक से कहीं अधिक, आर्थिक, राजनीतिक और धार्मिक होता है, साथ ही राज सत्ता के सन्निकट उसी के इर्द-गिर्द अन्ततः घूमता है। इसलिए व्यक्ति और राष्ट्र निर्माण का कार्य इन संगठनों के हाथ में जाना अत्यधिक घातक या फिर कहें खतरनाक है तो, अतिशयोक्ति न होगी।

अब प्रश्न उठता है, कि फिर व्यक्ति, समाज और राष्ट्र का निर्माण कैसे और कौन करेगा? उत्तर शायद उतना भी मुश्किल नहीं जितना कि हम और आप सोच रहे हैं। व्यक्ति, समाज और राष्ट्र का निर्माण वह, प्रत्येक व्यक्ति करेगा जो समाज और राष्ट्र में रहता है। राष्ट्र को प्रेम करता है, राष्ट्र को जानता है, उसे यह अच्छी तरह से मालूम है कि वह राष्ट्र, देश या फिर समाज की एक सूक्ष्मतम इकाई है। राष्ट्र पर अधिकार से अधिक अपने दायित्व और कर्त्तव्य के प्रति सजग है। समाज, देश और राष्ट्र के प्रति अपनी जिम्मेदारियों को समझता है। वह राष्ट्र को मात्र एक ज़मीन का टुकड़ा न मानकर जन-जन की वेदना, पीड़ा, दुख-दर्द को महसूस कर उसमें शरीक होकर उसे दूर करने की चेष्टा एवं प्रयत्न करता है। वह हम और आप में कोई भी हो सकता है। ग़रीब-अमीर, शिक्षित-अशिक्षित, शहरी-ग्रामीण, गृहस्थ या फिर संन्यासी।

राष्ट्र निर्माण में इतिहास का योगदान हो सकता है, लेकिन इतिहास ही राष्ट्र निर्माण करता है, ऐसा मैं नहीं मानता। राष्ट्रवाद एक सतत प्रक्रिया है, जो नित नये राष्ट्र को जन्म देती है। राष्ट्र, राष्ट्र होता है, न यह सनातन होता है न पुरातन होता है। न हिन्दू राष्ट्र होता है और ही इस्लामिक राष्ट्र होता है। जिन्हें भ्रम है कि पाकिस्तान, बाँग्लादेश इस्लामिक राष्ट्र हैं तो भारत को हिन्दू राष्ट्र होना चाहिए। वे अपनी आँख खोलकर देखें कि उक्त राष्ट्र या फिर देश, तथाकथित इस्लामिक राष्ट्र होने के बावजूद कितने खुशहाल हैं? क्या इन तथाकथित मुल्कों की तबाही का आलम, ख़ूनी मंजर और दरिद्रता उन्हें दिखायी नहीं देती?

इसके विपरीत अपना पड़ोसी मुल्क नेपाल जो कभी गर्व से अपने को हिन्दू राष्ट्र कहता था। उसकी भुखमरी और दरिद्रता क्या किसी से छिपी है? और आज विवश होकर धर्म निरपेक्ष या फिर पन्थनिरपेक्ष हो गया।

आप स्वयं विचार कीजिये, कि जहाँ इस्लाम का एकमात्र बाप यानी ग्रन्थ, कुरान है जो सभी मुल्को में स्वीकार्य है। वहीं हिन्दू राष्ट्र तो क्या अभी तक हमारे गण्यमान्य महापुरुषों से लेकर सर्वोच्च अदालत तक भी हिन्दू तक को पहचान दिलाने में नाकामयाब रहे, और हिन्दू वर्णन (यानी ग्रन्थकारों और ग्रन्थों) का तो पूछो न अनगिनत! रामायण, गीता, वेद, पुराण स्मृतियाँ और भी न जाने कितने?

सहसा मुझे ज्योतिबा फुले की पंक्तियों की याद आती है—

"भला यह कैसे सम्भव है कि एक ख़स्ता 'कड़बोले' जो अट्ठारह प्रकार की एकता से उत्पन्न हुआ है, 'एकमय लोक' एक राष्ट्र होगा" फुले (1991; 494)

राष्ट्रवाद के सन्दर्भ में राष्ट्रगान के रचयिता रवीन्द्रनाथ टैगोर कहते हैं—कि

राष्ट्रवादजनित संकीर्णता, मानवता की प्राकृतिक स्वच्छन्दता आध्यात्मिक विकास के मार्ग में बाधा है। वे राष्ट्रवाद को युद्धोन्मादवर्द्धक और समाजविरोधी मानते हैं, क्योंकि राष्ट्रवाद के नाम पर राज्य शक्ति का अनियन्त्रित प्रयोग अनेक अपराधों को जन्म देता है? व्यक्ति को राष्ट्र के प्रति समर्पित कर देना उन्हें कदापि मंजूर नहीं था। राष्ट्र के नाम पर मानव संहार तथा मानवीय संगठनों का संचालन उनके लिए असहनीय था। उनके अनुसार राष्ट्रवाद का सबसे बड़ा ख़तरा यह है कि मानव की सहिष्णुता और उसमें स्थित नैतिकताजन्य परमार्थ की भावना राष्ट्र की स्वार्थपरायण नीति के चलते, समाप्त हो जायेंगे। यहाँ तक कि टैगोर ने राष्ट्र की धारणा को भारत के लिए ही नहीं, अपितु विश्वव्यापी स्तर पर अमान्य करने का आग्रह किया था।

कुछ इसी तरह विवेकानन्द कहते हैं, कि—

"यदि स्वदेश व मनुष्य कुल का यथार्थ कल्याण हो तो श्री गुरु की पूजा ही छोड़ना क्या, कोई उत्कट पाप करके मैं ईसाइयों का अनन्न नरक भोगने के लिए भी तैयार हूँ।"

आगे उन्होंने लक्ष्य किया था,

'बाहरवाले राष्ट्रों' के संघर्ष से भारत धीरे-धीरे जग रहा है।

पहले मुझे लगता था कि 'राष्ट्रवाद' को यूरोपीय उपज़ कहनेवाले वामपन्थियों की यह एक भूल हो सकती है, परन्तु विवेकानन्द के उपर्युक्त कथन से पूर्णतः सिद्ध हो गया कि, वास्तव में राष्ट्रवाद की धारणा मध्यकालीन सामन्तवाद को प्रस्थापित करके ही उभरी होगी।

इस क्रम में आनन्द कुमार का एक लेख, जिसका शीर्षक "राष्ट्रवाद ज़हर हो चुकी पुरानी दवाई है" के कुछ अंश का ज़िक्र करना चाहूँगा।"

किसी भी सभ्यता के लिए राष्ट्र का निर्माण एक बहुत बड़ी चुनौती होती है। यह चुनौती भारत के लिए भी है। भारत पिछले 200 सालों में साम्राज्यवादी शासन के अन्तर्गत पराजित, अपमानित, विघटित और विभाजित किया गया। अब वह लोकतन्त्र की प्रक्रिया के अन्तर्गत अपने भागों (टुकड़ों) को एकत्र करने का प्रयास कर रहा है। लेकिन यह पूरे मन से नहीं हो रहा है। इसको एक करने का विचार पूरी तरह से बदल चुका है। इसमें आमूल चूल परिवर्तन हो चुका है।

हमारी तरह के लोग अनेकता में एकता के सिद्धान्त के उत्तराधिकारी हैं। हमारे जैसे लोग इस सिद्धान्त को आगे बढ़ानेवाले हैं। हम परम्परावाद और आधुनिकतावाद के बीच की बहस को आगे बढ़ानेवाले हैं। हम समाज का विश्लेषण करने की परम्परा

को आगे बढ़ानेवाले हैं। हम आशावादी हैं कि भारत में एक सामाजिक परिवर्तन होगा, जाति और सम्प्रदाय की संकीर्णताओं में परिवर्तन होगा, सामाजिक अन्याय को दूर करने के लिए वास्तविकता के साथ एक सार्थक बहस होगी।

यूरोप को एक तरीक़े का लाभ या फिर हानि प्राप्त था कि वहाँ एक जाति, एक धर्म के लोग रहते थे। उन्होंने बहुलतावाद का हमेशा विरोध किया। यही कारण है कि आज रूसो की ज़मीन पर सामाजिक समझौता खत्म हो चुका है। अब वहाँ काले और मुसलमानों को दूर भगाने का आन्दोलन चल रहा है। यही दूसरे विश्व युद्ध के दौरान हुआ था। अब वही उनके राष्ट्र का मॉडल हमें भी पसन्द आ रहा है। अब यही बात भारतीय लोगों के दिमाग में है कि यहाँ पर हिन्दूइज्म (हिन्दू धर्म) का बहुमत है तो उपनिवेशवाद की समाप्ति के बाद हम भी क्यों न इसी रास्ते पर चलें और भारत को एक हिन्दू राष्ट्र बनायें इसी तरह से कुछ लोगों का यह भी सोचना है कि हमारी जनसंख्या भी ज्यादा है तो क्यों न हम मुस्लिम राष्ट्र बनायें।

राष्ट्रवाद के परिप्रेक्ष्य में मैं एस.एम. माइकल की दृष्टि रखना चाहूँगा—

राष्ट्रवाद का युग, राष्ट्रवाद शब्द के आधुनिक अर्थ में एक आधुनिक घटना है। इसका विकास अठारहवीं सदी में पश्चिम में हुआ तथा कालान्तर में एक सार्वभौमिक राजनीतिक अवधारणा के रूप में इसका उद्भव हुआ। कोहन के मतानुसार 1815 एवं 1920 के मध्य ही यूरोप का राजनीतिक मानचित्र पुनः अंकित हुआ जबकि अफ्रीका एवं एशिया का राजनीतिक मानचित्र 1945 एवं 1965 के मध्य परिवर्तित हुआ (कोहन, 1956 : 63)। इस अवधि से पूर्व राष्ट्रवाद का, वर्तमान निहितार्थ में, अस्तित्व नहीं था (गैलनर, 1994 : 62)।

एक विशाल एवं सुस्पष्ट क्षेत्र में, एक केन्द्रीकृत सरकार के स्वरूप का अस्तित्व, चाहे वह वास्तव में हो अथवा एक आदर्श के रूप में, राष्ट्रवाद की मान्यता है (कोहन 1956 : 4)। भारत में राष्ट्रवाद का उद्भव उपनिवेशवाद के सन्दर्भ में हुआ (ओमन, 1997; सिंह 1997 : 117-30)। इसे अंग्रेज़ों द्वारा भारत के राजनीतिक एवं प्रशासकीय एकीकरण एवं आर्थिक एकीकरण में खोजा जा सकता है। राजनीतिक रूप से यदि बात कीजिये तो उन्नीसवीं सदी के प्रारम्भ में भारत था ही नहीं, एवं इससे सौ वर्ष पूर्व भारत को स्वयं अपने भूतकाल एवं प्राचीन इतिहास का कोई ज्ञान नहीं था। (मजूमदार, 1965 : 4)। अंग्रेज़ी शिक्षा यूरोपीय विज्ञान एवं दर्शन का आगमन एवं साथ ही राष्ट्र तथा अपनी भूतकालीन संस्कृति के लिए भारत में गर्व का उद्भव इसी ऐतिहासिक मोड़ पर हुआ।

मुझे लगता है, आज का राष्ट्रवाद कुछ अलग तरीक़े का है—वह कैसे? एक नज़र डालते हैं—

धर्म, पूँजीवाद और राजनीति यह सब एक-दूसरे के पर्याय ही नहीं अपितु पूरक हैं। कभी धर्म को पूँजी की तो कभी पूँजी को धर्म की नितान्त आवश्यकता होती है, परिणामस्वरूप राजनीति की उत्पत्ति होती है और वह फलती-फूलती है। "राजनीति का कोई धर्म नही होता" परन्तु धर्म को राजनीति का संरक्षण हर हाल में चाहिए। फिर यह कोई ख़ैराती प्रक्रिया भी नहीं है। क्योंकि यदि हम धर्म को राजनीति का पिता और पूँजी (पूँजीवाद) को उसकी माता मानकर चलें तो शायद स्थिति और स्पष्ट हो जाती है। अतः बदले में राजनीति, धर्म और पूँजीवाद को संरक्षण प्रदान करती है।

कहते हैं माँ का स्वभाव पुत्र के लिए सदा उदार और स्थिर रहता है, इसलिए माता रूपी पूँजीवाद का स्वरूप भले ही बदल जाये लेकिन पुत्र के लिए सदा उदार बनी रहती है। चाहे फिर पुत्र लायक हो या नालायक। लेकिन यहाँ माँ का भी दायरा सिर्फ़ अपने पुत्र तक ही सीमित मानें, अर्थात् राजनीति तक! धर्म और राजनीति यानी पिता और पुत्र, एक-दूसरे का भरभूर उपयोग करते हैं। कभी धर्म को राजनीति भोगती है तो कभी राजनीति को धर्म! मुझे बड़ा हास्यास्पद लगता है जब भोले-भाले बुद्धिजीवी बड़ी मासूमियत से कह देते हैं, कि धर्म और राजनीति दोनों अलग-अलग चीज़ हैं, इन्हें आपस में न मिलायें। मैं कहता हूँ, अरे साहब दोनों को कभी वास्तव में अलग करके तो देखिये, बिना पानी के मछली की तरह तड़पकर मर जायेंगे।

सदियों-सदियों से धर्म, पूँजीवाद और राजनीति की ज़मीन आम जनमानस, ग़रीब अवाम, दबा-कुचला, पीड़ित-वंचित और शोषित समाज ही रहा है। जिन्हें इतिहास कुरेदने का शौक़ है, किसी और कहीं के इतिहास को उठाकर देख लें इसी ज़मीन के सीने पर हल और कुदाल चलाकर उपर्युक्त तीनों धर्म, पूँजीवाद और राजनीति फले-फूले हैं। जैसा पहले ही कहा जा चुका है कि राजनीति का कोई धर्म नहीं होता है, लेकिन राजनीति धर्म को इस्तेमाल करती हुई पूँजीवाद को स्थिरता प्रदान करती है। और धर्म राजनीति का उत्प्रेरक (Catalyst) है। शायद यही कारण है कि पूँजीवाद आदि और अनन्त है, उसका रूप भले ही बदलता हो, लेकिन उसके स्थायित्व में रंच मात्र की क्षति नहीं हुई है। इस प्रकार राजनीति और पूँजीवाद को दो जिस्म एक जान कहा जाय तो भी अतिशयोक्ति न होगी।

व्यावहारिकता में जहाँ राजनीति धर्म का प्रचार-प्रसार करती है तो वहीं पूँजीवाद धर्म में पूँजी का निवेश करता है। मन्दिर-मस्जिद, चर्च-गिरजाघर, मठ-आश्रम या फिर गुरुद्वारे के रूप में। इस प्रकार देखा जाय तो मिलेगा कि, यहाँ भी चार-वर्गीय चतुर व्यवस्था ठीक वैसे ही कार्य कर रही है, जैसे कि वर्णाश्रम की चार वर्ण-व्यवस्था। जिसके घटक कुछ इस प्रकार हैं—

(1) धर्म के रूप में (पहली व्यवस्था)

(2) पूँजीवाद के रूप में (दूसरी व्यवस्था)

(3) राजनीति के रूप में (तीसरी व्यवस्था)

(4) आम-जनमानस, ग़रीब जनता (चौथी व्यवस्था)

अब आते हैं, असली मुद्दे यानी राष्ट्रवाद पर—मज़ेदार बात यह है कि उपर्युक्त एक से तीन नम्बर तक की व्यवस्थाएँ आपस में अन्तरंग होने के कारण अत्यधिक बलवती होने के बावजूद भी हमेशा मानसिक रूप से अशान्त, भयग्रस्त, विक्षिप्त मानसिकता से ओत-प्रोत होकर सदा ही कुछ खोने के डर से चौथी यानी आम जनमानस रूपी सामाजिक व्यवस्था के ढाँचे को तहस-नहस करने हेतु नित नये षड्यन्त्र रचती रहती हैं। यह षडयन्त्र किसी भी रूप में और किसी भी प्रकार का हो सकता है। जैसे कि प्रलोभन, जातिवाद, धार्मिक उन्माद या फिर यहाँ तक कि छद्म राष्ट्रवाद भी।

एक चीज़ और जो मुझे बार-बार सोचने पर विवश करती है कि, ये तथाकथित धार्मिक, राजनीतिक और पूँजीवादी (विशेष तौर पर मीडिया) कितनी चतुराई से दंगों के समय धर्म को सम्प्रदाय और रोज़मर्रा के जीवन में इसी सम्प्रदाय को धर्म कहकर, महिमामण्डन करते हुए बेचती है। इसलिए मैं तो कहता हूँ कि अगर हिन्दू-इस्लाम, सिक्ख-ईसाई, जैन-बौद्ध यह सब धर्म हैं, तो फिर सम्प्रदाय क्या है? और यदि यह सम्प्रदाय हैं तो फिर धर्म क्या है?

जहाँ तक धर्म के बारे में मेरी समझ है, मैं तो सिर्फ़ इतना ही कह सकता हूँ कि धर्म प्रत्येक व्यक्ति और वस्तु का नितान्त व्यक्तिगत मामला है। जो उसके गुणों से जाना-पहचाना जा सकता है। जैसे कि पानी का गुण-धर्म शीतलता, आग का गुण-धर्म जलाना और मनुष्य का गुण धर्म—एक शब्द में कहूँ कि मनुष्यता या फिर मानवता। कालान्तर में जैसे-जैसे तथाकथित धर्म या फिर सम्प्रदाय की पकड़ आम आदमियों से दूर होती जा रही है, कुछ, तथाकथित धार्मिक चरसियों को लगा कि शायद अब सत्ता उनके हाथ से फिसलकर निकल जायेगी या छूमन्तर होनेवाली है। उन सबने मिलकर समय-समय पर अशिक्षित समाज या फिर कहें अशिक्षित समाज को छद्म राष्ट्रवाद के खूँटे से वैसे ही बाँधने का षड्यन्त्र रचा जैसे कि कभी तथाकथित धर्म से! वह अच्छी तरह से जानते हैं कि आज उनके ही तथाकथित धर्म से जिन्हें वह अपनी आवश्यकता अनुसार कभी अपने धर्म का हिस्सा बना लेते हैं तो, आवश्यकता समाप्त होने के पश्चात् उतनी ही बेरहमी से, एक बड़े हिस्से को अपमानित करने से भी नहीं चूकते। आज जब वह तबका विचार करता है, प्रश्न करता है, कि आख़िर तथाकथित धर्म ने मनुष्य-जाति को दिया क्या है? कहीं यह बनावटी राष्ट्रवाद हमें उन तथाकथित धर्मों की तरह जड़ तो नहीं बना देगा! जिसकी ठेकेदारी तथाकथित राष्ट्रवादियों या फिर तथाकथित धार्मिक, आध्यात्मिक ठेकेदारों के पास है। बड़ी विनम्रता के साथ कहना चाहता हूँ कि आख़िर राष्ट्र की जिम्मेदारी किनके कन्धों पर

है? उन तथाकथित धर्म के ठेकदारों, मठाधीशों के पास जो राष्ट्रवाद का चोला ओढ़े कभी राजनीति तो कभी धार्मिक-साम्प्रदायिक उन्माद को उत्प्रेरित करते हैं। या फिर उन काल्पनिक ईश्वरों, खुदाओं, अवतारों के पास जिनका स्वयं का चरित्र भी एक दोयम दर्जे का, चमत्कारिक इनसान लिखता है?

जब कभी कोई व्यक्ति अपने को नहीं जीत पाता, (जीतने का तात्पर्य जानने या समझने से है) वह अपने घर को वश में करना चाहता है, जब उसके ही अपने घर में उसकी अपनी नहीं चलती तो पड़ोसियों पर अधिकार ज़माने की कोशिश करता है, जब पड़ोसियों से नहीं गलती तो वह गाँव का मुखिया बनना चाहता है, मुखिया भी नहीं बन पाता जब, तो वह प्रधान बनना चाहता है। गलती से अगर प्रधान बन गया तो, सरपंच बनने के ख्वाब से कतई नहीं रोका जा सकता उसे! बातें थोड़ी अटपटी ही सही, लेकिन यही हमारा राष्ट्र है। पर सच है। क्योंकि राष्ट्र के ठेकेदार हैं। कारण राष्ट्र में कायर लोग हैं, जो इतिहास के गड़े मुर्दों को तो उखाड़ना जानते हैं लेकिन राष्ट्र में अपनी भागीदारी तय नहीं कर पाते। भागीदारी का यह भी मतलब कतई नहीं कि राष्ट्र के टुकड़े कर लें। लेकिन यह भी तो उतना ही सच है कि इन तुकड़ों को आख़िर जोड़ना भी कौन चाह रहा है? तथाथि पण्डित, मुल्ले, भिक्खू या पादरी!

अफ़सोस, राष्ट्र के असल में यह ही दुश्मन हैं। इनसे पूछना ही पड़ेगा कि आख़िर राष्ट्र निर्माण कैसे होता है? किसी शम्बूक का वध करके या फिर किसी ब्रूनो की हत्या करके? या फिर कुर्बानी के नाम पर असहाय जीवों का क़त्लेआम करने से? मुझे नहीं पता कि आख़िर क्या सही है और क्या ग़लत? मेरे लिए आज गाँधी, अम्बेडकर और विवेकानन्द एक जैसे ही लगते हैं। मैं तो सिर्फ़ अब तक इतना ही जान पाया कि इतिहास अर्द्धसत्य है। और अर्द्धसत्य के साथ-साथ भ्रामक और हमारी समस्या भी। इतिहास के पुनरावलोकन की आवश्यकता आज की महत्त्वपूर्ण आवश्यकता है। लेकिन इसका पुनरावलोकन करेगा कौन? क्या वही राष्ट्र के तथाकथित ठेकदार जो खुद को नहीं सम्हाल पाते कि आख़िर वह क्या बोल रहे हैं? राष्ट्र क्या है? राष्ट्रवाद क्या है? हमें और आपको दूसरों को समझाने के बजाय ख़ुद को पहले जानना और समझना आवश्यक है। राष्ट्र किसी की बपौती नहीं है।

मेरी पीड़ा मेरा दर्द राष्ट्र के लिए बाद में है, क्योंकि राष्ट्र के ठेकेदार तो सर्दियों से राष्ट्र पर राष्ट्रवाद के सहारे अपना कूल्हा टिकाकर बैठे हैं...मेरी चिन्ता मेरा दुख-दर्द तो रमुआ, कलुआ और बुधिया की ही है, कि कहीं यह राष्ट्रवाद का जिन्न इन्हें निगल न जाय। साथ-ही-साथ राष्ट्रवाद मेरे लिए रमुआ, कलुआ और बुधिया के साथ एक खोज़ है।

2

जातिगत राष्ट्रवाद

(Communal Nationalism)

राष्ट्रवाद को समझने से पहले–जातिवाद को कुरेदना ही पड़ेगा। समाज में घटित होनेवाली प्रत्येक घटना हमें कुछ-न-कुछ सिखाती है, सिखाती ही नहीं अपितु एक नये विषय को जन्म देती है। आज जो हो रहा है इसे हम बिल्कुल नया नहीं कह सकते। वर्तमान समय में विश्व के धार्मिक, आर्थिक, राजनीतिक एवं सामाजिक सम्बन्ध असमानता के मुद्दों के चारों ओर घूमते हैं, वे असमानताएँ जो कि, वर्ग, जाति, प्रजाति एवं लिंग पर आधारित हैं। भारत भी उससे अछूता नहीं है। मेरा मानना है कि किसी भी निर्माण, रचना या फिर संरचना को जानना और समझना है तो उसकी सूक्ष्म से सूक्ष्मतम इकाई तक पहुँचना ही होगा।

एक तरफ जहाँ राष्ट्र की सूक्ष्मतम इकाई व्यक्ति (मनुष्य) है तो वहीं दूसरी तरफ मनुष्य की सूक्ष्मतम इकाई जाति न होकर आज उपजाति तक सिमट या फैल गयी है।

जिस प्रकार से राष्ट्र को समझने के लिए मनुष्य को समझना आवश्यक है, वैसे ही मनुष्य को समझने हेतु उपजाति से होते हुए जाति और वर्ग तक पहुँचना ही होगा। वर्ग, कुछ और नहीं वर्ण का ही अपभ्रंश है। इसका इतिहास भी कम रोचक नहीं है। ऋग्वेद में वर्ण शब्द, दो अलग प्रजातियों आर्य वर्ण एवं कृष्ण वर्ण के व्यक्तियों का शारीरिक त्वचा एवं बालों के रंग का सन्दर्भ देकर विभाजन है। अर्थात् ऋग्वेद में चतुर चारवर्ण-व्यवस्था नहीं है। लेकिन इसका यह क़तई तात्पर्य नहीं कि ऋग्वेद प्रजाति विहीन था। अस्पृश्यता के आधारों का निर्माण शायद इससे भी प्राचीन समय में रहा होगा। लेकिन जो वेदों का दम्भ भरते हुए ऋग्वेद को ही सबसे प्राचीन ग्रन्थ मानते हैं, तो फिर उन्हें यह भी स्वीकार्य कर ही लेना चाहिए कि अस्पृश्यता के जन्मदाता भी ऋग्वेद के लेखक, रचयिता या फिर ऋषि ही हैं। प्रव्रजक आर्य, श्याम वर्ण के उन अनार्यों से काफी अलग दिखते थे, जिनको उन्होंने भारत में मूलनिवासी के रूप में पाया। आर्य स्वयं को श्रेष्ठ एवं उच्च समझते थे तथा उन्हें अपनी प्रजाति, भाषा एवं धर्म पर गर्व था। इसी दम्भ के चलते अनार्यों को उन्होंने अमानव अथवा अमानुष माना (देवधर, 1981) :× 229 अनार्यों की विवेचना कृष्ण वर्ण अथवा काली चमड़ी,

अनास अथवा नाकरहित (पिचकी/दबी नाक) उन लोगों के रूप में की गयी जो मृदु भाषी एवं फल्लु की पूजा करते थे। ऋग्वेद के सातवें मण्डल में, वशिष्ठ कहते हैं, "फल्लु पूजकों को ऋत अर्थात् धर्म के निकट नहीं आना चाहिए।" इस तरह आर्यों ने यहाँ के भोले-भाले पूर्व निवासियों (मूलनिवासियों) से दूरी बनाये रखी। और इन दासों को कहा गया कि इनकी रचना सभी से निम्नतम के रूप में की गयी है।

वर्ण-व्यवस्था की जड़ें (रंगभेद) प्रजातियों के संघर्ष में निहित हैं। ईसा पूर्व 1500 में, बड़ी संख्या में आर्यों ने उत्तर-पूर्व से भारत में प्रवेश किया तथा श्यामवर्ण के मूल निवासियों को अपने अधीनस्थ किया, और इस प्रकार जन्म पर आधारित एक वर्ण-व्यवस्था की आधारशिला रखी गयी। प्रारम्भ में आर्यों ने अनार्यों को अमानव एवं मानव समाज से परे माना (देवधर, 918 :× 1. 228)। किन्तु शीघ्र ही आर्यों को यह स्पष्ट हुआ कि उनको समाज में ही निम्न स्थान प्रदान कर स्थायी रूप से उनका शोषण करना अधिक लाभकारी होगा। इस लक्ष्य की प्राप्ति उन्होंने मिथकों एवं तथाकथित तत्त्व दर्शन के माध्यम से की। प्राचीनतम मिथक पुरुषसूक्त का है जिसमें यह प्रस्तुत किया गया है कि समाज के चारों वर्णों की व्यवस्था का उद्भव विराट् पुरुष के शरीर के विभिन्न अंगों से हुआ है।

किन्तु प्रजाति पूर्णरूपेण आधारित मूलभूत मान्यता सदैव के लिए नहीं चल सकती थी। अन्य अतिक्रमणकारी समूहों के समान ही आर्यों के पास स्त्रियों का अभाव था। अतः श्याम वर्ण के मूल निवासियों की स्त्रियों से उन्हें सम्बन्ध स्थापित करना पड़ा। इस प्रकार उनकी प्रजातीय विशेषताओं के साथ समझौता हुआ। किन्तु इसी समय उत्तर-पश्चिम से व्यक्तियों के नये झुण्ड निरन्तर आ रहे थे जो कि श्वेत वर्ण के थे एवं जिनकी आकृति एवं रंग-सम्बन्धी विशेषतायें उन आर्यों की तुलना में अधिक स्पष्ट थीं, जिन्होंने स्वयं को प्रभुत्वशाली आभिजात्य के रूप में यहाँ स्थापित कर लिया था। इसलिए इस शासक अभिजात के लिए यह आवश्यक हो गया था कि वे सामाजिक प्रस्थिति के निर्धारण में शारीरिक विशेषताओं के महत्त्व को कम मानें। इसलिए प्रजातीय विशेषताओं के स्थान पर संस्कारगत शुद्धता की विशद धार्मिक व्यवस्था को प्रारम्भ किया गया। आगे चलकर यही तथाकथित विशद धार्मिक व्यवस्था शूद्रों की निम्न प्रस्थिति को संस्थाकृत कर देती है, जिसको परवर्ती संहिताएँ एवं ब्राह्मण में स्पष्ट देखा जा सकता है। परवर्ती संहिताओं में अनुलोम विवाह अनुमन्य था। अतः आर्य अथवा उच्च वर्ण के पुरुष की शूद्र पत्नी हो सकती थी। तैत्रेय संहिता में भी इसे देखा जा सकता है—

"आर्य शूद्र महिलाओं से अवैध सम्बन्ध स्थापित करते थे; यदि एक शूद्र स्त्री का उपपति आर्य है तो वह अपने पालन के लिए सम्पत्ति की अपेक्षा नहीं करती है।" (कीथ, 1967 : vii. 4 19-3) एक शूद्र एक आर्य स्त्री से क़ानूनी रूप से भी विवाह

की कल्पना तक नहीं कर सकता, अवैध सम्बन्ध तो दूर की बात थी। परवर्ती संहिताओं एवं ब्राह्मणों में शूद्रों की निम्न प्रस्थिति के लिए अनेक औचित्य प्रस्तुत किये गये हैं। श्याम यजुर्वेद की तैत्रेय संहिता में हम पाते हैं कि "पुरुषों में शूद्रों की वही स्थिति होती है जैसे कि मानवों (आर्यों) के वाह्य की : इसलिए शूद्र यज्ञ में सहभागिता नहीं कर सकते थे (कीथ, 1967 : vii 6) पुरुष सूक्त के आधार पर तण्ड्यमहाब्राह्मण प्रस्तुत करते हैं—"इसलिए यदि एक शूद्र के पास अनेक पशु हों, तब भी वह यज्ञ करने के योग्य नहीं होता है, क्योंकि वह ईश्वररहित है उसके बाद किसी ईश्वर का निर्माण नहीं हुआ, चूँकि उसकी रचना पैरों से हुई, उसे पैर धोने (तीनों उच्च वर्णों) के अतिरिक्त और कोई कार्य नहीं करना चाहिए।" (गॉड बोले, 1979 : vi I ii)।

तैत्रेय ब्राह्मण एक अन्य मिथकीय औचित्य प्रस्तुत करता है, "उसने ब्राह्मणों की रचना गायत्री से की, राजन्य की विसतुम से एवं वैश्य की जगति से, किन्तु उसने शूद्रों की रचना किसी मन्त्र से नहीं की (अंगासे 1930-31: v. ii) सत्पथ ब्राह्मण में शूद्र को केवल 'कठिन परिश्रम' घोषित किया गया है (एगेलिंग, 1894 : v. iii 6-2-10)

इस प्रकार वर्ण-व्यवस्था या फिर वर्ण-व्यवस्था की गहरी नींव एक संस्थागत रूप धारण करती चली गयी। अब जो लोग वैदिक काल से राष्ट्र और राष्ट्रवाद की वकालत करते हैं, वह अच्छी तरह से अनुमान लगा सकते हैं कि तब का राष्ट्र और राष्ट्रवाद कैसा और किस स्थिति में रहा होगा? ख़ैर उस समय क्या रहा होगा यह विषय उतना महत्त्वपूर्ण नहीं, बात करते हैं, आज के जातिगत राष्ट्रवाद की।

जहाँ राष्ट्र, राष्ट्रीयता और राष्ट्रवाद एक तरफ सार्वभौमिकता का पर्याय जान पड़ता है, तो वहीं दूसरी तरफ जाति-उपजाति इसकी वास्तविक इकाई। प्रत्येक व्यक्ति का सर्वप्रथम नाम होता है, फिर उसकी जाति-उपजाति होती है। इसलिए राष्ट्र, राष्ट्रीयता और राष्ट्रवाद पर बात करने से पहले, खुलकर जाति और जातिवाद पर बात करना बेहतर होगा।

ज़िक्र करना चाहूँगा अपनी स्कूली शिक्षा के दौरान की एक घटना का, ग्यारहवीं कक्षा में पढ़ता था, उस वक़्त पूरे जिले में मात्र दो ही कॉलेज ऐसे थे जहाँ जीव विज्ञान की पढ़ाई होती थी, उनमें एक था श्री दुर्गा देवी इण्टर कॉलेज ओसा मंझनपुर इलाहाबाद और दूसरा बाखरगंज में एक इण्टर कॉलेज। उस समय यह जिला इलाहाबाद का ही एक हिस्सा था, जो आज कौशाम्बी जिले के रूप में है। अब तो इस जिले में भी विज्ञान और गणित माध्यम से कई कॉलेज हो गये हैं। बात उन दिनों की है, यही कोई आज से लगभग 22-23 वर्ष पूर्व की, एक दिन मैं अपने कॉलेज ओसा से अपने गाँव बंजर के लिए आ रहा था अतः मैंने ओसा से बेनी राम कटरा की बस पकड़ी और फिर बेनीराम कटरा पर उतरकर कौशाम्बीवाली दूसरी बस पकड़ ली, संयोग से बस में एक खाली सीट मुझे दिखी उस पर बैठ गया। बस जैसे-जैसे आगे बढ़ी खचाखच भरती

चली गयी, अतः अब हम दो सीटवाली जगह पर तीन और तीन सीटवाली जगह पर चार लोग समाहित होते चले गये। बस कुछ दूर और आगे बढ़ी तो भीड़ की भी संख्या बढ़ती चली गयी अब लोगों को बैठने की वज़ाय खड़े होने में भी मुश्किल हो रही थी। तभी अचानक एक सज्जन दो युवतियों के साथ बस पर सवार हुए, या फिर कहूँ चढ़े। उस समय मेरी उम्र यही कोई 17-18 वर्ष के लगभग रही होगी। उन सज्जन की भी उम्र यही कोई 23-24 वर्ष, और उनके साथ में आयी दोनों युवतियों की उम्र यही कोई 18 से 20 के आस-पास रही होगी। सम्भवतः वह तीनों भाई-बहन ही रहे होंगे। तीनों लोगों के बस में चढ़ने के पश्चात् दोनों युवतियों ने जैसे-तैसे करके बस में बैठी अन्य महिलाओं के साथ अपने बैठने का जुगाड़ बना लिया था। अब बारी उन सज्जन की थी जो अन्य लोगों के साथ बस में खड़े थे। वह कहीं और नहीं बल्कि जिस सीट पर मैं दो के साथ तीन बैठा था। उसी पर अपना कूल्हा टिकाये थे। उनका इसमें कोई कसूर नहीं था। क्योंकि उनकी जगह मैं भी होता तो कहीं-न-कहीं मुझे भी कूल्हा टिकाना ही पड़ता।

अचानक उन महानुभाव ने मेरी तरफ इशारा करते हुए कड़क आवाज में कहा—जरा और खिसको। मैंने कहा—भाई कहाँ खिसकूं? दो की जगह पर तो हम तीन लोग पहले से ही बैठे हैं।

तपाक से उस व्यक्ति ने कहा? किस जाति के हो?

मैंने भी उतनी ही स्फूर्ति के साथ उत्तर दिया—मानव! शायद यह उत्तर मेरे लिए जीवविज्ञान का विद्यार्थी होने के नाते अत्यन्त स्वाभाविक ही था। मेरी इस बात पर बस में खड़े और बैठे कई लोगों की हँसी छूट पड़ी, इतना ही नहीं उन सज्जन के अतिरिक्त उनके साथ आयी दोनों युवतियों की भी हँसी छूट पड़ी। मेरे हाथ में जन्तु विज्ञान की एक मोटी और भारी-भरकम़ किताब के साथ कुछ अन्य किताबें और कापियाँ थीं। जन्तु विज्ञान की किताब के लेखक थे डॉ. रमेश गुप्ता। सज्जन ने पूछा—पढ़ते हो? मैंने व्यंग्यात्मक लहज़े में कहा—नहीं कथककली! फिर एक बार बस में ठहाका लग गया। सज्जन ने अपने पर काबू करते हुए फिर सवाल किया—किस क्लास में? मैंने भी इस बार बड़ी सहजता से उत्तर दिया—इण्टरमीडिएट प्रथम वर्ष में। वह महानुभाव लम्बी साँस छोड़ते हुए, अच्छा ग्यारहवीं में। तभी इतनी अंग्रेज़ी झाड़ रहे हो। उस वक़्त तो नहीं, लेकिन आज उन सज्जन की बात पर मुझे ज़रूर सोचने पर मजबूर कर दिया कि क्या? वाकही में अंग्रेज़ी झाड़ने की निर्धारित सीमा कक्षा ग्यारह ही है। जो, उन सज्जन का पारा उस वक्त चढ़ता ही जा रहा था, इसी क्रम में वो फिर एक बार तैस में आकर बोले, मैं भी बी.एस.सी. कर रहा हूँ। अगला प्रश्न मैंने दाग दिया—गणित से? वह बोल—नहीं, जीव विज्ञान से। मैंने कहा फिर तो आप जाति की परिभाषा मुझसे भी बेहतर जानते होंगे? वह सज्जन अब और अधिक क्रोधित हो गये, और मुझ

पर चीख़ पड़े। बोले—तुम ज़्यादा अंग्रेज़ी न झाड़ो, तुम्हीं बताओ जाति की परिभाषा, क्या होती है? मैंने उनके क्रोध को भाँपते हुए बड़ी विनम्रता के साथ कहा, भाई इसमें गुस्सा होने की कौन-सी बात है? आपने ही मुझसे मेरी जाति पूछी थी, और फिर आप जीव विज्ञान से बी.एस.सी कर रहे हैं। इसीलिए मैंने सोचा कि आपको जाति की परिभाषा तो आती ही होगी। वह सज्जन बोले—आती तो है, लेकिन बताऊँगा नहीं। तुम बताओ, तुम बहुत बड़े विद्वान् बन रहे हो न। उन सज्जन की हठधर्मिता के आगे अन्ततः मुझे झुकना पड़ा। मैंने कहा, तो ठीक है फिर सुनो—

"प्रकृति के वे सभी सदस्य जो परस्पर लैंगिक प्रजनन कर सकते हैं, एक ही जाति के सदस्य होते हैं।" आगे मैंने उदाहरण देते हुए कहा, जैसे कि—कुत्ता कुतिया के साथ, गधा-गधी के साथ और हाँ जब घोड़ी और गधा परस्पर लैंगिक प्रजनन करते हैं तो शंकर खच्चर की उत्पत्ति होती है। फिर तो पूरी बस में तालियों की गड़गड़ाहट शुरू हो गयी। वाह, शाबास, अच्छा उत्तर दिये हो। उन महानुभाव को मानो साँप सूँघ गया हो! कुछ देर के लिए। उस घटना के बाद से जीवन में जाति और जातिवाद से सम्बन्धित कई घटनाएँ घटीं जिनका ज़िक्र करना शायद यहाँ सम्भव नहीं। लेकिन एक बात तो तय-सी हो गयी कि मैं जाति-विहीन समाज का सपना देखने लगा, यहाँ तक कि आगे चलकर मेरी रचनाधर्मिता ही नहीं अपितु व्यावहारिकता में भी हमेशा मनुष्य-मनुष्यता या फिर कहूँ मानव-मानवता ही केन्द्र बिन्दु रहा। मैंने तथाकथित सब धर्मों से बड़ा धर्म 'इन्सानियत धर्म' को ही माना। मैं भी जाति को मिथक मानता था, ठीक वैसे ही जैसे सद्‌गुरु कबीर। शायद मैं भूल गया था कि, इस घोर जातिवादी व्यवस्था में उन्हें भी जोलहा होने का एहसास और आभास दिलाने में, ठीक वैसी ही भूमिका निभायी है, जैसे शूद्रों को मकड़जाल में फँसाने हेतु शबरी और शबरी के झूठे बेर मिथक राम को उदारता की पराकाष्ठा के चरमोत्कर्ष तक पहुँचा देती है। परन्तु जल्द ही मुझे आभास हो गया कि जाति सिर्फ़ मिथक नहीं है, और यदि मिथक मान भी लिया जाये तो, आदिकाल से लेकर अब तक सभी सत्य से भी बढ़कर सत्य है, चाहे फिर वह, आर्य सत्य हो, परमसत्य हो, ब्रह्म सत्य हो, साकारवालों का सत्य हो अथवा निराकारवालों का सत्य। तथाकथित धार्मिक सत्य हो या फिर आध्यात्मिक सत्य अर्थात् जाति से बड़ा सत्य कुछ भी नहीं।

मुझे एकाएक 'महात्मा सुकरात' से किया गया वह प्रश्न याद आया, जब किसी ने उनसे पूछा ईश्वर है या नहीं उन्होंने कहा—ईश्वर है या नहीं यह मेरा विषय नहीं है। तुम हो मैं हूँ यही मेरे लिए महत्त्वपूर्ण है। तुम हो, मैं हूँ से उनका कहना शायद यही रहा होगा कि मनुष्य है।

लेकिन अगर आज सुकरात मेरे सामने होते तो मैं यह प्रश्न ज़रूर करता कि जाति और जातिवाद के बारे में आपका क्या ख़याल है?

समय के साथ-साथ जैसे-जैसे व्यक्ति आर्थिक और शैक्षणिक रूप से थोड़ा प्रबल होता जाता है, उसके इर्द-गिर्द या कहें उसके सम्पर्क में हर प्रकार के लोग आने लगते हैं। शायद उसे यहीं से भ्रम होने लगता है कि, शायद अब सब बिल्कुल ठीक हो गया है, दुनिया बदल गयी है, अब उसके साथ समता-समानता का व्यवहार होने लगा है, ऐसा ही भ्रम मुझ जैसे साधारण मनुष्य पर भी लागू होता है, मुझे भी लगने लगा था कि नहीं शायद पहले से जातिवाद कुछ कम हुआ है। लेकिन मेरा यह भ्रम जल्द ही रफूचक्कर हो गया, शायद अब मैं अच्छी तरह से जानने और समझने लगा था कि वाद यानी वैचारिकी भी कोई समाप्त होने की चीज़ है भला। विकास के इस दौर में जब सारे वाद अपनी चरम सीमा को तोड़ने के लिए बेताब हैं फिर भला जातिवाद कैसे पीछे रह सकता है। इसका जीर्ताजागता उदाहरण राष्ट्रवाद का ही ले लीजिये। वामपन्थी लोग सिर पीट-पीटकर कहते रहे कि राष्ट्रवाद के लिए, एक विरोधी राष्ट्र की कल्पना आवश्यक है, इसके बिना राष्ट्रवाद सम्भव नहीं। लेकिन हमारे दक्षिण पन्थी भाई, तो ठहरे महान् आविष्कारक और फिर हों भी क्यों न? आविष्कारी संस्कृति उन्हें विरासत में जो मिली है, अगस्त ऋषि समुद्र पी गये, ब्रह्मा के मुख से, भुजा से, छाती से और पैर से विभिन्न वर्णों की पैदाइश ख़ैर! यह सब बात तो पुरानी हो चुकी। अभी हाल के आविष्कारों में सीता जी टेस्ट ट्यूब बेबी, गणेश जी की प्लास्टिक सर्जरी आदि महत्त्वपूर्ण खोजें हैं—इसी क्रम में वामपन्थियों के राष्ट्रवाद की परिकल्पना की धता बुलाते हुए, राष्ट्र के भीतर ही आभासी शत्रु राष्ट्र की कल्पना करके राष्ट्र के भीतर ही, देशद्रोही, गद्दार, देश के दुश्मन एवं देशविरोधी गतिविधियों को खोजने में पूरी शासन प्रणाली को झोक दिया। और स्वयं ही स्वयं को स्वघोषित, देशभक्त, राष्ट्रवादी, राष्ट्रप्रेमी घोषित करके छद्म राष्ट्रवाद का तराना छेड़ दिया।

मुझे लगता है कि बिना जाति और जातिवाद के, न तो गर्व किया जा सकता है और न ही इतिहास बनता है। इसका गवाह भी स्वयं इतिहास ही है—आप स्वयं देख सकते हैं। 1857 में अंग्रेज़ों के खिलाफ़ विद्रोह का विगुल फूँकनेवाली लक्ष्मीबाई को सुभद्राकुमारी चौहान ने 'खूब लड़ी मर्दानी' द्वारा अमर कर दिया। लेकिन क्या झलकारी बाई को अमर होने का यह सौभाग्य प्राप्त हुआ? मंगल पाण्डे को शहीद का दर्जा प्राप्त हो गया? मातादीन भंगी को हम और आप में से कितने लोग जानते हैं? शहीद चन्द्रशेखर आज़ाद को आज लोग पण्डित चन्द्रशेखर आज़ाद बनाने पर तुल गये हैं, मुझे नहीं मालूम यह उनके कद को बढ़ाना है या फिर घटाना। डॉ. अम्बेडकर को यदि उनकी सोयी हुई क़ौम बौद्धिक चेतना और साहित्य के माध्यम से न सँजोती तो क्या मिथकों के जंगल में उनके बहुमूल्य विचार एवं वैचारिकी का बचना सम्भव हो पाता? इस तरह जाति और जातिवाद को मिथक समझना शायद मेरी भूल ही थी। ख़ैर मुझे इसका आभास ही नहीं वरन् पूरा यकीन भी हो गया कि यह रोग काफ़ी पुराना है,

बिल्कुल राष्ट्रवाद की तरह। इसे समझने में मुझे एक घटना ने फिर अत्यधिक सहयोग किया।

यह घटना पहलेवाली घटना से यही कोई लगभग 22-23 वर्ष बाद की है। जब मैं अपने बेटे का एडमीशन अपने ही शहर के एक नामी-गिरामी राष्ट्रवादी पब्लिक स्कूल में करवाने के लिए गया। मुझे बड़ा अच्छा लगा कि एडमीशन के प्रवेश फार्म में जाति-धर्म का कहीं कोई ज़िक्र न देखकर। सिर्फ़ एक ही शर्त थी कि बच्चे को प्रवेश परीक्षा पास करनी होगी, क्योंकि बच्चा दूसरे स्कूल से पढ़कर आया है। प्रवेश कक्षा एक में होना था हमें अपने बच्चे पर यकीन था कि प्रवेश परीक्षा बच्चा निकाल ही लेगा। और इस प्रकार परीक्षा हुई। परिणाम आया मेरिट में कुल 20-21 बाहरी बच्चों की लिस्ट जारी की गयी। लिस्ट में बच्चे का नाम देखकर ख़ुशी का कोई ठिकाना न रहा। आख़िर बच्चे ने शहर में एक नामी स्कूल में प्रवेश जो पाया था। एडमीशन के समय हम पति-पत्नी और बेटा स्कूल साथ में गये वहाँ फिर एक फार्म मिला। जिसमें नाम, जाति, धर्म, राष्ट्रीयता के साथ अन्य जानकारियाँ थी जिन्हें भरना आवश्यक ही नहीं बल्कि अति आवश्यक था।

नाम तो शायद पहचान के लिए आवश्यक है, ऊपर से नाम के आगे-पीछे नाम की शोभा बढ़ानेवाले उपनाम या फिर प्रदूषण फैलानेवाले उपनामों के बिना शायद ही किसी को गर्व का अनुभव होता हो? यहाँ तक कि जब तक नाम के आगे सिंह-सियार भेड़िया-दरिन्दा, दिनकर-दिवाकर, मिश्र-पाण्डेय, गौतम-द्विवेदी आदि न लगा हो फिर भला किसी की आत्मा को सुकून कहाँ मिल सकता है। शुक्र है कि अभी तक हमने किसी किताब में नहीं पढ़ा कि जिस प्रकार नारी के सौन्दर्य की शोभा बढ़ाने हेतु आभूषणों की आवश्यकता होती है, वैसे ही नामों के आगे-पीछे तमगे (टाइटल) लगाने से नामों की शोभा बढ़ जाती है। अब कुछ तथाकथित आध्यात्मिक लोग यह भी कह सकते हैं कि नाम शब्द ही तो है, और फिर शब्दों की शोभा बढ़ाने के लिए ही तो अलंकार होते हैं। ख़ैर उनका यह शब्द-जाल उन्हीं को मुबारक हो। अतः मैंने बच्चे का नाम भर दिया।

दूसरा कालम था जाति का, जिसे देखकर मुझे 440 बोल्ट वाले करण्ट का झटका सा लगा और मैं सदमें की स्थिति में लगभग पहुँच गया। कुछ लोग सोच रहे होंगे कि इसमें सदमें जैसी कौन-सी बात है? जिस जाति में पैदा हुए हो उसे गर्व से भर देना चाहिए। मैं सोचता हूँ क़ाश उनकी तरह मैं भी ज्ञानी होता। लेकिन कुछ भी हो मैं मानता हूँ शायद क़शूर मेरा ही है। क्योंकि मैं भी जातिविहीन समाज का सपना जो देखता हूँ। मैं ग़लती से मनुष्य को ही एक जाति मानकर हमेशा मनुष्यता की ही वकालत करता हूँ। आपके लिए यह छोटी बात हो सकती है, परन्तु मेरे लिए किसी आघात से कम नहीं। मैं तो इस भ्रम में जी रहा था कि शायद जाति एक मिथक है।

आज मुझे यक़ीन ही नहीं, प्रमाण भी मिल गया था कि 'मिथक' शक्तिशाली ही नहीं वरन् मायावी भी होते हैं। जो कभी भी किसी भी रूप में और कहीं भी प्रकट हो सकते हैं। ख़ैर हर घटना कुछ-न-कुछ सिखाती है, यह मानकर मैंने अपने साथ खड़ी पत्नी से पूछा। क्या ख़याल है? पत्नी ने बड़ी मासूमियत से कहा—इस कालम को छोड़ दीजिये। मैंने कहा अगलावाला कालम और कठिन है, तो क्या उसको भी छोड़ दें? वह शान्त हो गयी शायद मेरे भीतर का द्वन्द्व वह भाँप चुकी थीं। आख़िर 8-9 वर्ष से हम लोग साथ रहते हुए एक-दूसरे को समझने जो लगे थे।

मेरा द्वन्द्व इस वक्त असल में जातिगत-राष्ट्रवाद से प्रारम्भ होकर, धार्मिक, सांस्कृतिक, क्षेत्रीय, भाषायी, राजनीतिक, औपनिवेशिक, सामाजिक राष्ट्रवाद से होते हुए सार्वभौमिक, राष्ट्रवाद तक का एक लम्बा सफ़र नापने लगा।

अचानक मुझे डॉ. अम्बेडकर का दृष्टिकोण स्पष्ट रूप से दिखायी पड़ने लगा कि—यदि उनके संघर्ष को सफल होना है तो ब्राह्मणवादी हिन्दुत्व से धार्मिक प्रतीकवाद के साथ प्रत्यक्ष लड़ाई लड़नी होगी। धार्मिक प्रतीकवाद के बिना, दलितों का प्रश्न, उच्च जातियों द्वारा पथप्रदर्शित 'नव राष्ट्रवाद' के तर्क में सदैव के लिए खो जायेगा। इसी बोध के कारण उन्होंने दलितों की समस्या के लिए मार्क्सवादी-भौतिकवादी समाधान को अस्वीकार किया। चूँकि जाति भेद-भाव शुद्ध आर्थिक परिधि से परे तक गये थे। अतः उनका केवल एक आर्थिक तर्क द्वारा समाधान नहीं किया जा सकता था। जो शायद आज भी हम पर लागू है, चाहे हम शिक्षा और आर्थिक रूप से भले ही कुछ हद तक ऊपर उठ गये हों या उठ जायँ लेकिन सामाजिक परिवेश में आज भी हमें जातिगत होने का एहसास करना ही होगा। वैसे मेरे लिए मार्क्सवाद और मार्क्स कम प्रभावी न थे, लेकिन सच में आज ये बौने साबित हो रहे थे। अम्बेडकर और अम्बेडकरवाद के आगे। अतः मेरी एक गुत्थी काफ़ी हद तक सुलझ-सी गयी थी, कि मार्क्सवाद और अम्बेडकरवाद में, अम्बेडकरवाद मुझे अधिक प्रभावी एवं वास्तविक लगा।

अन्ततः मैंने जाति का कालम जो विकास की सारी हदों को तोड़ता हुआ शूद्र से लेकर अनुसूचित जाति तक एवं ब्राह्मणों में सनाढ्य से लेकर भारद्वाज तक, कुर्मियों में पतरिया से लेकर ग़ैर पतरिया तक का सफ़र तय करते हुए आख़िर भर ही डाला। इतना ही नहीं इसके लिए मुझे तथाकथित वैदिक युग से भी पहलेवाले युग में गोता लगाते हुए इस मुक़ाम तक पहुँचने में कितनी पीड़ा हुई, यह बताने के बजाय मेरे लिए यह एहसास की चीज़ है, जो निहायत व्यक्तिगत है।

अब आयी अगले कालम के भरने की बारी, जिसमें भरना था कि बच्चे का धर्म क्या है?

मुझे व्यवस्था की मानसिकता पर फिर एक बार तरस आयी और मुस्कान भी। कि अभी जो बच्चा अपने पजामे का नाड़ा भी ठीक से नहीं बाँध सकता उससे या उसका धर्म पूछा जा रहा है। ख़ैर कालम बच्चे को नहीं भरना था वह मुझे या मेरी पत्नी को भरना था, यानी तथाकथित धर्म को भी मुझे अनमने-मन से भरना पड़ा।

इस वक्त मेरी और विद्वान् सावरकर की दृष्टि लगभग एक-सी थी, मुझे सहसा सावरकर की बात याद आयी "हिन्दू असिन्धू सिन्धु पर्यान्ता" अर्थात् सिन्धु प्रदेश को अपनी पुण्य भूमि, पितृ भूमि समझे। लेकिन शायद मैं सावरकर की तरह भाग्यशाली नहीं रहा, क्योंकि अब तो सिन्धु भी आज़ाद होकर एक नये राष्ट्र आज का पाकिस्तान में चली गयी है। आगे धर्म और धार्मिक राष्ट्रवाद पर बात होगी। यहाँ चूंकि विषय जातिगत राष्ट्रवाद का है तो फिर इसी पर चर्चा करना शायद उचित होगा—अतः मैंने भी मन-ही-मन ईरान में रहनेवाले पारसियों का धन्यवाद करते हुए, उनकी कृपा मानते हुए सिन्ध से हिन्द और हिन्द से हिन्दू तक के सफ़र को अपने सिर-माथे पर लगाते हुए दूसरे कालम में आख़िर 'हिन्दू धर्म' भर ही दिया। परन्तु हिन्दू धर्म ही क्या दुनिया के तथाकथित सभी धर्मों में मेरी रुचि रंचमात्र नहीं रही, बल्कि इन तथाकथित सभी धर्मों से मेरी मानसिक प्रतिद्वन्द्विता बढ़ती ही जा रही है।

अब उससे भी आगे का कालम भरना था 'राष्ट्रीयता' का।

राष्ट्रीयता को नाम, जाति और धर्म की तुलना में शायद ही कोई बहुरूपिया अपनी व्यक्तिगत जागीर मानता हो। जहाँ तक मैं समझता हूँ राष्ट्र, राष्ट्रीयता और राष्ट्रवाद सार्वभौमिकता के प्रतीक हैं, और फिर उदारता में मैं ही क्या? प्रत्येक भारतीय पूछो मत। ख़ैर मैंने भी एक साधारण भारतीय की तरह अपनी मानसिक स्थिति को सन्तुलित करते हुए कालम में इण्डियन (Indian) भर दिया। क्योंकि स्कूल इंगलिश मीडियम का है तो फिर भारतीय तो कालम में भर नहीं सकता था। जब कि वास्तव में कहूँ तो मुझे यहाँ भी समझौता ही करना पड़ा था क्योंकि मुझे भारतीय होने पर इण्डियन की तुलना में अधिक गर्व महसूस होता है। ख़ैर। इसके बदले में मुझे फिर एक बार यूनान में रहनेवाले यूनानियों को आभार व्यक्त करते हुए दिल से शुक्रिया कहना पड़ा, क्योंकि शायद उन्होंने ही सर्वप्रथम हिन्द को इण्डस और हिन्द देश में रहनेवाले निवासियों अर्थात् हमें इण्डियन नाम दिया था, और विद्वान् सावरकर के ज्ञान चच्क्षु खोलते हुए सिन्ध से हिन्द और हिन्द से हिन्दू फिर हिन्द से इण्डस और इण्डस से इण्डियन तक का सफ़र इतना आसान कर दिया। जिसने भारत, और भारतीयता को भी तथाकथित धर्म निरपेक्ष नेताओं की ही भाँति आपस में घोल-मोलकर अपना सांमजस्य स्थापित कर लिया। इस प्रकार यह एडमीशन फार्म भरना मेरे लिए किसी मैराथन दौड़ से कम नहीं था। यहाँ तक कि कई बार मन में आया कि यह जाति, धर्म, राष्ट्र और राष्ट्रीयता सभ्य आदिम जाति को असभ्य पशुओं की भाँति बाँधने के लिए खूँटे हैं? और जाति-धर्म

बदलना क्या खूँटा बदलना ही है? ऐसा इसलिए कि कई बार कई लोगों को यह लगता है कि वह अपना धर्म परिवर्तन करके स्वाभिमान और सम्मान हासिल कर लेंगे, लेकिन मैं इससे कतई इत्तेफ़ाक नहीं रखता। मेरी नज़र में धर्म परिवर्तन एक खूँटा परिवर्तन के अतिरिक्त कुछ भी नहीं है। ऐसा ख़याल मेरे भी जहन में कई बार आया, धर्म परिवर्तन का। फिर मैंने अपने आपसे पूछा क्या धर्म परिवर्तित किया जा सकता है? जवाब मिला नहीं। यह तो कपड़े बदलने के जैसे ही है। उससे भी वैज्ञानिक बात यह लगी कि धर्म बदलने से जाति भी नहीं बदलती। और फिर में किसी जाति धर्म से स्वयं तो बँधा नहीं हूँ, मुझे तो बाँधा गया है। फिर क्या फ़र्क पड़ता है, तथाकथित इस धर्म में और उस धर्म में। मुझे लगने लगा कि अभी जिस जाति-धर्म में हूँ वहाँ तो चिन्तन-परख और विवेक की भी जगह है, अन्य कुछ जाति-धर्म तो ऐसे भी हैं जो अपने अनुयायियों को खूँटे से कसकर बाँध देते हैं यही नहीं कुछ धर्म तो अपने ईश्वरों और अवतारों को भी सूली पर लटका देते हैं। फिर प्रश्न उठता है कि क्या जाति और धर्म सामाजिक ताना-बाना है? यदि ऐसा है तो फिर कहाँ है? वह कर्म का सिद्धान्त, जिस पर तथाकथित धर्म अपना कूल्हा टिकाकर सदियों से बैठा है? और मनुष्यों को कर्म के आधार पर यदि जातियों में बाँटा गया है तो फिर जन्म के आधार पर जाति और जातिवाद क्यों?

किसी ने ठीक ही कहा है।

कर्म के तत्त्व दर्शन सिद्धान्त ने जन्म पर आधारित असमानता को एक शक्तिशाली तार्किकता प्रदान की तथा इसे वृहद् जनसमुदाय के लिए स्वीकार्य बनाया। कर्म के सिद्धान्त के अनुसार यह जीवन, जन्म एवं पुनर्जन्म की असीम शृंखला की एक कड़ी मात्र है तथा प्रत्येक प्राणी अपने पूर्व जन्मों के कर्मानुसार ही एक विशिष्ट प्रस्थिति में जन्म लेता है। जिस प्रस्थिति में व्यक्ति ने जन्म लिया है उसकी भूमिका तक ही अपने को सीमित रखकर तथा उसका कुशलतापूर्वक निर्वहन कर व्यक्ति अपने भविष्य के जन्म की सम्भावनाओं को सुधार सकता है। यह विरोधाभास ही है कि कर्म के सिद्धान्त एवं मोक्ष अर्थात् जन्म एवं पूर्वजन्म के चक्र में मुक्ति का उद्‌भव ब्राह्मणवादी श्रेष्ठता एवं उनके अत्यधिक दिखावे पूर्ण संस्कारवाद के विरोध की प्रक्रिया से हुआ। कर्म के सिद्धान्त का व्यवस्थित रूप से निर्माण सर्वप्रथम उपनिषदों में हुआ जिसने ब्राह्मणों की सर्वश्रेष्ठता एवं अत्यधिक संस्कारवाद के सामने एक चुनौती प्रस्तुत की। उपनिषदों की रचना आठवीं सदी ईसा पूर्व हुई थी।

(स्वामी स्वाहानन्द 1975 : 1 .12. 1-5) लिखते हैं—उपनिषदों के काल में ब्राह्मणों की सर्वोच्चता को खुले एवं छिपे दोनों तरीकों से चुनौती दी गयी। छान्दोग्य उपनिषद् में एक कथा है जिसमें सफेद कुत्तों के एक जुलूस को ब्राह्मणों की भाँति चित्रित किया गया है। प्रत्येक कुत्ता अपने से पहलेवाले कुत्ते की पूँछ को अपने मुख से पकड़े

हुए है। यह वहिशवमन स्तोत्र को गाने से सम्बन्धित धर्मानुष्ठान के बहुत समान है। इस धर्मानुष्ठान में पुरोहितों को अपने से पहले पुरोहित का लबादा पकड़कर एक जुलूस में चलना होता है। छान्दोग्य उपनिषद् की कथानुसार जब सभी कुत्ते बैठ गये तो वे कविता पाठ करने लगे ''ॐ, हमें खाना चाहिए, ॐ हमें पीना चाहिए, ॐ, दैवी वरुण, प्रजापति, सावित्री हमारे लिए भोजन लाये, भोजन के देवता यहाँ भोजन लाओ। उसे लाओ ॐ ।''

कहने का तात्पर्य 'कर्म का सिद्धान्त' कहता कुछ है और करता कुछ और ही है। अब आप तुलसी बाबा की प्राण रूपी मानस की दो पंक्तियाँ ही ले लीजिये—

कर्म प्रधान विश्व करि राखा
जो जस करे तो तस फल चाखा

पहले-पहल मुझे लगा कि ये पंक्तियाँ वाकई में बहुत दमदार हैं, लेकिन आज लगता है, दिल बहलाने के लिए खयाल अच्छा था ग़ालिब। कारण तुलसी बाबा की अगली दो पंक्तियाँ—

विप्रहिं पूजि सकल गुण हीना
शूद्र न गुनि गन ज्ञान प्रवीना

यानी कर्म का सिद्धान्त, ठीक वैसे ही जैसे कि ''गै भैंस पानी मा'' अर्थात् जातिवादी मानसिकता कर्म के सिद्धान्त पे हावी हो गयी। अब ऐसी स्थिति में राष्ट्र, राष्ट्रीयता और राष्ट्रवाद के लिए कौन-सी मानसिकता अधिक ज़रूरी है, यह आपको तय करना है, मेरे अकेले के वश की बात नहीं है।

हद तो तब हो जाती है जब—

ढोल गंवार, शूद्र, पशु नारी
सकल ताड़ना के अधिकारी।

मनुष्य की आधी आबादी यानी नारी, पर भला यह कौन से कर्म के सिद्धान्त की बात हो रही है, मेरी समझ के तो परे है। इस दौरान मैंने पाया कि जातिवाद उन्मूलन के जितने भी आन्दोलन हुए, शायद वह अत्यधिक प्रभावी न हो सके, उनके पीछे की वज़ह क्या रही? कहीं ये उदारता या सहानुभूति का दम्भ तो नहीं! जो उदारता या सहानुभूति के रूप में उनकी स्थिति को सुधारने के बजाय धर्म परिवर्तन के भय से उन्हें भ्रमित करने के लिए किये गये हों—

अब आप स्वामी विवेकानन्द को ही ले लीजिये—

''अहो, देश के ग़रीब दुखियों के लिए कोई नहीं सोचता है। जो राष्ट्र की रीढ़ की हड्डियाँ हैं, जिनके परिश्रम से अन्न पैदा हो रहा है, जिन मेहतर-भंगियों का एक दिन काम बन्द होने पर शहर में हाहाकार मच जाता है, उनके साथ सहानुभूति करें, उनके सुख-दुःख में सान्त्वना दे, देश में ऐसा कोई भी नहीं है रे? यह देखो न-मद्रास

प्रान्त में हिन्दुओं की सहानुभूति न पाकर हजार-हजार पेरिआ ईसाई बनते जा रहे हैं, ऐसा न समझना कि केवल पेट भरने के लिए ही ईसाई बनते हैं, बल्कि हमारी सहानुभूति नहीं पाते इसलिए ईसाई बन रहे हैं। हम दिन रात केवल उनसे कहते हैं, 'मत छुओ, मत छुओ' देश में क्या और दया धर्म है रे बाबा? केवल छुआछूत वालों का दल-ऐसे आचार के मुँह पर झाडू मार, लात-मार इच्छा होती है—तुम्हारी छुआछूत की सीमा को तोड़ अभी निकल जाऊँ—'कौन कहाँ पतित है, दुःखी, दीन, निर्धन, क़ौम कहाँ हो' यह कहकर उन सभी को श्रीराम कृष्णदेव के नाम पर बुला लाऊँ। इनके उठे बिना माँ न जायेगी। हम यदि इनके अन्न-वस्त्र की व्यवस्था न कर सके तो फिर किया क्या? हाँ! वे दुनियादारी कुछ भी नहीं जानते, इसलिए रात-दिन मेहनत करके भी अन्न वस्त्र की व्यवस्था नहीं कर सक रहे हैं। आओ, सब मिलकर इनकी आँखें खोल दें—मैं दिव्यदृष्टि से देख रहा हूँ, इनमें मुझमें एक ही ब्रह्म, एक ही शक्ति मौज़ूद है—केवल विकास की ही न्यूनाधिकता है। सभी अंगों में रक्त का संचार हुए बिना किसी भी देश को कभी कहीं पर उठते देखा है? निश्चित जानना कि एक भी अंग के बिगड़ जाने पर अन्य सब अंग भले ही सबल रहें, शरीर किसी काम का नहीं रहता।" (विवेकानन्द चरित 315-16)।

मुझे लगता है वर्ण-व्यवस्था को कसकर झाड़ने का साहस स्वामी जी में शायद नहीं था, इसीलिए वह बड़ी चतुराई से वर्ण-व्यवस्था को शरीर का हिस्सा बताकर एक तरफ जहाँ इसे संस्थागत किया तो वहीं दूसरी तरफ उदारता और सहानुभूति का प्रदर्शन करते हुए शोषित-वंचित जातियों को पुचकारने का काम किया।

गाँधी जी यह समझते थे कि वर्ण-व्यवस्था के माध्यम से प्राचीन हिन्दुओं ने एक आदर्श सामाजिक व्यवस्था को प्राप्त कर लिया था। गाँधी के अनुसार "वर्ण के सिद्धान्त का यह अर्थ है कि प्रत्येक व्यक्ति धर्म-कर्तव्य के रूप में अपने पूर्वजों के वंशानुगत व्यवसाय को करेगा वह अपनी आजीविका इसी के माध्यम से अर्जित करेगा।" (जीलियोट, 1992 : 154)।

यह सब इसलिए क्योंकि—"असल में आज भी जातिवादी मानसिकता से ग्रसित लोग ही राष्ट्रवाद का स्वाँग रच रहे हैं, उनके और गाँधी के राष्ट्रवाद में सिर्फ़ इतना ही अन्तर मालूम पड़ता है, कि जहाँ गाँधी का राष्ट्रवाद—

"ईश्वर अल्ला तेरो नाम, सबको सन्मति दे भगवान" तक सीमित करके भगवान भरोषे छोड़ दिया तो वहीं आज के तथाकथित राष्ट्रवादियों का राष्ट्रवाद संकुचित होकर—

"ज़हरीले भाषण, उन्माद, दलित-मुस्लमां करे फ़साद" तक! या फिर उस रामलीला की तरह है जिसके पात्रों में राम, लक्ष्मण, सीता ही नहीं, रावण तक का चरित्र केवल ब्राह्मण, ठाकुर या फिर बनिया के इर्द-गिर्द ही घूमता है। दर्शक दीर्घा में कल

का शूद्र या फिर आज का दलित बैठ सकता है, मुसलमान तो कतई नहीं, जब तक कि वह इन तथाकथित राष्ट्रवादियों का रिश्तेदार न, हो!

सच कहूँ तो जाति और जातिवाद के उन्मूलन का तरीका शायद कबीर, ज्योतिबा फुले और अम्बेडकर के ही पास था। लेकिन दुर्भाग्य इनके अधिकतर अनुयायियों ने भी धर्मनिरपेक्षता या फिर पन्थनिरपेक्षतता का राग अलापा! मनुष्य और मनुष्यता का नहीं। जहाँ एक तरफ कबीर के पारखी अनुयायियों ने कुछ हद तक कबीर की चेतना को जीवित रखा तो वहीं कबीर के नाम पर कइयों ने ईश्वरवादी एवं अवतारवादी दुकानदारी को बढ़ाया। डॉ. अम्बेडकर की सारी वैचारिकी ज्योतिबाराव फुले के इर्द-गिर्द घूमती है। बौद्ध धम्म का लाभ शायद ही मनुष्य जाति या फिर यहाँ तक कि डॉ. अम्बेडकर को हुआ हो, लेकिन बौद्धों को डॉ. अम्बेडकर ने क्या दिया? शायद ही किसी बौद्धिष्ठ को पता हो?

सच कहूँ तो बुद्धत्व व्यक्तिगत मामला है, बिल्कुल सनातन की तरह परन्तु इसका यह क़तई मतलब नहीं कि सनातन भी कोई धर्म है। धर्म न तो सनातन है न पुरातन है, न धम्म न ईसाई न इस्लाम। अगर धर्म है तो मनुष्य में और मनुष्यता का।

डॉ. अम्बेडकर की इस बात से कम-से-कम मैं तो सहमत हूँ, आपकी सहमति-असहमति आपके अपने विवेक पर है कि—यदि जाति को नष्ट करना है तो वेदों और पुराणों में इसके धार्मिक आधार को भी नष्ट करना चाहिए। इन धर्मग्रन्थों में विश्वास एक विधिकृत वर्ग नीति से अधिक कुछ नहीं है, जो ब्राह्मणों की पक्षधर है। "यदि आप व्यवस्था में दरार लाना चाहते हैं, तो आपको वेदों और शास्त्रों में जो तर्क नैतिकता का कोई भाग अस्वीकार करते हैं, पर बारूद लगाना होगा। स्मृतियों के धर्म को आपको नष्ट करना होगा।" (अम्बेडकर, 1945 : 70)।

ख़ैर जो भी हो, जाति को जहाँ एक तरफ संस्थागत किया गया तो वहीं दूसरी तरफ जाति संस्तरण की व्यवस्था। दोनों ही स्थिति में लाभ-हानि मनुष्य को ही हुआ। जाति किसी के लिए एक बीमारी है तो किसी के लिए गर्व का विषय। जिनके लिए जाति गर्व का विषय है, वह जाति के उन्मूलन का आन्दोलन चलाते हैं तो वहीं जिनके लिए बीमारी है, वह निश्चित तौर पर जाति रूपी बीमारी का नाश करना चाहेंगे। पर मुझे लगता है जाति का न तो उन्मूलन हो सकता है और न ही नाश। मैं नहीं जानता कि मैं सही हूँ या फिर ग़लत लेकिन इतना ज़रूर कह सकता हूँ। कि साँप के ज़हर को साँप का ज़हर ही समाप्त करता है। मेरी नज़र में जाति का उन्मूलन जहाँ एक तरफ साँप काटने पर झाड़-फूँक है तो वहीं जाति का नाश, एक नयी जाति के गढ़ने के अतिरिक्त कुछ नहीं। दोनों के परिणाम आपके सामने हैं। सवाल उठता है कि फिर आख़िर विकल्प क्या है? उत्तर भी उतना ही सीधा है कि आख़िर किसका? जाति के उन्मूलन का या फिर जाति के नाश का। सच कहूँ तो मेरे पास भी इसका उत्तर नहीं

है। मेरे पास ईश्वर-अल्ला भी नहीं कि मैं सबके लिए सन्मति की प्रार्थना करके अपनी उदारता प्रकट कर सकूं। और न ही जाति को नाश करने की परशुराम जैसी शक्ति ही है, कि "सहस बाहु भुज छेदनिहारा, परशु विलोकि महीप कुमारा" कहते हुए किसी जाति-विशेष का नाश कर दूं। फिलहाल इस वक्त मुझे प्राकृतिक नियमों का ख़याल आ रहा है—"लोहा लोहे को काटता है।"...

हम आधुनिक लोग, जो ख़ासकर विकास की पैदाइश हैं, दुधिया धान को भूल गये शायद! वही दुधिया धान मोटा-मोटा जिसे पहले सुखाया जाता था और फिर कूटा यानी काँडा जाता था। वही आज आधुनिक एवं विकसित भारत का प्रमुख भोजन है। मैं भी बड़े प्रेमपूर्वक पसन्द करके खाता हूँ। ख़ाशतौर पे माँ के हाथ का बना हुआ। मेरी माँ विवेकानन्द या श्रीराम-कृष्ण की पत्थरवाली काली माँ नहीं है। वह चलती फिरती, बोलती, जीती-जागती मुझे समझती है और मैं उसे आदर-सम्मान से माँ कहकर पुकारता हूँ। न वह मेरी जाति जानती है और न मैं उसकी जाति जानना चाहता हूँ। न वह मेरी भाषा जानती है और न ही मैं उसकी भाषा फिर भी हम एक-दूसरे को समझते हैं। मेरा विश्वास है यही रास्ता हमें जातिवाद से राष्ट्रवाद की ओर ले जायेगा। मैं जहाँ एक तरफ मज़बूरी को पसन्द नहीं करता तो वही दूसरी तरफ उदारता से चिढ़ता भी हूँ। मेरी नज़र में उदारता एक पाखण्ड है, बिल्कुल इतिहास की तरह। मैं कहता हूँ इतिहास एक समस्या ही नहीं धोखा भी है। जो प्राचीनता और नवीनता दोनों को भ्रम में रखता है। उससे बेहतर तो कल्पना है, जो विज्ञान को जन्म देती है, क्योंकि विज्ञान की पहली शर्त ही परिकल्पना (Hypothesis) है। मुझे फ़ख्र है कि मैं एक आदमी हूँ, आपकी तरह। मुझे यह कहने में जरा सा भी गुरेज़ नहीं है कि, राष्ट्र और राष्ट्रवाद न तो पूर्णतया काल्पनिक हैं और न ही, जैसा स्वघोषित राष्ट्रवादी लोग कह रहे हैं, वैसा पूर्णतः सत्य। राष्ट्रवाद एकतरफ़ा क़तई नहीं हो सकता, चाहे फिर वह इमरजेन्सी वाला राष्ट्रवाद हो अथवा आज का अघोषित इमरजेन्सीवाला राष्ट्रवाद! मुझे यह कहने में तनिक भी अफ़सोस नहीं कि लोगों ने ही इमरजेन्सी देखी है तो उसका उपचार भी किया है। मुझे उन लोगों से भी क़तई नफ़रत नहीं जो हवन भी करते हैं और गाय का मांस भी खाते हैं। यह उनकी अपनी-समस्या भी है तो समाधान भी। मैं ऐसे लोगों से भी पूर्ण रूप से सहमत नहीं हूँ जो यह कहते हैं कि भारत में अच्छा क्या है हमारे लिए? और वह राष्ट्र और राष्ट्रवाद के नाम पर अपनी भौंहें तान लेते हैं। यहाँ तो सदियों से जाति व्यवस्था है, धर्म ने हमारा शोषण किया है। यहाँ हमारे साथ सब-कुछ ग़लत ही हुआ है, हमारे साथ कुछ अच्छा हुआ ही नहीं। उनकी यह हरकत बचकानी ही नहीं बल्कि मूर्खतापूर्ण भी है।

मेरा मानना है, अच्छाई और बुराई दोनों साथ-साथ चलती हैं, और फिर राष्ट्र कोई काल्पनिक ईश्वर अवतार का खुदा भी तो नहीं, जिसमें उसके अनुयायियों को सब

अच्छा-ही-अच्छा दिखायी देता हो। सच कहूँ तो राष्ट्र इन सबसे बढ़कर है, जो वैचारिकी पर टिका है। एकतरफ़ा बिल्कुल भी नहीं। राष्ट्रवाद जहाँ एक तरफ राष्ट्र के निर्माण की प्रक्रिया है तो वहीं प्रश्न पूछने का ज़रिया भी। राष्ट्र पर जितना सबका हक है, अधिकार है उतना ही कर्तव्य और दायित्व भी। राष्ट्र और राष्ट्रवाद तू-तू मैं-मैं का विषय नहीं है। हमें न तो राष्ट्रवाद की ठेकेदारी करनी चाहिए और न ही राष्ट्रवाद से गुरेज ही। मेरी यह जाति है, मेरा यह धर्म है, मैंने यह खाया, मैने वोह खाया तूने यह क्यों किया, तूने वह क्यों किया इसका राष्ट्रवाद से कोई लेना-देना नहीं। अतः राष्ट्र जितना अम्बानी और अदाणी का, टाटा-बिरला का है, उससे भी कहीं अधिक रमुआ-कलुआ और बुधिया का। भले ग़रीबी, जाति एवं अन्याय भारतीय समाज पर एक बदनुमा दाग़ हो, लेकिन आज के परिवेश में एक उभरती जाति अस्मिता एवं सामाजिक चेतना ने ग़रीबों एवं सभी जातियों में एक नयी राजनीतिक चेतना का निर्माण किया। यह चेतना न सिर्फ़ दलितों तक सीमित है बल्कि दमितों का भी इसमें बराबर का सहयोग है। यह ग़रीब एवं विभेदीकृत व्यक्तियों की प्रयासित, चरितार्थ कदापि नहीं, एकता पर आधारित है।

3

धार्मिक राष्ट्रवाद

(Religious Nationalism)

पेण्डुलम का कोण छोटा हो या फिर बड़ा, उसे एक सिरे से दूसरे सिरे तक आने में एक-सा ही समय लगता है। अर्थात् यदि कोण बड़ा होगा तो पेण्डुलम तेजी से आयेगा-जायेगा। और यदि कोण छोटा होगा तो वह धीरे से आयेगा-जायेगा। फिर चाहे पेण्डुलम का गोला कितना बड़ा या भारी हो, एक किनारे से दूसरे किनारे तक जाने में उसे उतना ही समय लगता है। इसका अर्थ है—दोलन विधि का पेण्डुलम के गोले के आकार या भार से कोई सम्बन्ध नहीं है। गैलीलियो गैलिली का यह सिद्धान्त ठीक वैसे ही है, जैसे कि पृथ्वी पर पाये जानेवाले तथाकथित धर्मों का है, चाहे फिर वह ईसाई धर्म, इस्लाम धर्म, सिक्ख, जैन, बौद्ध, सनातन या हिन्दू धर्म हो।

गैलीयो अपने इस सिद्धान्त की व्याख्या भले ही स्वयं न कर पाये हों, लेकिन चार सौ से अधिक वर्षों के पश्चात्, आइन्स्टाइन ने अपने जटिल गणितीय सूत्र द्वारा इसे हल किया।

कहने का तात्पर्य सारे-के-सारे धर्म पेण्डुलम की तरह ही हैं। कोई छोटा, कोई भारी और कोण यानी दृष्टिकोण बड़ा या फिर छोटा, गति भी लगभग वैसी-की-वैसी। परिणाम विचारणीय है और आप सबके सामने भी।

गौर से देखने पर पता चलता है कि, ईसाईयत धर्म ने अरस्तू की मान्यताओं को अपने धर्म का हिस्सा मान लिया। यह भी उस समय हो सकता है अस्वाभाविक न रहा हो। वास्तव में अरस्तू का ज्ञान-विज्ञान उस समय नवीनतम था। कैथोलिक स्कूलों में वही पढ़ाया जाने लगा। साथ ही, इन मान्यताओं पर प्रश्न करना भी दण्डनीय अपराध मान लिया गया। कुल मिलाकर अरस्तू के विचारों को बाइबिल में कैद करके, चिन्तन और परख से दूर रख दिया गया। ईसाई धर्म, जिसके प्रवर्तक ईसा मसीह थे, का समय के साथ असाधारण विस्तार हुआ। चर्च के पादरी दुनिया के विभिन्न भागों में गये और उन्होंने इसका प्रचार-प्रसार किया एवं विभिन्न तरीकों का उपयोग करते हुए लोगों को ईसाई बनाया।

इस प्रकार ईसाई धर्माचार्यों की शक्ति असाधारण रूप से बढ़ती चली गयी और एक स्थिति ऐसी आयी जब राजसत्ता धर्माचार्यों अर्थात् पोप या उनके प्रतिनिधियों की अनुमति के बिना बड़े निर्णय नहीं ले पाती थी।

निरंकुश धर्माचार्य चर्च की सत्ता को चुनौती देनेवाले को सबक सिखाने के लिए हर तरह के तरीके अपनाने लगे। मध्यकाल के बाद जब यूरोपीय देशों में विभिन्न कारणों से विश्व के अन्य देशों के साथ व्यापार करने की होड़ लग गयी तो सारी दुनिया में यूरोपीय देशों के उपनिवेश कायम होने लगे।

इन यूरोपीय व्यापारियों के साथ यूरोप के पादरी भी दूसरे देशों में जाया करते थे। जहाँ एक तरफ व्यापारी व्यापार करते थे तो वहीं दूसरी तरफ पादरी अपने कार्यों जैसे कि चर्च बनकर अपनी शाखाएँ स्थापित करते थे। आगे चलकर यही व्यापारी शासक बनकर यहाँ का शासन भी हथिया लिए, जिससे चर्चों के निर्माण में बेतहाशा वृद्धि भी हुई।

आगे चलकर एक स्थिति ऐसी बनी कि जब कैथोलिक चर्चों के निरंकुश व्यवहार एवं अड़ियल रवैये के चलते लोगों में विद्रोह की भावना जगी, लोग इनके बन्धनों से मुक्त होने का प्रयास करने लगे, और इसका परिणाम यह हुआ कि एक नया मत प्रोटेस्टेण्ट मत स्थापित हो गया।

इस मत की ख़ास बात यह थी कि यह कैथोलिक की तुलना में अधिक उदार था। अतः इसमें नये विचारों के लिए जगह थी। इस प्रकार यह जल्द ही ख़ास लोकप्रिय हो गया। इसका प्रभाव यूरोप ही नहीं, अन्य देशों में भी असाधारण रूप से बढ़ा एवं इसके माननेवालों की संख्या में बेतहाशा वृद्धि होने लगी। यहाँ तक कि अनेक देशों में राज सत्ता भी इनके प्रभाव में आ गयी।

कैथोलिक चर्च के अनुयायियों को यह स्वीकार नहीं था, परिणामस्वरूप दोनों मतावलम्बियों के बीच भीषण युद्ध छिड़े। भयंकर नर-संहार हुए, लेकिन कोई भी पक्ष दूसरे पक्ष को पूर्णतः मिटा न सका और अन्ततः दोनों पक्षों ने एक-दूसरे के अस्तित्व को स्वीकार कर लिया।

कैथोलिक मतवालों की तरह प्रोटेस्टेण्ट मतवाले भी 'बाइबिल' को ही अपना धर्मग्रन्थ मानते हैं। वे रोमन कैथोलिक चर्च की पुरानी विरासत को भी पूरा सम्मान देते हैं। पर इसमें सुधार की सम्भावना थी, जो कि रोमन कैथोलिक मतावलम्बियों के लिए उस समय असम्भव थी। जबकि नये मत यानी प्रोटेस्टेण्ट मत में काफी खुलापन आता गया। आज पूरी दुनिया में रोमन कैथोलिक चर्च एवं प्रोटेस्टेण्ट चर्च का खुला संघर्ष भले ही न देखने को मिलता हो परन्तु दोनों के बीच की दूरी स्पष्ट दिखायी देती है। कहते हैं धर्म व्यक्ति को ईश्वर तक ले जाता है, और विज्ञान सत्य की ओर। ईश्वर सत्य है और सत्य ही ईश्वर है। लेकिन मेरा मानना है, कि तथाकथित धर्म ने हमेशा

ही विज्ञान का रास्ता रोकने का कार्य किया है, अपवाद छोड़ दिया जाय तो। इसे किसी भी धर्म के परिप्रेक्ष्य में देखा जा सकता है। अब आप ईसाई धर्म को ही ले लीजिये—

आधुनिक विज्ञान के प्रेरणास्रोत गियोर्दानो ब्रूनो को 52 वर्ष की आयु में 7 वर्ष तक तथाकथित धर्म-विरोधी गतिविधियों के आधार पर मुक़दमा चलाने के पश्चात् अन्ततः दोषी क़रार देते हुए केंपोडी फियोटी में ज़िन्दा जलाकर मार डालना! उफ्फ! यह कैसा धर्म है और कैसा धार्मिक राष्ट्रवाद। यह भी उस वक्त जब आधुनिक विज्ञान पश्चिम में भ्रूणावस्था में था। क्या कसूर था आख़िर गियो र्दानो ब्रूनो का जिसने ईसाई धर्म का गहन अध्ययन करने के पश्चात् उससे उपस्थित विरोधाभास पर चर्च के अधिकारियों से चर्चा करने के दौरान विवाद? या फिर अपने तथाकथित धर्म की जड़ों को हिलने की आशंका?

यही हस्र इस तथाकथित ईसाई धर्म ने, शायद आधुनिक विज्ञान के जनक गैलीलियो गैलिली का भी किया होता, यदि उन्हें युद्ध का नियम न पता होता। वह युद्ध का नियम कुछ और नहीं बल्कि प्रायोगिक सत्य पर आधारित आधुनिक विज्ञान ही है। जिसे जन्म देने के लिए ''कभी दो क़दम आगे तो कभी एक क़दम पीछे।'' हटना पड़ा। बावजूद इसके भी उन्हे जीवनपर्यन्त भारी क़ीमत चुकानी पड़ी।

आज हम भले ही कितनी आसानी से कह दें कि पृथ्वी सूर्य का चक्कर लगाती है, लेकिन उस समय गैलीलियो गैलिली के लिए यह कहना मृत्युदण्ड दे सकता था। क्योंकि 'बाइबिल' में स्पष्ट लिखा है कि पृथ्वी स्थिर है। साथ ही यह भी स्पष्ट है कि 'बाइबिल' का विश्लेषण पाप है।

यह बात सिर्फ़ ईसाई धर्म या मत पर ही लागू नहीं होती है, ऐसा ही हाल आप किसी भी धर्म में आसानी से देख सकते हैं। जैसे इस्लाम को ही ले लीजिये आज पश्चिम के देशों में इस्लाम की व्याख्या हिंसा और आतंकवाद के रूप में हो रही है, तो क्या यह अकारण है?

क्या इस्लाम तार्किक बहस में यकीन रखता है? यदि हाँ तो फ्रांसीसी कार्टून पत्रिका शार्ली एब्दो पर हमला क्यों? आख़िर क्यों कोई माज़िदी जब रचनात्मकता के साथ गैर मुसलमानों को यह सन्देश देना चाहता है कि इस्लाम शान्ति का धर्म है। तो फिर मात्र एक फिल्म ''मुहम्मद, मैसेजर ऑफ गॉड'' के विरोध में पुतले फूँकने एवं सार्वजनिक सम्पत्ति को नुकसान पहुँचाने जैसी घटनाओं से, क्या इस्लाम की हिंसा में यकीन रखने वाले धर्म की छवि नहीं बनती?

क्या यही 'इनोसेन्स ऑफ मुस्लिम है?'

क्या वाकही इनका इस्लाम इतना नाजुक है जो, एक बाँग्लादेशी लेखिका तसलीमा नसरीन के एक छोटे-से उपन्यास 'लज्ज़ा' से भयभीत होकर उन्हें बाँग्लादेश से निर्वासित कर देता है।

इतना ही नहीं, पाकिस्तान, बाँग्लादेश में हिन्दुओं पर बर्बरता क्या यही इस्लाम की शिक्षा है जब इनका अल्लाह एक ही है तो फिर शीआ-सुन्नी क्यों आपस में एक-दूसरे के ख़ून के प्यासे रहते हैं? सीरिया की तबाही का आख़िर कौन जिम्मेदार है?

हिन्दू धर्म, कोई पूछो मत! अभी तक इसे यह भी नहीं पता कि हिन्दू धर्म है या फिर सनातन धर्म। कभी खुद को वैदिक तो कभी आर्य तो कभी पुरातन।

तथाकथित सनातन या फिर हिन्दू धर्म, हालाँकि अपनी पुरानी विचारधारा पर चल रहा था, पर अपने आपको दक़ियानूसी नहीं कहलवाना चाहता था। वह यह भी दर्शाना चाहता था कि वह नये वैज्ञानिक विचारों के प्रति सजग ही नहीं अपितु संजीदा भी है और उन्हें समझना भी चाहता है। पर साथ ही यह भी स्पष्ट था कि धार्मिक मामलों में निर्णय धार्मिक आधार पर और तथाकथित धार्मिक लोग ही ले सकते हैं तथा इसमें वैज्ञानिक या अन्य प्रकार की बहस के लिए कोई स्थान कदापि नहीं।

मुझे लगता है महान् वैज्ञानिक गैलीलियो गैलिली की जड़ता (Inertia) की खोज इस पर आज भी यथावत् लागू है, जो कभी चर्च के पोपों पर लागू थी।

सनातन धर्म का भ्रम ठीक वैसे ही है, जैसे कि ईसा पूर्व छठी शताब्दी में पाइसागोरस से अरस्तू (384-322 ईसा पूर्व.) के काल तक ब्रह्माण्ड व उसकी उत्पत्ति स्वरूप आदि के बारे में, अनेकों-अनेक मान्यताएँ विकसित हुईं। इनमें पृथ्वी को एक गोलाकार पिण्ड के रूप में माना जाना तय था। हालाँकि संस्थापक अरस्तू ने माना था कि पृथ्वी अचल हैं, पर अरस्तू के ही एक समकालीन ईसा पूर्व तीसरी सदी में जन्मे आरिस्टार्चस ने एक-दूसरे सिद्धान्त का प्रतिपादन कर दिया था, जिसके अनुसार पृथ्वी अपने ही, अक्ष पर रोजाना एक बार पूरा घूम जाती है तथा यह एक वर्ष? में एक बार सूर्य का चक्कर काटती है। मगर अफसोस आरिस्टार्चस का सिद्धान्त दबा नहीं अपितु दबा दिया गया था। क्योंकि अरस्तू के अनुयायियों की संख्या भले खूब बढ़ी; लेकिन वे अनुयायी अरस्तू की तरह जिज्ञासु कदापि नहीं थे। वे अपने आपको पेरीपेटिक्स कहते रहे और खासे कट्टर थे। भिन्न विचारधारा या ज्ञान को स्वीकारने की न तो उनमें शक्ति थी और न ही संयम। ठीक वैसे ही जैसे कि भारत में शंकराचार्यों द्वारा सनातन धर्म को लेकर! लेकिन फिर भी गैलीलियो-गैलिली की ही तरह, कबीर, ज्योतिबाराव फुले, पेरियार, अम्बेडकर, भगतसिंह जैसे महापुरुषों को आख़िर कौन रोक सकता है? जन्म लेने से! फिर तथाकथित इस सनातन या हिन्दू धर्म पर प्रश्नचिह्न क्यों नहीं लगना चाहिए?

आज जब दलित कहता है कि वह हिन्दू नहीं है, तो तथाकथित हिन्दुओं और हिन्दुत्व के ठेकेदारों को क्यों लगता है कि दलित बगावत कर रहा है? आख़िर क्यों सदियों तक दलितों आदिवासियों और पिछड़ों को शिक्षा से वंचित रखा गया? तथाकथित हिन्दू सवर्णों द्वारा सदियों से लेकर आज तक भी भेदभाव-अत्याचार क्यों?

क्या इनके पास कोई जवाब है कि इनके धर्मशास्त्रों में दलितों-पिछड़ों, आदिवासियों, महिलाओं के लिए घृणा और अपमान क्यों भरी पड़ी है? क्यों आख़िर दलितों-पिछड़ों को उनके अधिकारों से वंचित रखा गया? यही नहीं ये घटनाएँ क्रमवार आज भी बदस्तूर जारी हैं। भले ही इसका स्वरूप बदल गया हो। आख़िर दलितों-पिछड़ों, आदिवासियों, महिलाओं का क्या कसूर है? जो आज कोरेगाँव या फिर सहारनपुर जैसी घिनौनी हरकत को अन्जाम दिया जाता है। कौन से अपराध की सजा उन्हें दी जा रही है? क्या उन्हें मान-सम्मान से जीने का हक़ नहीं है? क्या यह नफ़रत हिन्दू और हिन्दुत्व की सेहत के लिए हानिकारक नहीं है?

मुझे ऐसा प्रतीत होता है, जिस हिन्दू और हिन्दुत्व की उदारता का महिमामण्डन किया जाता रहा है, वह फ़क़त पाखण्ड है या फिर दिखावा। यह कायरता नहीं तो और क्या है? अपने ही भाइयों दलितों-पिछड़ों को हिन्दू भी कहते हो और उन्हीं से नफ़रत भी करते हो।

मैं अपने को आपकी तरह बुद्धिजीवी तो नहीं समझता आपके लिए मेरा इतना ही इशारा काफी है कि आप मुझे न ही दक्षिणपन्थी समझें और न ही वामपन्थी, आदमी समझ लें तो मुझ पर कृपा होगी। मैं हिन्दू हूँ। इसमें मुझे कोई शक नहीं। लेकिन अपनी नज़रों में। आप भी मुझे यदा-कदा हिन्दू समझने की भूल कर ही लेते हैं, अपनी ज़रूरत के हिसाब से। जैसे कि साम्प्रदायिक दंगों के वक्त मरने-मारने की ख़ातिर, या फिर जनसंख्या में हिन्दू संख्या बढ़ाने की ख़ातिर। वरना हिन्दू में हिन्दू है ही कौन? कोई सनातनी, कोई ब्राह्मण, कोई क्षत्रिय, कोई वैश्य और बेचारा शूद्र! इतना ही क्यों जनाब, देश का मुसलमान भी तो बड़े गर्व से 'जय हिन्द' बोलकर स्वतः सिद्ध कर देता है कि हिन्द से ही हिन्दू की उत्पति हुई होगी।

अब आता हूँ सबसे प्राचीन कहे जानेवाले ग्रन्थ वेद, उनमें भी सबसे प्राचीन यानी ऋग्वेद, में घोटाले की एक बानगी, वह भी सबसे प्रसिद्ध मन्त्र गायत्री मन्त्र जिसे आम हिन्दू भी यही समझता है कि बस सिर्फ़ और सिर्फ़ एक ही गायत्री मन्त्र है। वह मन्त्र कुछ और नहीं ऋग्वेद के तीसरे मण्डल के अन्तिम, बासठवें सूक्त का दसवाँ मन्त्र है। जो मूलतः इस प्रकार है—

'तत्सवितुर्वरेण्यं भर्गो देवस्य धीमहि। धियो यो न प्रचोदयात्।'

जो विश्वामित्र जी की रचना है, वही विश्वामित्र जिनकी तपस्या, मेनका नामक अप्सरा ने भंग कर दिया था। इस मन्त्र का सीधा और सरल अर्थ है 'उस वरण करने योग्य प्रकाशस्वरूप सविता का हम ध्यान करते हैं, जो हमारी बुद्धि को प्रेरणा देता है।'

सूर्य उगता है, वह सब को जगा देता है और मानो कर्म करने की प्रेरणा देता है। सूर्य प्रकाशस्वरूप है। हमें उससे प्रेरणा लेकर अपनी बुद्धि को ज्ञान-प्रकाश से

आलोकित करना चाहिए। वैसे देखा जाये तो छान्दिक रूप से उपर्युक्त गायत्री-मन्त्र अशुद्ध है, बिल्कुल शूद्र की भाँति! इसमें चौबीस अक्षर नहीं हैं, अपितु तेईस ही हैं। किन्तु भाव में छान्दिक त्रुटि कोई बाधा नहीं बनती। भाव सुन्दर है। याद रहे यह प्राकृतिक नियम केवल मन्त्रों पर ही लागू होता है! शूद्रों पर हरगिज़ नहीं! शूद्र तो शूद्र ही रहेगा, फिर चाहे उसके कर्म कितने ही अच्छे क्यों न हों?

वाह रे, मठाधीशी! सम्भवतः वर्ण-व्यवस्था, सुनिश्चित होने के समय, द्विजातियों की दीक्षा में इस मन्त्र को चुना गया और इस मन्त्र के आरम्भ में 'ॐ भूर्भुवः स्वः' मिलाया गया, ठीक वैसे ही जैसे कि मसूर की दाल में काले कंकड़, दूध में यूरिया का घोल, पेट्रोल में डीजल या फिर डीजल में केरोसिन का तेल आदि-आदि। ख़ैर जिसका क्रमशः अर्थ है, सत, रज, तम का समच्चय तथा पृथ्वी, अन्तरिक्ष और स्वर्ग!

ॐ और सविता में ईश्वर की कल्पना ठीक वैसे ही की गयी, जैसे कि किसी महान् गणितज्ञ द्वारा एलजब्रा (Alzebra) के प्रश्नों को हल करने के लिए, माना 'क' बराबर 'तेरह'? और फिर निकल पड़ी 'चलती का नाम गाड़ी' की तर्ज पर द्विजातियों में इसकी दीक्षा, जप और उपासना की गाड़ी। पीछे गायत्री का विज्ञापन शुरू हुआ और उसकी बेतहाशा महिमा गायी जाने लगी। उसे सारे पापों को काटने का साधन मान लिया गया और उससे अब ऋद्धि, सिद्धि तथा मुक्ति पाने का झाँसा दिया गया। सम्प्रति तो उसकी मूर्ति बना ली गयी! हद तो तब हो गयी जब एक-एक अक्षर पर एक-एक मूर्ति और आदम समाज को धोखा ही धोखा! मज़े की बात तो यह है कि इस धन्धे को, अधिकतम धार्मिक कहे जानेवाले मत एवं लोग अपने-अपने ढंग से करते रहे।

ऐसा ही हाल कुछ बौद्ध धम्म या धर्म का है। मुझे लगता है कि बौद्ध धम्म एवं हिन्धू धर्म में कुछ ख़ास अन्तर नहीं है। निश्चित तौर पर तथागत बुद्ध के मानवतावादी विचारों की अवहेलना करना मुझ जैसे तुच्छ प्राणी के दायरे से बाहर है। ख़ास तौर पर बाबा साहेब डॉ. भीमराव अम्बेडकर जैसे प्रकाण्ड विद्वान, जिनकी विद्वत्ता का लोहा आज भारत ही नहीं अपितु सम्पूर्ण विश्व मानता है। निश्चित तौर पर मेरे नायक डॉ. अम्बेडकर ही हैं, इसमें भ्रम की कदापि गुंजाइश नहीं। मेरी इस अभिव्यक्ति को प्रदान करनेवाले महानायक कबीर, ज्योतिबाफुले और स्वयं डॉ. अम्बेडकर के विचार ही हैं जो आज कुछ कहने का साहस जुटा पा रहा हूँ। बौद्ध धर्म के अनुयायी देशों की संख्या शायद हिन्दू धर्म के अनुयायी देशों की संख्या से कहीं अधिक है। जिनमें मुख्यतः श्रीलंका, कम्बोडिया, चीन, जापान, म्याँमार आदि देश हैं। लेकिन तथागत बुद्ध के उपदेशों का पालन शायद ही इनमें से कोई करता हो? बुद्ध का मानवतावादी धर्म कुछ और नहीं, 'मध्यम' मार्ग ही है। जिसका आधार मनुष्य से मनुष्य का प्रेम ही तो क्या? संसार के समस्त जीवित प्राणियों से प्रेम है। पर क्या आज इसमें अतिक्रमण नहीं हो रहा है? अपने पड़ोसी मुल्क चीन को ही लीजिये, बौद्ध भिक्खू दलाई लामा का

निर्वासन या फिर भारत से उसकी दोगली नीति। किसी महापुरुष को अवतार बनाकर पूजना शायद सबसे सरल कार्य है, लेकिन वहीं उसके पद चिह्नों पर चलना बहुत दुर्गम कार्य है। फिर क्या फर्क पड़ता है किसी महापुरुष को भगवान् बनाकर पूजना, लेकिन उसके विचारों की हत्या करना? शायद गिनती के ही लोग होंगे जो तथागत के पदचिह्नों पर चलते होंगे? उनके अहिंसामार्ग पर! करुणा, दया, शील, क्षमा का उपदेश करना शायद बड़ा ही आसान काम है, परन्तु इन्हें व्यवहार में अमल करना वास्तव में कठिन ही नहीं दुर्लभ कार्य है। हाँ अन्य धर्मों की ही तरह इस धर्म को भी झुण्ड यानी भीड़ में तब्दील करना बिल्कुल साधारण बात है।

आज के परिवेश में म्याँमार के रखाइन प्रान्त, जो कि तथाकथित बौद्ध बहुल इलाका है, तो वहीं रोहिंग्या मुसलमान अल्पसंख्यक हैं, म्याँमार उन्हें अवैध शरणार्थी मानता है। कई पीढ़ियों से वह म्याँमार में रह रहे हैं, लेकिन उन्हें वहाँ की नागरिकता नहीं मिली है।

वर्मा के कट्टरपन्थी बौद्ध भिक्खू अशीनल विराथु बार-बार बर्मा में रोहिंग्या मुसलमानों के ख़िलाफ़ ज़हर उगलने के कारण आज चर्चा के केन्द्र में है, जैसे कि भारत में भारत के प्रधान मन्त्री के आका भारत में। वहीं अपने आपको तथागत बुद्ध की चहेती एवं डॉ. अम्बेडकर की लाडली बेटी सुश्री मायावती, अपनी राजनीति चमकाने के चक्कर में बेजान पत्थर यानी, तथाकथित हिन्दू और हिन्दुत्व के अवतार भारत के प्रधानमन्त्री श्री नरेन्द्र दामोदर राव मोदी से रोहिंग्या मुसलमानों के लिए शरण माँगने का नाटक करती नज़र आ रही हैं। इतना ही क्यों, उदारता का पाखण्ड करता, इस्लामी मुल्क बाँग्लादेश अपने दोनों हाथ खड़े करके, अपने ही भाई तथाकथित रोहिंग्या मुसलमान के लिए अपने कलेजे पर पत्थर रखकर कहता है, कि हम ग़रीब मुल्क है, रोहिग्यों को शरण देना हमारी क्षमता से परे है। और फिर बारी आती है, 'वसुधैव कुटुम्बकम' का राग अलापनेवाले हिन्दुस्तान की जो रोहिंग्या को आदमी तो न समझ सका लेकिन, आतंकवादी की उपाधि ज़रूर दे दी। काश यह देश इण्डिया या हिन्दुस्तान की बजाय भारत होता तो रोहिंग्या मुसलमान ही क्या, विश्व के समस्त देशों की जनसंख्या को भी अपने भीतर राष्ट्र बनकर समेट लेता। बिना भारत माता की जय बोले। इतना ही क्यों, हिन्दू धर्म की उदारता की ही तरह बौद्ध धम्म (धर्म नहीं) की उदारता को, देखने हेतु, यहाँ एक छोटी-सी घटना का का ज़िक्र करना चाहूँगा जो कुछ इस प्रकार है—

एक बड़े प्रकाशक हैं, फिर भी वह सिर्फ़ और सिर्फ़ तथागत बुद्ध एवं अम्बेडकरी (माफ़ करियेगा यह शब्द भी शायद उन्हीं की खोज है) मेरे हिसाब से अम्बेडकरवादी विचारधारा की ही पुस्तके छापते हैं। उनके पुत्र को मैं अपना मित्र समझता हूँ, वह मुझे अपना मित्र समझते हैं या नहीं, यह उनका अपना व्यक्तिगत मामला है। मेरी

कोशिश हमेशा यही रहती है कि मैं अपने आपको आस्तिकता और नास्तिकता से परे रखूँ। बुद्ध, कबीर, नानक, दादू, फुले, पेरियार, भगतसिंह और डॉ. अम्बेडकर मेरे आदर्श हैं। अब आता हूँ घटना पर—

मैंने प्रकाशक के पुत्र, यानी अपने मित्र से कहा कि मैं भी कुछ लिखता हूँ, क्या आपके प्रकाशन से मेरी भी कुछ पुस्तकें प्रकाशित हो सकती हैं? जो आपके प्रकाशन के मापदण्ड एवं मानकों पर खरी उतरती हों! वर्ना कोई बात नहीं। मित्र ने बड़ी शालीनता से कहा, कि आप पापा जी से बात कर लीजिये, और इस प्रकार उन्होंने मुझे, अपने पिताश्री यानी प्रकाशक महोदय का मोबाइल नम्बर दे दिया।

कई दिनों की उठा-पटक के बाद, आख़िर एक दिन मैंने फ़ोन मिलाकर अपनी इच्छा व्यक्त करते हुए कुछ इस प्रकार से कहा—

सर मैं, फला आदमी, फलाँ जगह से बोल रहा हूँ। आपका मोबाइल नम्बर आपके पुत्र, जो मेरे मित्र हैं ने दिया है।

उन्होंने कहा—बताइये

मैंने कहा—क्या आपके प्रकाशन से मेरी भी कुछ पुस्तकें प्रकाशित हो सकती हैं?

उन्होंने कहा—आप किसको मानते हैं?

मैंने कहा—मैं कुछ समझा नहीं?

उन्होंने कहा—आपकी विचारधारा क्या है?

मैंने कहा—बुद्ध मेरी आत्मा हैं, कबीर मेरी चेतना तो बाबा साहेब अम्बेडकर मेरे प्राण।

उन्होंने कहा—आप बुद्ध को आत्मा न कहिये, क्योंकि बुद्ध आत्मा को नहीं मानते थे।

मैंने कहा—तो क्या? 'भगवान' कहूँ जिसका उन्होंने जीवनपर्यन्त विरोध किया था। और आप जैसे लोगों ने आख़िरकर उन्हें भगवान् बना ही दिया।

शायद वह मेरा इशारा समझ चुके थे।

फिर उन्होंने कहा—आप किसको मानते हैं?

उनका इशारा शायद मैंने भी भाँप लिया था।

मैंने कहा—किसी को नहीं और सबको। मैं राम से भी कुछ सीखता हूँ तो कृष्ण से भी कुछ पा लेता हूँ, ईसा की अच्छी बातें भी प्रभावित करती हैं तो मूसा (मो.साहेब) से भी कुछ ग्रहण करने की चेष्टा रखता हूँ। कहने का तात्पर्य मैं किसी खूँटे से बँधा नहीं हूँ।

उन्होंने कहा—फिर तो ठीक है।

इसके बाद इस सन्दर्भ या फिर किसी अन्य सन्दर्भ में भी मेरी उनसे कोई बात-चीत नहीं हुई। लेकिन एक बात ज़रूर मुझे सोचने पर विवश करती है कि हिन्दू धर्म

और बौद्ध धम्म का आपस में वैसा ही सम्बन्ध है, जैसा कि यहूदी और ईसाई धर्म का! "यहूदियों ने ईसा को केवल अस्वीकार्य ही नहीं किया, उन्हें सूली पर भी लटकाया।"

धार्मिक राष्ट्रवाद हमेशा ही राष्ट्र से प्रेम करने के बजाय सासन-सत्ता एवं पूँजीवाद का गठबन्धन करके शोषक वर्ग द्वारा शोषित-वंचितों पर अधिकार करने की मानसिक बीमारी के अतिरिक्त और कुछ नहीं है। जिसमें कथाकथित धर्म एक महत्त्वपूर्ण भूमिका अदा करता है। परिणामस्वरूप जब दो धार्मिक साम्राज्यवाद आपस में कभी लड़ते भी हैं तो उसमें हुए जानमाल की क्षति या फिर शहादत राष्ट्र की क्षति के रूप में ही दर्शायी जाती है। उदाहरण के तौर पर यदि आप भारत को ही लें तो—जिस प्रकार भारत ब्रिटिश साम्राज्यवाद की एक अवस्था से गुजरा, इसी के पूर्व में इतिहास के विभिन्न स्तरों में यह 'इस्लामिक साम्राज्यवाद' एवं 'ब्राह्मणवादी साम्राज्यवाद' से भी गुज़रा है इस प्रकार देखा जाय तो ब्रिटिश साम्राज्यवाद अनजाने में ही ब्राह्मण साम्राज्यवाद से लड़ने के लिए कुछ प्रसामान्यक एवं संज्ञानात्मक उपकरण उपलब्ध कराये।

जहाँ एक तरफ ईसाई साम्राज्यवाद की जड़ें एक निश्चित ईसाई धर्मग्रन्थ बाइबिल में निहित है, इस्लाम साम्राज्यवाद की जड़ें कुरआन, हदीश जो कि इनके धर्मग्रन्थ हैं, में निहित हैं। ठीक वैसे ही ब्राह्मणवादी साम्राज्यवाद की जड़ें कुछ निश्चित हिन्दू धर्मग्रन्थों में निहित हैं जो पूर्णतः जाति-वर्ग आधारित भेदभाव एवं प्रभुत्व के लिए दैवी औचित्य को प्रस्तुत करते हैं। इस प्रकार सबसे महत्त्वपूर्ण बात जो निकलकर आती है, वह है कि—कोई भी साम्राज्यवाद स्थापित करने हेतु धर्म, पूँजीवाद और राजनीति ही आवश्यक अवयव (तत्त्व या घटक) हैं। इनका गठजोड़ ही साम्राज्यवाद है।

आज विश्व स्तर पर शिक्षा में आसाधारण वृद्धि हुई, जिसके परिणामस्वरूप लोगों में जागृति एवं चेतना आयी है, लोग इस गठबन्धन को समझने लगे हैं। इतना ही नहीं लोगों में इनके प्रति गुस्सा भी है, लोग अच्छी तरह से जानने लगे हैं कि इनकी उदारता एक दिखावा है। इन तीनों ने समाज में फूट डालने का कार्य किया है। शिक्षा एवं जागरूकता ने आज इनके मंसूबे और घाल-मेल के चेहरे को उजागर करने का काम किया है। इस तरह जहाँ धार्मिक जड़ों के हिलने के साथ-साथ, तथाकथित धर्म और धार्मिकता से लोगों का विश्वास दिनोंदिन उठ रहा है, वहीं पूँजीवाद किसी भी स्थिति में अपने-आपको ढ़ालने की प्रवृत्ति के चलते स्थिर है, तो राजनीति, अपने वजूद को बचाने के लिए एक नये प्रयोग के लिए उतावली दिख रही है। वह प्रयोग कुछ और नहीं बल्कि आज का 'तथाकथित राष्ट्रवाद' है। तथाकथित राष्ट्रवाद के इन ठेकेदारों का हाल भी बड़ा अजीबो-ग़रीब है, जिसकी छटपटाहट सहज ही देखी जा सकती है। बातचीत में अति उदार, मानसिकता से संकीर्ण, भय एवं शंका से ग्रसित ये कभी 'ब्राह्मणवादी साम्राज्य' को याद करके रामराज्य की परिकल्पना में गोते लगाते नज़र

आते हैं तो कभी 'हिन्दू राष्ट्र' की परिकल्पना से वशीभूत होकर जाने-अनजाने में ही सही 'ब्रिटिश साम्राज्यवाद' के अस्तित्व का समर्थन। यहाँ तक कि यह बेचारे शायद भूल जाते हैं कि जहाँ एक तरफ ब्रिटिश साम्राज्यवाद जो कि पूँजीवाद एवं तथाकथित धर्म ईसाईयत का आधार एक ही धर्मग्रन्थ बाईबिल और एक ही जाति पर टिका है। जबकि वहीं दूसरी तरफ इनका ब्राह्मणवादी साम्राज्यवाद इन्हीं की बनायी विभिन्न जातियों एवं अनेकाअनेक हिन्दू धर्मग्रन्थों पर कूल्हा टिकाये हैं। कभी "विविधता में एकता" (Unity in Diversity) खोजनेवाला भारत अब 'एकता में विविधता' (Diversity in Unity) भी खोजने लगा है। इस बात को इन्कार करना शायद बहुत बड़ी भूल होगी। इसका यह भी मतलब नहीं है कि अब विविधता में एकता की कोई गुंजाइश नहीं। लेकिन इतना तो तय है कि यह अब पहले जैसे आसान नहीं है। कारण स्पष्ट है, कि जहाँ पहले मुख्यतः दो ही वर्ग शोषक और शोषित वर्ग थे, वहीं शिक्षा के अधिकार ने लोगों को जगाया है, परिणामस्वरूप शोषित वर्ग अब प्रश्न करता है, कि राष्ट्रवाद की ठेकेदारी शोषक वर्ग के हाथ में ही क्यों? राष्ट्र निर्माण में आपकी भूमिका क्या है? आपके राष्ट्रवाद का मानक क्या है? आख़िर वह कौन-सा जैविक तन्तु है? जो रमुआ, कलुआ और बुधिया को बिना लाठी या डण्डे के जोर पर राष्ट्रवादी होने के गर्व का एहसास कराये। आदि-आदि।

इस बात को नकारना छद्म राष्ट्रवाद के लिए भले ही कुछ समय के लिए हितकर हो। अन्ततः राष्ट्र, राष्ट्रवाद एवं मानवता के लिए हानिकारक ही नहीं बल्कि, ख़तरनाक होगा।

राष्ट्र-यानी रहने का स्थान,

राष्ट्रीयता—यानी रहनेवाले लोगों (प्राणियों) से प्रेम।

राष्ट्रवाद—राष्ट्र में रहनेवालों के विचारों की साझेदारी, उनके दुःख-दर्द का एहसास, आपसी ताल-मेल एवं भाई-चारा।

इसके अतिरिक्त राष्ट्र, राष्ट्रीयता या राष्ट्रवाद मेरी समझ से परे है। भारत को राष्ट्र बनाने के लिए न तो उद्दणता की आवश्यकता है और न ही उदारता की। उद्दण्डता जहाँ एक तरफ राष्ट्रवाद के नाम पर भोंडे प्रदर्शन तक सीमित है तो वहीं उदारता के अपने कई चेहरे होते हैं, उसका अपना मकसद भी होता है। कोई किसी के प्रति उदार है, इसका यह क़तई मतलब नहीं कि वह उसके लिए हितकर भी हो। कई माने में उदारता पाखण्ड का रूप धारण कर लेती है—या फिर कहें "गाल बजाने का साधन"। उदारता दो असमान वर्गों में होती है। जो हमेशा ही समानता, समता और बन्धुत्व की दुश्मन भी हो सकती है। ऐसा ही हुआ है भारत में शोषित और शोषक तबकों के बीच में। इसलिए शायद राष्ट्र, राष्ट्रीयता और राष्ट्रवाद का जैविक तन्तु उदारता या उद्दण्डता न होकर बल्कि कुछ और नहीं, समता, समानता और बन्धुत्व ही है।

इसकी एक बानगी स्वामी विवेकानन्द के भाषणों में देखी जा सकती है, जो शायद राष्ट्र निर्माण तो कम 'हिन्दू राष्ट्र' के बीज के रूप में भले ही थे—स्वामी जी भाषण में भारतीय प्राचीन शिक्षा-पद्धति के साथ आधुनिक प्रथा की तुलना में मनुष्य गढ़ना ही शिक्षा का उद्देश्य है, के क्रम में कहते हैं—

अनेक प्रकार के तथ्यों से मस्तिष्क को पूर्ण करना नहीं। उन्होंने युक्तियों द्वारा समझा दिया कि मनुष्य का मन ही अनन्त ज्ञान की खान है। भूत, भविष्य, वर्तमान के सभी ज्ञान उसमें व्यक्त या अव्यक्त रूप में मौजूद हैं। मानव के अन्तर्निहित उस ज्ञान को प्रकट करने में सहायता करना ही प्रत्येक प्रकार की शिक्षा-प्रणाली का उद्देश्य होना चाहिए। आगे उन्होंने से उदाहरण दिया कि गुरुत्वाकर्षण शक्ति सम्बन्धी ज्ञान असल में पहले से ही मनुष्य के मन में विद्यमान था। सेब का गिरना न्यूटन के लिए उस ज्ञान के विकास में सहायक मात्र हुआ।"

विवेकानन्द चरित्र (172)।

हो सकता है कि यह स्वामी जी के अध्यात्म और उदारता की पराकाष्ठा ही हो जो न्यूटन जैसे वैज्ञानिकों को भी सनातनियों एवं वैदिकों के सामने बौना करने का उपक्रम रहा हो।

अब अगर यही बात, मुझ जैसा साधारण व्यक्ति यह कहे कि खगोलशास्त्र की रुचि को ध्यान में रखकर तथाकथित सनातनियों ने आर्यभट्ट को खोजा! और आर्यभट्ट ने जीरो (0) को! मतलब कि आर्यभट्ट के पहले जीरो (0) था ही नहीं? या फिर जीरो (0) खोया था? तो फिर तथाकथित वैदिकों ने किया क्या? यानी अध्यात्म सिर्फ़ और सिर्फ़ उपदेश या फिर भरण-पोषण का साधन?

मुझे अच्छी तरह से पता है कि इसके दायरे में तथाकथित विद्वान, स्वामी और धार्मिक ठेकेदार ही हैं। जिन्होंने तथाकथित धर्म, राष्ट्र और राष्ट्रवाद का ठेका अपने निर्जीव (मरे हुए) कन्धों पर तो ले रखा है। मगर अफ़सोस कलुआ, रमुआ और बुधिया आज भी भूख से तड़पकर मर रहे हैं।

उदारता की एक बानगी और देखते हैं—

"I go forth to preach a religion, of Which Buddhism is nothing but a rebel child and Christiaity but a distant echo."

Swami Vivekanand.

अर्थात्,

अब मैं ऐसे धर्म के बारे में कहने (उपदेश देने) जा रहा हूँ, जिसका, बौद्धिज्म कुछ और नहीं बल्कि एक विद्रोही बच्चा है, और ईसाईयत उसकी प्रतिध्वनि मात्र है।

किसी भी राष्ट्र के लिए यह महत्त्वपूर्ण है, एक नहीं कई मायने में। मुख्यतः इसके दो पक्ष हैं—

एक तरफ जहाँ, स्वामी जी धर्म की बात तो करते हैं। उनके इस धर्म से मुझ जैसा साधारण आदमी भी सहमत हो सकता है और शायद यही वास्तविक धर्म भी है। लेकिन बहुत ही जल्द यह धर्म, तथाकथित धर्म यानी हिन्दू धर्म में सिमटकर धर्म के विस्तृत एवं विराट् रूप को संकीर्ण कर देता है, तो वहीं वह जिस एक जाति पर अभिमान करते नहीं थकते, तथाकथित हिन्दू जाति, मनुष्य जाति को संकीर्णता की ओर अग्रसर करके, राष्ट्र को सकुंचित करके हिन्दू राष्ट्र की ओर ले जाने का उपक्रम ही नज़र आता है। जो राष्ट्रवाद जैसी सार्वभौमिक, वैचारिकी को हिन्दू राष्ट्रवाद तक सीमित करने का प्रयासमात्र था। स्वामी जी जिस तथाकथित धर्म की बात करने जा रहे थे या फिर उपदेश देने जा रहे थे। उस काल्पनिक धर्म की शुरूआत करने के लिए भी दूसरे तथाकथित धर्म को विद्रोही बच्चा और उसकी गूँज का सहारा लेना पड़ा। क्षमा चाहता हूँ स्वामी जी एवं उनके अनुयायियों से कि जिस तथाकथित धर्म को खड़े होने के लिए भी वैसाखियों की आवश्यकता हो, वह तथाकथित धर्म कैसा होगा? और उसके अनुयायियों द्वारा राष्ट्र निर्माण और राष्ट्रवाद की कल्पना भी बड़ी सहजता से की जा सकती है। वह धर्म कुछ और नहीं बल्कि तथाकथित हिन्दू धर्म ही है, जिसके राष्ट्र की परिकल्पना हिन्दुत्व के इर्द-गिर्द घूमती है। तो वहीं हिन्दुत्व, 'ब्राह्मणी साम्राज्यवाद' का चक्कर लगाता नज़र आता है। जिसकी वैचारिकी उन्हीं निश्चित हिन्दू धर्मग्रन्थों तक ही सीमित है जो पूर्णतया जाति-आधारित भेद-भाव एवं प्रभुत्व के लिए दैवी एवं ईश्वरीय औचित्य को प्रस्तुत करते हैं।

वहीं दूसरी तरफ, मैं स्वामी जी की पारखी नज़र और दूरदर्शिता को सलाम करता हूँ—कि कम-से-कम उन्होंने इस विद्रोह की पहिचान तो की। लेकिन साथ ही आश्चर्य भी होता है, कि बौद्धिज्म (बौद्ध धम्म), जो पूर्णतया नैतिकता, समता, समानता एवं भ्रातृत्व की भावना पर आधारित है, उसे एक विद्रोही बच्चा कहकर उसकी प्रतिध्वनि को ईसाईयत कहकर टाल देना शायद राष्ट्र, राष्ट्रीयता और राष्ट्रवाद के साथ धोखा ही है। जिसका परिणाम भी राष्ट्र को आज देखने को मिल रहा है। उनके द्वारा तथाकथित हिन्दू धर्म का महिमामण्डन, उसकी उदारता का प्रलाप, शायद एक कारण हो सकता है कि आज उनके अनुयायी तथाकथित हिन्दू राष्ट्र की यूफोरिया से ग्रसित होकर भारत देश में अन्य किसी भी प्रकार की वैचारिकी को, विद्रोही, राज्यद्रोही, देशद्रोही की सारी हदों को पार करके राष्ट्रद्रोही और राष्ट्रविरोधी होने का खिताब देने पर हर वक्त आतुर दिखते हैं।

तथागत बुद्ध भले ही, सनातनी, हिन्दू धर्म या फिर जन्म-जाति से क्षत्रिय रहे हों। जिसके कारण उनके मानवतावादी धम्म को सनातन एवं हिन्दू धर्म की दृष्टि से, विद्रोही बच्चा कहकर भले ही अपना दिल बहला लिया जाय, लेकिन वास्तव में राष्ट्र निर्माण और राष्ट्रवाद के लिए विद्रोह एक आवश्यक घटक है, एक अवयव है। राष्ट्र और

राष्ट्रवाद के लिए जहाँ शोषक वर्ग राष्ट्रवादी की भूमिका में दिखता है (होता नहीं) तो वहीं शोषित वर्ग राष्ट्र द्रोही की भूमिका में दिखाया जाता है।

यह कथन हास्यस्पद भले ही लगे, लेकिन इससे बचा नहीं जा सकता। इस दृष्टि से राष्ट्रद्रोही होना किसी तथाकथित स्वघोषित राष्ट्रप्रेमी वा राष्ट्रवादी से अच्छा है। फिर चाहे वह अंग्रेज़ों का समय हो या फिर आज का शासन। गौर से देखेंगे तो पायेंगे कि ऐसे देशद्रोहियों की लम्बी फ़ौज है। फिर चाहे राष्ट्र के लिए अपना सब-कुछ निछावर कर देनेवाले शहीदे आज़म भगतसिंह हों, या सामाजिक चेतना के महानायक कबीर, क्रान्तिकारी ज्योतिबा फुले अथवा भारत के संविधान निर्माता बाबा साहेब डॉ. भीमराव अम्बेडकर। यदि राष्ट्र के लिए ये विद्रोही बच्चे हैं तो फिर हमें नाज़ है ऐसे विद्राही बच्चों पर। क्योंकि असल में यही राष्ट्र के निर्माता हैं और नायक भी। जिसे जो भी कहना है कहे, फिर तो हम विद्रोह करेंगे। अपने राष्ट्र और राष्ट्रवाद से नहीं, बल्कि उनके तथाकथित राष्ट्र एवं राष्ट्रवाद से। इतना ही नहीं हमारी प्रतिध्वनि फिर चाहे इस्लाम, ईसाईयत तो क्या, तथाकथित हिन्दू और हिन्दुत्व के ठेकेदारों तक ही क्यों न पहुँचे। कहने को तो वह आज भी हमें हिन्दू ही मानता है, लेकिन अपने प्रभुत्व और वैचाारिकी को आज भी हम पर थोपने से नहीं चूकता। अब हम उसकी उदारता, दयालुता और कृपा को कैसे स्वीकार कर लें जो समता, समानता और भ्रातृत्व को ही विद्रोह कहता है? जिसके हम मात्र अनुयायी ही नहीं वरन् उस पर चलनेवाले लोग ही हैं।

हाँ हमें आज़ादी चाहिए, अपने राष्ट्र से नहीं! बल्कि अपने राष्ट्र में! गोरे अंग्रेज़ों से नहीं बल्कि दिल के काले सामन्तवादियों से। हाँ हमे आज़ादी चाहिए, भुखमरी से, ग़रीबी से, लाचारी और बेबसी से। छुआछूत की बीमारी से, जातिवाद से और पूँजीवाद से। अब हम और झाँसे में नहीं आनेवाले हैं, ऐसे धर्म के जो भाषण और उपदेश देने के लिए कुछ और हो अमल और व्यवहार में कुछ और

"मैं एक ऐसे धर्म का प्रचार करना चाहता हूँ, जिससे 'मनुष्य' तैयार होता है।

—'विवेकानन्द'

मुझे लगता है कि इस बात से मैं ही क्या? भारत सहित सम्पूर्ण विश्व सहमत होगा।

"अब भारत ही केन्द्र है।" *—'विकेकानन्द'*

यह हम भारतीयों के लिए गर्व का विषय है, इससे हर भारतीय सहमत हो सकता है। लेकिन अन्य देशों के लिए यह ज़रूरी नहीं।

फिर एक बार क्षमा के साथ कहना चाहूँगा कि, स्वामी जी मुझे लगता है Auditory Hallucination के शिकार थे। क्योंकि एक तरफ जहाँ वह उदारता थी सारी पराकाष्ठा पार करते नज़र आते हैं, तो वहीं दूसरी तरफ़ संकीर्णता के साए से भी अपना पीछा नहीं छुड़ा पाते। जैसे हज़ारों दरिद्रनारायणों को भोजन कराना, यूरोप

की छाती पर शूद्रों के विद्रोह का पूर्वाभास एवं धर्म से मनुष्य तैयार करना। उदारता की पराकाष्ठा को दर्शाते हैं, तो वहीं दूसरी तरफ, अपनी जातीयता को अपनायें तथा बनाये रखने का उपदेश देना, वेदान्त को गूढ़ दर्शनशास्त्र न बताकर, असल में वही सनातन धर्म है कहना। धर्म के वास्तविक स्वरूप को एक खूँटे से बाँधना आदि को, संकीर्णता न कहें तो फिर क्या कहें? इतना ही नहीं, जहाँ तर्क न काम करे वहाँ, काली माँ पर सब-कुछ छोड़ देना, शायद प्राकृतिक नियमों एवं प्रकृति की अवहेलना नहीं तो फिर क्या है? राष्ट्र जैसे सार्वभौमिक शब्द को 'हिन्दू राष्ट्र' के संकुचित दायरे में लाना आदि।

इसका यह भी तात्पर्य नहीं है कि, "मैं हिन्दू नहीं हूँ और इस बात को स्वीकार्य करने को मैं तैयार नहीं हूँ।" या फिर कहें जो कुछ हिन्दू या हिन्दुओं का है वह घृणापूर्ण एवं त्याज्य है, या फिर हिन्दुत्व में अन्य तथाकथित धर्मों की अपेक्षा कुछ लेने लायक है ही नहीं।

इसी क्रम में मैं अपनी बातों को रखते हुए, डॉ. अम्बेडकर के विचारों तक पहुँचने की कोशिश करने का प्रयास कर रहा हूँ अतः उनके ठेकेदारों का भी क्षमा प्रार्थी हूँ। सभी धर्मों की बातें मुझे एक-सी लगती हैं, और इनके तथाकथित रक्षको (ठेकेदारों) के चेहरे भी एक-से ही नज़र आते हैं। इसलिए में किसकी प्रशसा करूँ और किसकी आलोचना?

वैसे कहने को तो इस भारत भूमि पर तथाकथित सभी धर्मों ने धर्म की धारा बहा दी हैं, लेकिन अफ़सोस मुझ जैसा साधारण आदमी भी तथाकथित इन धर्मों से सन्तुष्ट नहीं हो पाया। चाहे फिर वह सनातन-पुरातन, ईसाई-इस्लाम, जैन-सिक्ख हिन्दू या बौद्ध धम्म-धर्म ही क्यों न हों। आप स्वयं विचार कीजिये कि क्या इन तथाकथित धर्मों के सहारे ईश्वर, अल्ला, वाहे गुरु... की कल्पना से, रमुआ, कलुआ, और बुधिया का पेट भर जायेगा? बिना कर्म के फिर जिस तथाकथित कर्म के सिद्धान्त ने मनुष्यों के टुकड़े-टुकड़े करके रख दिये हों, उस तथाकथित कर्म से भी क्या उम्मीद रखी जाय। मनुष्यता के लिए फिर मुझ जैसा साधारण आदमी यह कैसे समझ सकता है कि 'नियमों का धर्म' या फिर 'सिद्धान्तों का धर्म' क्यों कि दोनों ही दशा में धर्म मानव जाति द्वारा सृजित किया जा रहा है। फिर चाहे वह ब्राह्मणवाद द्वारा सृजित 'नियमों का धर्म' हो अथवा अम्बेडकरवाद द्वारा उत्पन्न 'सिद्धान्तों का धम्म'। आप सब जानते हैं कि तथाकथित इन धर्मों ने मनुष्य जाति का जितना रक्त बहाया है, शायद इतना रक्तपात तो जर, जोरू और ज़मीन के लिए भी नहीं हुआ होगा।

फिर भला ये तथाकथित लोग कौन-से धर्म के धारण करने की बात कर रहे हैं। और किस धर्मान्तरण की बातें हो रही हैं? मेरी तो समझ से परे है।

आप लोग मुझ पर और मेरे शब्दों पर भरोसा रखें। हमारे विरोधी जो कह रहे हैं, पूर्णतया गलत है। मैं आपसे कहता हूँ कि उनके बयान पर ध्यान न दीजिए। हमारे धर्मान्तरण की चर्चा हर जगह है, लेकिन आश्चर्य है, कोई यह नहीं पूछता कि अनेक धर्मों में से मैंने बौद्ध धम्म को ही क्यों चुना? धर्मान्तरण के किसी भी आन्दोलन का यह प्रमुख प्रश्न है। कोई भी धर्म अंगीकार करते समय स्वयं से यह प्रश्न पूछने चाहिए—

1. कौन-सा धर्म ग्रहण किया जाये?
2. उसे किस तरह से अंगीकार किया जाये?

हिन्दू धर्म को त्याग देने का आन्दोलन मैंने 1935 में नासिक से शुरू किया था और तभी से मैं इसके लिए संघर्ष कर रहा हूँ। सन् 1935 में येवला में आयोजित एक विशाल जनसभा में यह प्रस्ताव पारित हुआ था, कि हमें हिन्दू धर्म का परित्याग कर देना चाहिए। उस समय मैंने कहा था कि मेरा जन्म हिन्दू के रूप में हुआ, जिसे मैं बदल नहीं सकता पर मैं एक हिन्दू के रूप में मरूँगा नहीं बौद्ध धर्म अंगीकार कर मुझे अत्यधिक सन्तोष और कल्पनातीत खुशी मिली है। मैं महसूस करता हूँ कि जैसे मुझे नरक से मुक्ति मिल गयी है। मैं चाहता हूँ कि आप सभी लोग जो कल दीक्षित हुए हैं, इस आनन्द को स्वयं अनुभव करें। मैं कोई अन्धभक्त नहीं चाहता। भेड़चाल मुझे पसन्द नहीं। जो लोग बुद्ध की शरण में आना चाहते हैं, वे इसका मूल्यांकन कर लें, क्योंकि इस धर्म का अनुपालन कठिन है।

मानवता के विकास के लिए धम्म अत्यन्त आवश्यक है। कार्ल मार्क्स के कुछ अनुयायी मानते हैं कि धर्म एक अफीम है। कार्ल मार्क्स के इस वक्तव्य को एक चुटकी नमक के साथ ग्रहण करना चाहिए। जो ऐसा कहते हैं, उनके लिए धर्म का कोई महत्त्व नहीं है, वह बेकार की चीज़ है। हममें से भी अनेक लोग ऐसे हैं, जो 'खाओ-पीओ' और मौज करो पर विश्वास करते हैं। वे चाहते हैं कि उन्हें नाश्ते में रोटी मिले, दोपहर में बढ़िया खाना, सोने के लिए आराम देह बिस्तर और समय बिताने के लिए सिनेमा देखने को मिले। उनके जीवन में धर्म का कोई स्थान नहीं है। मैं ऐसे लोगों से सहमत नहीं हूँ। अपने पिता की ग़रीबी के कारण मुझे ऐसा वैभव नहीं मिल पाया। जीवन के सन्ध्याकाल तक मुझे बहुत कष्ट उठाने पड़े हैं और कठिन श्रम करना पड़ा है। इससे मैं नास्तिक नहीं हो गया। (डॉ. अम्बेडकर Inhilation of Cast 97)

मुझे लगता है तथाकथित सारे धर्म अफ़ीम ही नहीं बल्कि चरस हैं, या फिर एक मानसिक रोग, जो तथाकथित उनके अनुयायियों को उस तथाकथित धर्म को मनोरोगी बनाते हैं। जहाँ तक धर्म की बात है, तो शायद नास्तिक में धर्म अधिक होता है। जहाँ तथाकथित धर्मों का एक सूत्रीय कार्यक्रम होता है, संघ, दल या परिषद् के माध्यम से भीड़तन्त्र को इकट्ठा करना तो वहीं, वास्तव में मनुष्य और मानवता का दमन करना।

नास्तिक और नास्तिकता कोई गाली नहीं है। यह तर्क-वितर्क का विषय है। मेरी नज़र में आस्तिकता मनुष्य को जहाँ एक संकीर्ण दायरे में कैद करती है, तो वहीं नास्तिकता मनुष्य को विचार एवं वैचारिकी की जगह प्रदान करती है। आस्तिकता चाहे बुद्ध के प्रति हो या फिर स्वयं डॉ. अम्बेडकर के प्रति, मनुष्य को पतन की ओर ले जाती है। आस्तिकता कुछ और नहीं बल्कि भीड़तन्त्र है, तो वहीं नास्तिकता लोकतन्त्र है। किसी भी राष्ट्र के निर्माण में या फिर राष्ट्रवाद में नास्तिकों का योगदान तथाकथित आस्तिकों से अधिक ही है। इसे भारत में भी देखा जा सकता है, कि जब नौज़वान भगतसिंह नास्तिकता के दम पर फाँसी पर चढ़ रहे थे, बिना किसी तथाकथित ईश्वर, अल्ला या नमो बुद्धाय का नाम लिए, उसी वक्त यहाँ कोई संघ (RSS) की स्थापना करके भीड़तन्त्र के सहारे अपनी पैठ बना रहा था तो वहीं कोई बुद्धम् शरणम् गच्छामि के साथ-साथ संघम् शरम् गच्छामि द्वारा एक नये किस्म के भीड़तन्त्र को बढ़ावा दे रहा था।

इसका यह भी क़तई मतलब नहीं की नास्तिकता के नाम पर लोग बेलगाम होकर गालियाँ बकें। बुद्धइज्म, हिन्दुइज्म या फिर इस्लाम को। ऐसी स्थितियों में तो, नास्तिकता भी एक मनोरोग ही बनकर रह जायेगी।

मुझे एक सन्त की बात याद आती है, मैं उनका नाम लेकर उन्हें छोटा नहीं करना चाहता—कि यदि हम तथाकथित जितने भी धर्म या धम्म हैं, चाहे फिर वह ईसाईयत, हिन्दू, इस्लाम, जैन, बौद्ध या फिर अन्य कोई, नष्ट कर दें तो फिर हम उन्हें आख़िर देंगे क्या? ठीक वैसे ही जैसे कि खेलते हुए बच्चों के हाथ से सहसा खिलौने छीन लिए जाएँ। यह आपके लिए साधारण बात हो सकती है, लेकिन मेरे लिए नहीं। क्योंकि मैं अपने-आपको न, तो आस्तिकता के खूँटे से बाँधकर रख सकता हूँ और न ही नास्तिकता के खूँटे से। यदि मुझे बँधना भी पड़ेगा तो मैं सिर्फ़ और सिर्फ़ मनुष्यता और मानवता के खूँटे से ही बँधूगा। ये तथाकथित धर्म सब-के-सब खिलौने के जैसे ही हैं, और अपने आपको धार्मिक कहलाने का शौक़ पालनेवाले लोग भोले-भाले बच्चे ही हैं, जो तथाकथित धर्म के खिलौनों से खेल-खेलकर अपना दिल बहलाते हैं।

धर्मान्तरण या फिर धर्म परिवर्तन के बारे में सिर्फ़ इतना ही कह सकता हूँ कि यह कार्य शरीर में कपड़े बदलने के ही जैसे है। जिस तरह नया कपड़ा व्यक्ति अंगीकार करके थोड़ी देर सन्तोष और कल्पनातीत खुशी का अनुभव करता है या फिर नये खिलौने से जैसे थोड़ी देर बच्चे का दिल बहलता है, ठीक वैसे ही यह तथाकथित धर्म परिवर्तन है। जिन्हें लगता है कि वह धर्म परिवर्तन करके या फिर कराके कुछ हासिल कर लेंगे वह बिना नशे का सेवन किये ही अव्वल दर्जे के नशेड़ी हैं, या फिर उन्मादी? असल में वह भी धर्म की ठेकेदारी का एक हिस्सा बनना चाहते हैं। वास्तव में उन्हें धर्म से कोई लेना-देना नहीं है। जैसा कि आज के परिवेश में तथाकथित राष्ट्रवादियों

का राष्ट्र के परिप्रेक्ष्य में। ख़ैर तथाकथित सारे धर्म या धम्म एक ही थाली के चट्टे बट्टे हैं। लेकिन विचार तो करना ही होगा—कि यदि इन कपड़े रूपी तथाकथित धर्मों को यानी बच्चों के खिलौनों को अचानक छीन लिया जाय तो! क्या कपड़े बदलनेवालों या फिर खिलौने बदलने वाले बच्चों को सम्हालना आसान होगा? शायद नहीं भी और हाँ भी। यह ठीक वैसे ही है जैसे अम्बेडकर ने कहा था कि जातियों को समाप्त नहीं किया जा सकता। उसका नाश किया जा सकता है। प्रश्न है अम्बेडकरवादियों से! मगर कैसे?

क्या एक नयी जाति को जन्म देकर? या फिर पुरानी जाति जिसे तथाकथित ब्राह्मणवाद ने हम पर थोपा है?

इसका जवाब शायद न ही तथाकथित ब्राह्मणवादियों के पास है, और न ही अम्बेडकरवादियों के पास। इसका जवाब सिर्फ़ और सिर्फ़ मनुष्य के पास है, जो अम्बेडकरवादी भी हो सकता है, ब्राह्मणवादी भी हो सकता है और साथ-ही-साथ इस्लाम ईसाईयत को समेटे राष्ट्रवादी, राष्ट्रद्रोही, रमुआ, कलुआ और बुधिया भी या इनमें से कोई भी हो सकता है।

न मैं आस्तिक हूँ, न मैं नास्तिक हूँ
न मैं राष्ट्रप्रेमी हूँ और न ही देशद्रोही
मैं सिर्फ़ और सिर्फ़ एक तुच्छ आदमी हूँ।
शायद

इस तरह देखें तो मनुष्य न तो जन्मजात आस्तिक है, और न ही नास्तिक। आस्तिकता जहाँ एक तरफ धर्म के नाम पर धोखाधड़ी है तो वहीं नास्तिकता बिना धर्म को जाने-पहचाने धर्म की राह में बाधा।

इस प्रकार यदि कहें "धर्म है, इसे नकारा नहीं जा सकता, लेकिन तथाकथित धर्म को स्वीकारा भी नहीं जा सकता।"

धर्म प्रलाप की चीज़ नहीं, फिर चाहे वह विवेकानन्द का भाषण हो, या फिर अम्बेडकर का बौद्धधम्म के नाम पर भीड़तन्त्र का इकट्ठा करना। धर्म न तो सनातन का गुलाम है और न ही इस्लाम का कायल। धर्म है तो सिर्फ़ और सिर्फ़ मनुष्यता का, मानवता का, आपसी मेल-जोल का, समता-समानता और भाई-चारे का। प्रेम का सौहार्द का या फिर सीधे शब्दों में कहें तो—धर्म है तो बस इतना सा कि जन्मजात, मनुष्य हो तो, मनुष्य रहकर रहो, बनकर नहीं।

किसी भी राष्ट्र के निर्माण में धर्म की भूमिका को नकारा नहीं जा सकता, लेकिन यही धर्म जब तथाकथित धर्मों में परिवर्तित होकर जिन्न का रूप धारण कर लेता है, तो वह राष्ट्र को राष्ट्रवाद के नाम पर निगल जाने का प्रयास करता है, जिसे हम धार्मिक-राष्ट्रवाद के जिन्न के रूप में देख सकते हैं कई बार वह इसमें सफल तो हो जाता है,

परन्तु इसके परिणाम भयंकर हैं जिसे देखा जा सकता है, फिर पाकिस्तान हो या यूरोप के देश, इस तथाकथित धार्मिक राष्ट्रवादी जिन्न ने जो भी ताण्डव या तहस-नहस मचाया है और मचाते हैं वह किसी से छिपा नहीं है।

जहाँ एक तरफ 'धर्म' की अवधारणा वास्तव में समाज को एकता के सूत्र में बाँधने की है, तो वहीं तथाकथित धर्मों की धारणा इस एकता को छिन्न-भिन्न करने से। ठीक वैसे ही जैसे कि जाति की व्यापकता मनुष्य जाति से है, न कि हिन्दू जाति, बौद्ध जाति, मुसलमान जाति, ईसाई या फिर तथाकथित अन्य किसी जाति से।

मेरा ऐसा पूर्ण विश्वास है। कि यदि तथाकथित जाति को सुधारा नहीं जा सकता तो फिर तथाकथित धर्मों का परिवर्तन एक पाखण्ड के सिवाय और कुछ नहीं। यदि तथाकथित जाति 'एक मनोदशा' है तो वहीं 'तथाकथित धर्म' इस मनोदशा के जन्म लेने के लिए 'एक उर्वरक भूमि' जो न राष्ट्र के लिए श्रेयकर है और न ही राष्ट्रवाद के लिए हितकर।

यदि किसी राष्ट्र की कल्पना, उसमें रहनेवाले, मनुष्यों, प्राणियों, भौगोलिक परिस्थितियों, क्षेत्रीयता, धार्मिक, सांस्कृतिक, जातिगत, ऐतिहासिक, सामाजिक, भाषायी, राजनैतिक, वैचारिक, औपनिवेशिक या फिर सार्वभौमिक राष्ट्र के रूप में की जा सकती है, तो वह इस ब्राह्माण्ड में मात्र और मात्र भारत ही है। शायद हिन्दुस्तान या फिर इण्डिया हरगिज़ नहीं। जहाँ भारत एक तरफ व्यापकता का प्रतीक है तो वहीं हिन्दुस्तान संकीर्णता का, और इण्डिया पूँजीवाद का प्रतीक। राष्ट्र निर्माण में भारत माता की जय, अगर परतन्त्रता से आज़ादी में इस्तेमाल हुआ एक नारा है तो वहीं आज़ाद भारत को काले दिल के "ब्राह्मणवादी साम्राज्य" के चंगुल में पुनः सौंपने की तैयारी भी। स्पष्ट है कि जब एक भगोड़ा आदमी, शहीद होने की बजाय, युद्ध के समय पीठ दिखाकर भाग आता है और पहलवान बाबा के मन्दिर में जाकर पहलवानी करके भारत माता की जय बोलने में राष्ट्र की ऊर्जा को बर्बाद कर देता है। वहीं राष्ट्र के कई नायक, अपनी मिट्टी को नमन करते हुए, भारत राष्ट्र के लिए अपनी शहादत देते हैं।

पाकिस्तान जो तथाकथित धूर्त ब्राह्मणों की उपज है या फिर मूर्ख मुसलमानों की ज़िद। आजकल भी बिना मुद्दे के ही मुद्दा बना हुआ है। दोनों तरफ के तथाकथित पाखण्डी राष्ट्रवादियों की तरफ से। जिन्हें शायद राष्ट्र की परिभाषा तक भी नहीं पता। एक तरफ जहाँ पाकिस्तान जेहाद और आतंक का पर्याय बना हुआ है तो वहीं दूसरी तरफ भारत जैसे समृद्धिशाली देश में धार्मिक राष्ट्रवाद रूपी जिन्न को बोतल से निकालकर हिन्दू और हिन्दुइज्म की संकीर्ण मानसिकता से ग्रसित मुट्ठी भर लोग, भारत माता की जय, वन्दे मातरम्, जन गण मन, के नारों का सहारा लेकर देश के भीतर ही स्वघोषित राष्ट्रवादी बनकर लोगों की भावनाओं से खेलने का मुद्दा गरम करके रखना चाहते हैं। वास्तव में ऐसे लोगों का राष्ट्र और राष्ट्रवाद से कोई सरोकार नहीं है। बल्कि

वह यह अच्छी तरह से जान चुके हैं कि, उनके तथाकथित धर्म में अब वह धार नहीं रही, जो कभी धार्मिक उन्माद का रूप धारण करके जनमानस की बलि चढ़ाती थी, शायद यही कारण है कि वह एक नया प्रयोग, तथाकथित राष्ट्रवाद और तथाकथित धार्मिकता की खिचड़ी बनाकर, राष्ट्र को परोसना चाह रहे हैं।

राष्ट्र, यानी हम सब के लिए यही अच्छा होगा कि हम राष्ट्रवाद के जिन्न को बोतल में ही बन्द करके रखें, जब इसकी आवश्यकता पड़ेगी तो इसे निकाला जायेगा। फिलहाल, कोई भारत माता की जय बोले या फिर मादरे वतन इससे रमुआ, कलुआ और बुधिया की सेहत पर कोई फ़र्क नहीं पड़ता। जो असल में राष्ट्र हैं। इस दशा में दोनों ही चीज़ें खोखली साबित होती हैं। बेहतर होगा हम सबके लिए और राष्ट्र के लिए भी कि तथाकथित धार्मिक-राष्ट्रवाद रूपी जिन्न को मारकर जमीन में गाड़ दें, और असली राष्ट्रवाद यानी राष्ट्र में रहनेवाले लोगों प्राणियों से प्रेम करें। समता, समानता, सद्भाव में तल्लीन होकर राष्ट्र निर्माण में अपनी भूमिका निभायें। राष्ट्र में रहनेवाले प्रत्येक नागरिक के लिए राष्ट्रवाद ज़रूरी है तो वही छद्म राष्ट्रवाद घातक हथियार! चाहे फिर वह जातिगत हो या फिर धार्मिक। राष्ट्रवाद देखने-सुनने में भले ही भारी-भरकम शब्द लगे, लेकिन यह बिल्कुल खोखला साबित होगा यदि हम सिर्फ़ राष्ट्रवाद पर दिन-रात बहस करें और अमल में न लायें। अतः मेरा सभी से निवेदन है कि असली राष्ट्रवाद से ओत-प्रोत होकर प्रेम, आपसी सद्भाव, में तल्लीन होकर मानवता धर्म का निर्वहन करते हुए राष्ट्र के लिए जीने-मरने हेतु तत्पर रहें, वजाय फर्जी राष्ट्रवाद का ढोंग करने के।

'यदि राष्ट्र की कोई जाति है तो वह मनुष्यता और धर्म है तो वह सिर्फ़ और सिर्फ़ मानवता।'

4

भाषायी एवं सांस्कृतिक राष्ट्रवाद
(Linguistic & Cultural Nationalism)

कहते हैं, 'संस्कृति' शब्द संस्कृत भाषा की धातु 'कृ' करना से बना है। इस धातु से तीन शब्द बनते हैं 'प्रकृति' (मूल स्थिति), 'संस्कृति' (परिष्कृत स्थिति) और 'विकृति' (अवनत स्थिति)। इस प्रकार जब 'प्रकृति' या कच्चामाल परिष्कृत किया जाता है, तो यह संस्कृत हो जाता है। और जब बिगड़ जाता है। तो 'विकृत' हो जाता है।

अंग्रेज़ी में संस्कृति के लिए 'कल्चर' शब्द का प्रयोग होता है, जो लैटिन भाषा के 'कल्ट या कल्टस' से लिया गया है, जिसका अर्थ है, जोतना, विकसित करना या परिष्कृत करना और पूजा करना।

मेरा मानना है कि संस्कृत से भी पहले कोई-न-कोई आदि भाषा अवश्य ही रही होगी। जिससे संस्कृत या फिर अंग्रेज़ी जैसी भाषाओं का विकास हुआ होगा। कहने का तात्पर्य, संस्कृति को किसी भाषा विशेष के खूँटे से बाँधकर देखना शायद उचित नहीं होगा। एक अध्ययन की माने तो संस्कृत से लेकर अंग्रेज़ी तक तमाम भाषाएँ, उस आदि भाषा से निकली हैं, जो ८००० वर्ष पूर्व तुर्की में खानाबदोश जातियों में बोली जाती थी। यह इतिहासकारों, भाषाविदों और मानवविज्ञानियों के बीच बहस का विषय भले ही रहा हो, लेकिन धरती की करीब आधी आबादी (लगभग 3 अरब) की भारोपीय भाषाओं का उद्‌गम एक ही भाषा से हुआ होगा जिज्ञासा का विषय थी। यह आदि भाषा आगे चलकर प्रोटो इण्डो यूरोपियन भाषा कहलायी। और यही खानाबदोश जातियाँ करीब 6-8 हजार साल पहले दुनिया में फैलनी शुरू हुई तो भिन्न-भिन्न भाषाओं, संस्कृत, ग्रीक, लैटिन, फ्रेंच, फ़ारसी, अंग्रेज़ी, भोजपुरी आदि विकसित हुई।

संस्कृति को जानने-समझने से पहले हमें, दर्शन के बारे में जानना आवश्यक होगा। मूर्त (Concrete) एवं अमूर्त (Abstract) विषयों के सम्बन्ध में मनुष्य के मस्तिष्क में उत्पन्न होनेवाले विविध प्रश्नों तथा उनका युक्ति-युक्त (Reasonable) उत्तर। समाधान खोजने के प्रयास को दर्शन कहा जा सकता है। इस प्रकार सम्पूर्ण

ब्रह्माण्ड ही दर्शन का विषय है। मनुष्य एक चिन्तनशील एवं विवेकवान् प्राणी है। दर्शन में वस्तु के चरम स्वरूप का ज्ञान प्राप्त किया जाता है। सामान्यरूप से किसी वस्तु, तथ्य अथवा व्यक्ति से अनुभव, प्रयोग और जानकारी के द्वारा, परिचित हो जाना ज्ञान कहलाता है। ज्ञान वस्तुतः ज्ञानेन्द्रियों द्वारा प्राप्त बौद्धिक निष्कर्ष है। इन बौद्धिक निष्कर्षों से, न्यायपूर्ण सत्य का निर्माण होता है। और ये न्यायपूर्ण सत्य ही दर्शन (Philosopohy) कहलाते हैं।

Philospher शब्द का प्रयोग पहली बार ग्रीक दार्शनिक पाइथागोरस ने स्वयं के लिए किया था।

मज़ेदार बात यह है कि भारत में जहाँ एक तरफ ब्राह्मणों ने अपने आपको स्वघोषित देवता का दर्जा प्राप्त करते हुए समस्त प्रकार के ज्ञान-विज्ञान पर अपना आधिपत्य स्थापित करते हुए क़ब्ज़ा एवं अधिकार प्राप्त किया तो वहीं, दूसरी तरफ पश्चिम देश भी इससे अछूते नहीं रहे थे।

प्राचीन ग्रीक में दर्शन देवताओं के लिए सुरक्षित विषय माना जाता रहा था, और मनुष्यों को इस सम्बन्ध में विचार प्रस्तुत करना वर्जित था, तथापि, प्लेटो, अरस्तु भी पाइथागोरस के समान स्वयं को फिलॉसफर (ज्ञान अनुरागी) कहते थे। बाद में भले ही, बाइबिल में अरस्तू के अधिकांश विचारों एवं सिद्धान्तों को सम्मलित कर लिया गया हो।

पश्चिम देशों के लिए सुखद यह रहा कि पाश्चात्य दर्शन में, विषयवस्तु के साथ जल्द ही व्यापक परिवर्तन एवं प्रचार-प्रसार हुआ।

भारत में गूढ़ चिन्तन की यह विधा दर्शन ही है। शाब्दिक व्युत्पत्ति के आधार पर दर्शन का अर्थ है "दृश्यते अनेन इति" अर्थात् 'जिसके द्वारा देखा जाय वह दर्शन है।" देखने का तात्पर्य मात्र भौतिक अवलोकन न होकर वस्तु का तात्त्विक साक्षात्कार करना है। वास्तव में भारत में दर्शन की शुरूआत वैदिक काल न होकर उपनिषद काल को जाता है, आगे स्पष्ट हो जायेगा। भारत के लिए दुखद यह रहा कि, जहाँ राजा राममोहन राय जैसे चिन्तकों ने भारतीय दर्शन में परिवर्तन की वकालत करते हुए सामाजिक और व्यावहारिक रूप से धरातल पर परिणीत करने का प्रयत्न किया तो वहीं, विवेकानन्द जैसे चिन्तकों ने भारतीय दर्शन को गूढ़ चिन्तन की बात न कहकर सरल करने की बात तो की, लेकिन यथावत उसी रूप में, बिना किसी सुधार या परिवर्तन के।

इसी क्रम में भारतीय दर्शन की आध्यात्मिक प्रवृत्ति पर बात करना ज़रूरी होगा—शुरूआत करते हैं वैदिक युग से! वेदों को पढ़ने से पता चलता है, कि यह युग, सांसारिक, सुखों एवं उपभोग का युग था। वैदिक ऋषि, अपने परिवारों के साथ, निश्चिन्त, भावुक, भोले, निश्छल और निष्कपट थे। इससे इनकार नहीं किया जा

सकता। वे प्रकृति के मनोहारी स्वरूप को देखकर जहाँ पूरे मन के साथ अपना अल्डपन दिखाते हुए भावुकता से अभिभूत होकर भावुक मन से अपने उद्गार स्वयं स्फूर्त, आलोकित तरंगों के रूप में उभरे उन मनोभावों को स्तुतियों, प्रशस्तियों, दिव्यगान एवं काव्य के रूप में शब्दबद्ध किया, वही वैदिक ऋचाएँ या मन्त्र बन गये। वे लोग अपने सांसारिक आनन्द से भरे पड़े थे, सम्पन्नता से लगभग सन्तुष्ट थे, प्राकृतिक दिव्यताओं से भावविभोर होते थे तो वहीं, प्राकृतिक आपदा-विपदा में भयभीत भी होते थे। जिसे अधिकतर वैदिक मन्त्रों में देखा जा सकता है। वे जहाँ एक तरफ अपने और अपने परिवार के लिए आनन्द-मंगल की कामना करते थे तो दूसरी तरफ, शत्रु की मृत्यु की प्रार्थना भी करते थे। उनकी कामना अपनी लम्बी आयु तक ही सीमित नहीं थी अपितु अपने आनेवाली पीढ़ियों तक के लिए, स्वर्ग तक जाने की कल्पना से अभिभूत होकर प्राकृतिक देवताओं और देवियों से यज्ञ, प्रार्थना, अनुनय-विनय से लेकर इच्छा न पूरी होने पर इन देवताओं को उलाहना देना तक सम्मिलित था। प्राकृतिक विपदाओं एवं विपत्तियों के समय, काल्पनिक नियन्त्रक देवताओं, यथा मरुत, अग्नि, रुद्र, इन्द्र आदि को तृप्त और प्रसन्न करने हेतु यज्ञ, अनुष्ठान या प्रार्थना तक का उपक्रम हो रहा था। शत्रु के समूल नष्ट होने की प्रार्थना या फिर पत्थर गाड़कर मृत्यु को रोकने का प्रयास, नदियों से अनुनय-विनय, गाय, बैलों, घोड़ों आदि की बलि देकर उनका भोजन आदि। उनके जीवन-जीने का तरीका था। शायद उस समय तक नरक की कल्पना नहीं की जा सकी थी। कर्म को ही यज्ञ और यज्ञ को ही कर्म माना गया था।

जैसा पहले ही कहा जा चुका है कि वास्तव में भारतीय दर्शन की शुरूआत उपनिषद् काल में ही आरम्भ हुई थी। दर्शन यानी न्यायपूर्ण सत्य की शुरूआत। डॉ. अम्बेडकर भी इस बात को एक जगह स्वीकार करते हैं। 'एन्निहिलेशन ऑफ कास्ट' की समाप्ति के निकट, एक टिप्पणी में उन्होंने यह सुझाया है कि स्वतन्त्रता, समानता एवं भ्रातृत्व की वैचारिकी को उपनिषदों में पाया जा सकता है, हालाँकि उन्होंने इसे तराशनेवाले वक्तव्य को आगे नहीं बढ़ाया। कालान्तर में उन्होंने इसे बौद्ध धम्म में पाया। इसका कारण भी शायद आगे चलकर स्वतः स्पष्ट हो जायेगा।

मनुष्य विवेकशील है। एक-न-एक दिन तो जिज्ञासु मन-मस्तिष्क में यह प्रश्न उठना स्वाभाविक ही था कि प्रकृति की इस विशाल रंगभूमि के पीछे का सूत्रधार कौन है? इसका निर्माता कौन है? हम कौन हैं? कहाँ से आय हैं? आदि-आदि और फिर शुरू होती है, इसके समाधान या उत्तर खाजने की प्रक्रिया जिसमें कपिल, कणाद से लेकर महावीर, बुद्ध, कबीर आदि ने जहाँ एक अलग मार्ग चुनते हुए, समाज को नयी संस्कृति की दशा और दिशा प्रदान किया तो वहीं शंकराचार्य, रामानुजाचार्य से लेकर दयानन्द सरस्वती, राजा राममोहन राय या फिर विवेकानन्द

ने आंशिक परिवर्तन के साथ वैदिक परम्पराओं को ही, अपने-अपने तरीके से परिभाषित या समर्थित किया।

अब थोड़ी बात कर लेते हैं, पाश्चात्य दर्शन की भौतिकवादी प्रकृति पर—

जो लोग पाश्चात्य दर्शन को भौतिकवादी कहकर, भारतीय आध्यात्मिक दर्शन की व्याख्या, वेदों के सन्दर्भ में प्राचीन से प्राचीनतम का हवाला देकर करते हैं, वास्तव में देखें तो पायेंगे कि वेद भी पाश्चात्य दर्शन की ही तरह पूर्णतः भौतिकवादी (प्रकृतिवादी) ही हैं। दर्शन चाहे भौतिकवादी हो, आध्यात्मिक या फिर वैज्ञानिक सबका मूल प्रश्न एक ही है। जो आदि अनन्त से लेकर अब तक चला आ रहा है, और शायद आगे भी बरकरार रहे। वह है विश्व सत्ता की खोज अर्थात् विश्व का मूल तत्त्व क्या है? वह कौन-सा तत्त्व है जिससे संसार उत्पन्न होता है? इस तरह यदि हम आध्यात्मिक दर्शन को श्रेष्ठ मानकर भौतिक दर्शन को छोटा सिद्ध करने की भूल करते हैं, या फिर भौतिक दर्शन को श्रेष्ठ मानकर आध्यात्मिक दर्शन को नकारते हैं तो यह हमारी भूल ही नहीं, अपितु संकीर्णता की परिचायक है। संक्षिप्त में यदि कहें तो जड़ और चेतन का विभेद ही वास्तविक दर्शन है, न कि मतभेद। जड़ यानी प्रकृति के बारे में, और चेतन यानी प्रकृति के जाननेवाले के बारे में।

समस्या क्या है? समस्या यह है, कि अपने-आपको आध्यात्मिक कहनेवाले लोग, भौतिकवादी दर्शन से उत्पन्न वस्तुओं का उपभोग तो जी भर करते हैं, लेकिन उसकी आलोचना से भी नहीं चूकते। आलोचना तक तो फिर भी ठीक है, लेकिन बुराई करने से भी नहीं थकते। इतना ही नहीं वास्तव में भारतीय दर्शन की नींव रखनेवाले महान ऋषियों, कपिल, कणाद से लेकर बुद्ध और कबीर तक को नास्तिकता की उपाधि से नवाजने से भी नहीं चूकते। इसका ज्वलन्त उदाहरण जड़ और चेतन में विभेद करनेवाले महऋषि कपिल के रूप में देखा जा सकता है, एक तरफ जहाँ उन्हें गीता में कृष्ण के मुख से ऋषियों में सर्वश्रेष्ठ कहलवाया जाता है, और आगे चलकर नास्तिक की उपाधि से विभूषित किया जाता है। इतना ही नहीं, उनके दर्शन सांख्यदर्शन और महर्षि कणाद के वैशेश्कि दर्शन तक को लगभग नष्ट कर दिया जाता है।

वैसे देखा जाये तो विज्ञान और दर्शन में मूलतः कोई अन्तर नहीं है, क्योंकि दोनों ही किसी भी विषय में सुव्यस्थित एवं क्रमबद्ध ज्ञान ही हैं। लेकिन एक बड़ा अन्तर जो सदियों से लेकर अब तक देखा जा सकता है, वह यह है कि विज्ञान भौतिकवादी होते हुए भी, आध्यात्मिकता के बहुत करीब है, कारण विज्ञान की स्वीकार्य करने का साहस, खुलापन और निरन्तर प्रयास। वहीं आध्यात्मिकता का संकीर्णता में जकड़कर रह जाना, आध्यात्मिक लोगों का अभाव है या फिर कहें आध्यात्मिकता का वास्तविकता से मुँह मोड़कर, आध्यात्मिकता पर शोध और बोध से मुक्त होकर मात्र महिमा मण्डन तक सिमटकर रह जाना। ठीक वैसे ही जैसे एक ग़रीब भिखारी आदमी कहता है कि

अरे साहब, मेरे दादाओं-परदादाओं के पास तो सात-सौ बीघे जमीन, महल, अटारी नौकर चाकर और अपार धन सम्पदा थी। इस पर मुझे गर्व है। जबकि वास्तव में बेचारा भूख से मरा जा रहा है। इस वास्तविकता को वह नहीं देख पा रहा है, और तो और देखना भी नहीं चाहता।

यदि हम संस्कृति की उत्पति, संस्कृत शब्द से मान भी लेते हैं। तो संस्कार का अर्थ होता है मनुष्यों द्वारा कुछ कार्यों (Rituals) का अपने जीवन में किया जाना। विभिन्न संस्कारों द्वारा मनुष्य अपने सामूहिक जीवन के उद्देश्यों की प्राप्ति करता है। इन संस्कारों से ही मनुष्य की संस्कृति निर्मित होती है। मनुष्य के सामूहिक जीवन में और जीवन के उद्देश्य में भौतिक एवं अभौतिक घटक होते हैं।

भौतिक घटक के अन्तर्गत मनुष्य की भौतिक उपलब्धियाँ आती हैं, जो उसके जीने का आधार होती हैं और जीवन को सरल एवं सुगम बनाते हैं। अभौतिक घटक के अन्तर्गत सामाजिक मान्यताएँ, रीति-रिवाज, साहित्य, कला, नैतिकता, मूल्य आदि आते हैं, जो आगे चलकर परम्परा का रूप धारण कर लेते हैं। जबकि भौतिक उपलब्धियाँ संस्कृति के समानान्तर, सभ्यता को जन्म देती हैं। इस प्रकार संस्कृति, सभ्यता और परम्परा को एक त्रयी के रूप में ही देखना चाहिए न कि अलग-अलग।

भौतिक एवं अभौतिक घटक मनुष्य की संस्कृति का निर्माण करते हैं। संस्कृति के दोनों ही घटक दर्शन द्वारा प्रभावित होते हैं। वस्तुतः संस्कृति और दर्शन परस्पर (Mutually) एक-दूसरे को प्रभावित करते हैं, परिणामस्वरूप, दोनों का ही विकास भी होता है तथा परिवर्तन भी होता है। किसी भी समाज का सांस्कृतिक विकास, तथा दर्शन का विकास समान्तर प्रक्रिया है, अर्थात्, दोनों का विकास साथ-साथ होता है। दर्शन के प्रगतिशील होने पर समाज की सांस्कृतिक अवस्था भी प्रगतिशील होती है तथा संस्कृति के भौतिक एवं अभौतिक घटकों का भी व्यापक विकास होता है।

दर्शन के आधार पर ही वह समाज अपने सामाजिक मूल्यों, नैतिक मापदण्डों, रीति रिवाजों, सामाजिक व्यवहारों एवं व्यक्तिगत और सामूहिक विश्वासों का निर्धारण और निगमन करता है। साहित्य, कला, संगीत और भाषा भी दर्शन से ही मार्गदर्शन प्राप्त करती हैं, ताकि समाज के आन्तरिक सौन्दर्य के साथ-साथ उसकी कुरूपता को व्यक्त कर सके।

संस्कृति के भौतिक घटक भी दर्शन द्वारा प्रभावित होते हैं। मनुष्य द्वारा किये गये आविष्कार, उत्पादन, प्रक्रियाएँ तथा आर्थिक उन्नति का लाभ, सामाजिक रूप से समाज कल्याण हेतु किये जाने की प्रेरणा दर्शन से ही मिलती है। इस तरह दर्शन भौतिक उन्नति को सामाजिक उन्नति की तरफ अग्रसर करता है। तो वहीं भौतिक मूल्यों एवं आध्यात्मिक मूल्यों के बीच समन्वय स्थापित करता है।

संस्कृति और दर्शन एक प्रकार से एक-दूसरे के पूरक हैं। इन्हें एक-दूसरे से अलग करना कठिन ही नहीं नामुमकिन है। दर्शन से ही संस्कृति की उत्पत्ति होती है। मनुष्य के दार्शनिक विचार, ज्ञान एवं चिन्तन से ही संस्कृति के तत्त्व, कला, साहित्य, संगीत, विज्ञान एवं समाज की सामूहिक जीवन शैली की उत्पत्ति होती है।

समय के साथ सांस्कृतिक तत्त्वों में परिवर्तन होता है, इसका कारण भी दर्शन में परिवर्तन है। इस तरह जब दर्शन ही स्थायी नहीं तो फिर संस्कृति स्थायी बनी रहे ऐसा सम्भव नहीं। कहने का तात्पर्य यदि दर्शन संस्कृति को जन्म देता है तो दर्शन ही, उसमें बदलाव या विनाश का कारण भी है।

भिन्न-भिन्न दर्शन के कारण ही समाज में भिन्न-भिन्न संस्कृतियों का निर्माण होता है। प्रसिद्ध दार्शनिक बाम कहते हैं कि "बिना दर्शन के कोई संस्कृति नहीं हो सकती, तथा संस्कृतियाँ एक-दूसरे से भिन्न होती हैं।" कुछ लोगों का मानना है कि भारतीय दर्शन की आध्यात्मिक प्रवृति एवं पाश्चात्य दर्शन की भौतिकवादी प्रवृति, ही भारतीय तथा पाश्चात्य संस्कृति के बीच विभिन्नता का कारण है। वास्तव में ऐसा है नहीं क्योंकि दोनों ही दर्शन, मूलतः भौतिकवादी ही हैं जो प्रकृतिवाद से उत्पन्न होते हैं। और यदि भिन्न मान भी लिया जाय तो इससे फ़र्क क्या पड़ता है? सिवाय सांस्कृतिक बँटवारे के?

अब आते हैं सांस्कृतिक राष्ट्रवाद रूपी जिन्न पर—शुरूआत करते हैं, आर्यों की वैदिक संस्कृति पर आधारित राष्ट्र और राष्ट्रवाद का—वेदों की स्थिति ख़ासतौर पर मूल स्थिति, मूल स्थिति इसलिए, क्योंकि आगे चलकर बदलाव तो नहीं, लेकिन घोटाले ख़ूब मिल जायेंगे, पुराणों से बेहतर कही जा सकती है। पुराणों में अधिकतर काल्पनिक हवा-हवाई या फिर बिना सिर, पैर की बातें हैं। वेदों से बहुत-कुछ जो अच्छा है उसे लिया जा सकता है, लेने में कोई बुराई भी नहीं है।

स्मृतियों से वही सहमत होगा जिस समाज की इससे स्वार्थ सिद्धि होती होगी। अन्य समाज ख़ासकर बहुजन समाज इसके पक्ष में कभी भी अपनी सहमति प्रदान नहीं कर सकता है। वैदिक संस्कृति के साथ-साथ पुराणों और मनुस्मृतियों क़ी संस्कृति भारतीय समाज या फिर कहें बहुजन समाज पर थोपने से पहले हमें इसकी भी गहराई तक जाना होगा। हम वेदों को ईश्वरी रचनाएँ मान लें या फिर भाँडों की रचनाएँ। दोनों ही स्थिति में मानव समाज या फिर भारतीय समाज के लिए यह हितकर नहीं होगा। यदि हम इन्हें मनुष्यों की रचनाएँ मान लें, या फिर वास्तव में कहें हैं तो काफी हद तक बात बन सकती है। किसी भी काल परिस्थिति की भाषा रचना, सृजन या फिर संस्कृति उस समय की ज़रूरत हो सकती है, जो आगे चलकर सभ्यता और अन्ततः परम्परा में बदल जाती है। मनुष्य हित में इनमें आवश्यकता अनुसार परिवर्तन की पूर्ण सम्भावना होती है, और यदि किन्हीं कारणों से इनमें बदलाव नहीं हो पाता, तो इनका

नष्ट होना तय है। संस्कृति उत्पाद का विषय है, न कि उत्पात का! सभ्यता संस्कृति का उत्पाद है और परम्परा अस्थाई धरोहर।

मनुष्य का चित्त उपजाऊ भूमि की तरह है। जिसमें भाषा, रचना, सृजन रूपी नयी-नयी फ़सलें सतत एवं निरन्तर उगती रहती हैं। और उत्पाद के रूप में मानव समाज में आती रहती हैं। और ऐसा होना भी चाहिए, अन्यथा चित्त रूपी भूमि एक ही फ़सल बार-बार उगाते-उगाते अनुपजाऊ ही नहीं अपितु ऊसर-बंजर हो जायेगी। वास्तव में यह उपज कुछ और नहीं बल्कि संस्कृति ही है।

मुद्दे की बात यह है कि संस्कृति को जड़वत् बनानेवाले कई विद्वानों को पढ़ने के पश्चात् यह बात निकलकर सामने आयी कि असल में भारतीय संस्कृति, सभ्यता और परम्परा को नष्ट करने का ठीकरा अंग्रेज़ों और उनकी शिक्षानीति, विशेष तौर पर मैकाले शिक्षा-पद्धति पर थोप देना उनकी अज्ञानता और संकीर्णता को स्पष्ट रूप से दर्शाता है। मैं तो यही कह सकता हूँ कि, दरअसल वह न तो संस्कृति के बारे में जानते हैं और न ही संस्कृति को। उनकी दृष्टि में संस्कृति सिर्फ़ और सिर्फ़ संस्कृत भाषा का एक बच्चामात्र है, जो कभी अपनी बुआ हिन्दी की गोदी में, तो कभी माँ संस्कृत जिसे वह हर वक्त चूम चाटकर, पुचकारते हुऐ महिमामण्डन रूपी लोरी से नहीं अघाते हैं। उन्हें संस्कृति की व्यापकता से कोई लेना-देना नहीं है, बल्कि वह संस्कृति को अपनी दासी बनाकर रखना चाहते हैं। जैसा कि कालान्तर में संस्कृत भाषा के साथ साथ संस्कृति के साथ हुआ भी था। संस्कृत यानी वही ब्राह्मणी भाषा, ऐसा मैं नहीं, उनके प्राचीन ग्रन्थ कहते हैं। और दुनिया जानती भी है।

इस रहस्य से पर्दा तो कब का उठ चुका है, फिर भी कुछ तथ्यों के लिए एक बार हमें पुनः इतिहास में लौटना होगा, वह भी इन्हीं की संस्कृति के बारे में जो कभी, संहिता का रूप धारण करके बहुजनों के साथ, दमनकारी नीति अपनाती है तो कभी बाद में आये विदेशी आक्रान्ताओं के साथ साझी संस्कृति की पैरोकारी करती नज़र आती है। यह कहना गलत न होगा की विदेशी आक्रमणकारियों आर्य, शक, हूण से लेकर मुगल तक से भारतीय संस्कृति को कोई ख़तरा नहीं महसूस हुआ। क्योंकि वह आक्रमणकारी भारतीय समाज में अपना विलय करते गये, वह भारतीय संस्कृति कुछ और नहीं अपितु ब्राह्मणवादी संस्कृति ही है। कालान्तर में यह आक्रमणकारी, अपने आपको भारतीय समाज में न सिर्फ़ विलय किये बल्कि भारतीय संस्कृति एवं समाज के अविभाज्य अंग बनकर देश के बहुजनों पर संस्कृति, सभ्यता एवं परम्परा के सहारे गुलाम या दास बनाये। और उन पर सदियों तक शासन किया अब अंग्रेज़ो को क्या कहा जाये, अन्य विदेशी आक्रान्ताओं की तुलना में चालाक या फिर मूर्ख? क्योंकि भारत को आज़ादी की ज़रूरत तभी महसूस हुई, जब अंग्रेज़, आक्रमणकारियों की तरह भारतीय समाज और यहाँ की तथाकथित दमनकारी ब्राह्मणवादी संस्कृति, में न तो घुल

मिल पाये और न ही उसका हिस्सा बनकर अपना विलय कर सके। बल्कि संस्कृति के नाम पर ब्राह्मणवादी व्यवस्था की नींव हिलाने का काम शुरू किया। जिसे उपनिवेशवाद के अन्तर्गत उपनिवेशवाद के तहत, फुले द्वारा ब्राह्मण शक्ति की आलोचना के रूप में महेश गावस्कर द्वारा हालाँकि जो मैसूर में 19-23 नवम्बर 1995 में सैण्टर फॉर स्टडीज इन स्पेशल साइन्सेज कोलकता एवं इण्टर नेशनल डेवलपमेण्ट स्टडीज रोसकिल्ड यूनिवर्सिटी, डेनमार्क द्वारा आयोजित वर्कशॉप में एक प्रपत्र के रूप में प्रस्तुत किया गया था। और उन्होंने फुले के लेखनों का अंग्रेज़ी अनुवाद किया था, का कुछ अंश साअभार रखना चाहूँगा। जो इस कुछ इस तरह है—

वर्तमान समय में ब्रिटिश साम्राज्यवाद सभी सकारात्मक पाप से भरा हुआ है। आधुनिक उत्तर-साम्राज्यवादी भारत में सभी बुराइयों का कारण अंग्रेज़ों द्वारा प्रारम्भ की गयी नीतियों में खोजा जाता है। यहाँ तक कि जाति आरक्षण की बुराई एवं मण्डल कमीशन के रूप में उसकी अभिव्यक्ति का कारण भी सरकारी जनगणना एवं भारतीय जनसंख्या को उनकी जातिगत पहचान के आधार पर प्रस्तुत करने की साम्राज्यवादी पद्धति को माना जाता है। हालाँकि इस सदी के प्रारम्भिक दशकों में विभिन्न जाति समितियों एवं जाति आधारित राजनीति के उद्भव में इस प्रकार के वर्गीकरण की भूमिका को नकारा नहीं जा सकता है, किन्तु साम्राज्यवादी अधिकारियों द्वारा जातिगत समय में इन्हीं पहचानों के आधार पर मूलभूत नागरिक अधिकारों की अस्वीकृति को अनदेखा करना एकतरफा है। यदि ऐसा न होता तो 1869 में ज्योतिबा फुले को अपने आँगन के कुएँ को शूद्रों एवं अतिशूद्रों के लिए खोलने की आवश्यकता न पड़ती। फुले और अम्बेडकरवादी वैचारिकी इस तथ्य की ओर इशारा करती है कि जिस प्रकार भारत ब्रिटिश साम्राज्यवाद की एक अवस्था से गुज़रा उसी प्रकार पूर्व में अपने इतिहास के विभिन्न स्तरों में यह 'ब्राह्मणवादी साम्राज्यवाद' से गुज़रा है तथा ब्रिटिश साम्राज्यवाद ने अनजाने में ही ब्राह्मण साम्राज्यवाद से लड़ने के लिए कुछ प्रसामान्यक एवं संज्ञानात्मक उपकरण उपलब्ध कराये।

ब्राह्मणवादी साम्राज्यवाद की जड़ें, कुछ निश्चित हिन्दू धर्मग्रन्थों में निहित हैं, जो जाति आधारित भेदभाव एवं प्रभुत्व के लिए दैवी औचित्य को प्रस्तुत करते हैं। और इसी को वह अपनी संस्कृति मानते हैं ब्रिटिश पूर्व समय में, परम्परानिष्ठा के पुनरुत्थान के काल में, जाति आधारित सामुदायिक नियम, व्यक्तियों के दैनिक जीवन का कठोरता से मार्ग निर्देशन करते थे। जाति समुदायों में आर्थिक शोषण निहित था, किन्तु उसे गैर आर्थिक आधारों पर वैधता दी जाती थी। इसके ठीक विपरीत ब्रिटिश साम्राज्यवाद पूँजीवादी भूमण्डलीय विस्तार की सन्तान थी। फिर भी ज्ञानोदय के युग-निर्माणकारी योगदान ने सभ्य समाज की अवधारणा को जन्म दिया, हालाँकि भारत में अपने शासनकाल के दौरान साम्राज्यवादी राज्य ने बहुधा ही सभ्य समाज के मानकों

का उल्लंघन किया। तथापि वैचारिकी स्तर पर सभ्य समाज, साम्राज्यवादी राज्य के प्रतिकूल था, जिसके कारण उसे अन्त में समाप्त होना पड़ा। ब्राह्मणवादी साम्राज्यवाद की आलोचना को विकसित करने के लिए फुले स्वयं को सभ्य समाज के इस दिक् स्थान में रखते हैं जिसमें बाह्य रूप से ऐसी धारणा नहीं है।

साम्राज्यवादी काल में, ब्रिटिश प्रशासन की नयी नौकरशाही व्यवस्था तथा साथ ही संचार के अधिसंरचना के विकास ने रोज़गार के नये आयामों को खोला। इसके परिणामस्वरूप नगर एवं उनके आस-पास के क्षेत्रों के मध्य श्रम का प्रव्रजन बढ़ा। आर्य-ग्रामीण समाज के निम्न तबके के कुछ लोगों ने अंग्रेज़ों द्वारा प्रारम्भ की गयी विकास परियोजनाओं का लाभ उठाया। और इस प्रक्रिया में वे नगरीय पर्यावरण के सम्पर्क में आय थे।

'विकास' की प्रक्रिया अर्थात् सड़कों, रेल मार्गों एवं इमारतों का निर्माण, जिसने महाराष्ट्र की कृषि को विश्व की अर्थव्यवस्था के साथ जोड़ा के लिए श्रम एवं उसके संगठन की भी आवश्यकता थी। इन विकास योजनाओं के लिए ठेके का व्यापार, जिसका महत्त्व 1850 के बाद बढ़ा सम्पत्ति का एक महत्त्वपूर्ण स्रोत था। ठेके की इस प्रक्रिया के निम्न स्तरों में अनेक गैर ब्राह्मण ठीक-ठीक सम्पत्तिवान् हुए। ये सामान्य तथा पुराने कुलीन भूमि-स्वामी अथवा सम्पत्तिवान् कृषक नहीं थे, वरन् ग़रीब और उदीयमान लोग थे। (ओमवेट् 1976 : 75)

किन्तु इस सामाजिक गतिशीलता ने निम्न स्तर से उठनेवाले इन लोगों को यह कष्टकारी चेतना भी प्रदान की कि रोज़गार प्राप्त करने के लिए साक्षरता की योग्यता प्राप्त करना आवश्यक है। चूँकि हिन्दू समाज के अन्तर्गत परम्परागत रूप से ब्राह्मणों को ही ज्ञान यानी शिक्षा प्राप्त करने का विशेषाधिकार प्राप्त था, इसलिए पेशवाई के पतन के बावजूद वे इस नयी व्यवस्था में आसानी से प्रवेश योग्य थे। अतः उन्होंने रोज़गार के क़रीब सारे अवसरों को प्राप्त कर लिया। ग्रामीण स्तर पर नयी क़ानूनी व्यवस्था के लागू होने के कारण, क़ानून और व्यवस्था क़ायम रखनेवाले के रूप में पाटिल (गाँव का मुखिया) की परम्परागत भूमिका आवश्यक हो गयी और ब्राह्मण कुलकर्णी (ग्रामीण लेखाकार) का महत्त्व बढ़ गया। अतः साम्राज्यवादी संक्रमण दो तरह से ब्राह्मणों को आगे लाया। बलूतेदार की क्रमशः समाप्ति तथा धन पर आधारित अर्थव्यवस्था का बढ़ता हुआ प्रभाव जोशी (गाँव का पुजारी एवं ज्योतिषी) को आगे ले आया जो कि पूर्णतया अनुत्पादक एवं पराश्रयी थे। दूसरे नयी विस्तृत होती अर्थ व्यवस्था में, रोज़गारों पर एकाधिकार के कारण ब्राह्मण ही सर्वाधिक थे।

ब्राह्मणवादी संस्कृति की जड़ें कितनी गहरी हैं,कि फुले की इसी बात से अन्दाज़ा लगाया जा सकता है। पेशवाई शासन के निकट भूत जिसमें ब्राह्मण, आर्थिक प्रशासनिक एवं सांस्कृतिक कार्यों को नियन्त्रित करते थे, ने फुले के लिए भविष्य में

भी ब्राह्मणों के प्रभुत्व के कायम रहने के एक परिदृश्य को प्रस्तुत किया। अतः जब फुले ने, समाप्त होती एवं उदय होती हुई दोनों ही अर्थव्यवस्थाओं में ब्राह्मणों की विशेषाधिकारयुक्त स्थिति पर कटु आक्षेप किया तो, उनकी इस आलोचना के निर्माण में पेशवा शासन की ऐतिहासिक पृष्ठभूमि तथा उनके जीवन की कुछ अन्य घटनाओं ने महत्त्वपूर्ण भूमिका निभायी।

अन्तिम पेशवा बाजीराव द्वितीय (1796-1818) का शासनकाल ह्रासवादी व्यवहारों पर सम्पत्ति के अपव्यय एवं प्रशासन में पूर्ण अव्यवस्था के साथ ही एक ऐसा समय था जब ब्राह्मणवादी परम्परानिष्ठा अपने चरमोत्कर्ष पर थी। जैसा कि नारायण विष्णु जोशी ने कहा है।

"उस समय पुणे के ब्राह्मण घमण्डी हो गये थे तथा शुचिता एवं अशौच का कठोरतापूर्वक पालन किया जाता था। महार, मंग, चम्भर, भंगी को सड़क पर थूकने तक की अनुमति नहीं थी। उनको अपनी कमर में एक मिट्टी के बर्तन को बाँधकर चलना पड़ता। यदि मार्ग में कोई ब्राह्मण दिख जाये (उन्हें) तत्काल बैठ जाना चाहिए, जिससे उनकी छाया न पड़े (ब्राह्मण पर)। उनकी ऐसी दुर्दशा थी।" (1968: 61)।

बाजीराव द्वितीय के शासनकाल में ब्राह्मणों को दक्षिणास्वरूप दी जानेवाली धनराशि बहुत अधिक बढ़ गयी थी तथा पुणे में प्रतिवर्ष पाँच दिनों का रामना उत्सव मनाया जाता था। उत्तर में काशी एवं दक्षिण में कुंभ कोणम से सभी प्रकार के ब्राह्मण इस उत्सव में उपस्थित होते थे। दक्षिणा पर इस आश्रितता ने उनको आलसी, अज्ञानी एवं लालची बना दिया। वे मुख्य रूप से 'ब्राह्मण-भोजन' में रुचि रखते थे एवं अंग्रेज़ों को कलकत्ता नाम के एक टापू का निवासी मानते थे (तदैव : 69) । पेशवाकाल के बाद के ब्राह्मण, यह याद करके कि परशुराम द्वारा क्षत्रियों को समाप्त करने के बाद कलियुग में केवल दो ही वर्ण ब्राह्मण एवं शूद्र रह गये, जो अपनी उच्चता का गुणगान करते थे। इस प्रकार की मान्यताओं के परिप्रेक्ष्य में यह आश्चर्यजनक नहीं है कि जब गोविन्द राव फुले ने अपने पुत्र ज्योतिबा को पुणे के निकट एक गाँव के विद्यालय में भेजा तो एक ब्राह्मण क्लर्क ने इस बात पर बल दिया कि गोविन्द राव अपने पुत्र को विद्यालय से वापस बुला लें, क्योंकि ज्ञान प्राप्त करना शूद्रों का धर्म नहीं था। कालान्तर में एक मुसलमान अध्यापक गफ्फार बेग मुन्शी एवं एक अंग्रेज़ प्रशासक लिग्गिट गोविन्द राव को समझाने पर मुरे मिशेल द्वारा चालाए जा रहे एक स्कॉटिश मिशन स्कूल में ज्योतिबा ने प्रवेश लिया।

इस प्रकार स्पष्ट देखा जा सकता है कि जिस संस्कृति के नाम पर पूर्व ब्रिटिश साम्राज्यवाद यानी ब्राह्मणवादी साम्राज्य ने दलितों, पिछड़ों, आदिवासियों एवं महिलाओं को सदियों-सदियों तक अपने अमानवीय कृत्यों के क़दमों तले कुचला था, उसका कहीं-न-कहीं पर अन्त तो होना ही था, जिसका सूत्रपात होता है! अंग्रेज़ों के आगमन

पर यानी ब्रिटिश साम्राज्यवादी राज्य द्वारा। आज के परिवेश में सांस्कृतिक राष्ट्रवाद के ठेकेदारों को भले ही यह आश्चर्यजनक और असंगत लगे कि "अंग्रेज़ों का एक अत्यधिक बर्बर देश में आना और साहसी बनकर, असहाय शूद्रों, अतिशूद्रों, एवं महिलाओं को ब्राह्मणी संस्कृति की दासता से मुक्त कराने का यह एक अद्भुत उपक्रम ही था। भले ही यह कालान्तर में शोषणकारी साम्राज्यवादी शक्ति के रूप में ब्रिटिशों के निहित स्वार्थों से अछूता न रहा हो। या फिर कहें आर्थिक रूप से भारत की धन सम्पदा को लूटने में तब्दील हो गया हो इससे सहमत भी नहीं हुआ जा सकता, कि अंग्रेज़ यहाँ दलितों, पिछड़ों, आदिवासियों या फिर महिलाओं के उत्थान या उद्धार हेतु आये थे।

ब्रिटिश शासकों की यह अपनी ज़रूरत या फिर योजना भी हो सकती है कि ब्राह्मणों एवं समाज के अन्य शक्तिशाली भागों के साथ अपनी मौजूगदी के साथ सम्बन्ध स्थापित करें जिससे वे भारत के राजनीतिक क्षेत्र में अपने प्रवेश की वैधता प्रदान कर सकें।

अभी तो मेरी तरफ से इतना ही कहा जा सकता है—कि फिलहाल बहुजन समाज को दोनों ही शक्ति केन्द्रों से ब्रिटिश साम्राज्यवाद हो या फिर ब्राह्मण साम्राज्यवाद या संस्कृति के नाम पर घाल-मेल करके अन्य किसी साम्राज्यवाद के बीच का रास्ता तलाशना होगा।

भारतीय समाज में, सांस्कृतिक-राष्ट्रवाद को हम तीन अवस्थाओं में बाँट सकते है। पहली अवस्था 'भारतीय पुनर्जागरण' के रूप में दूसरी अवस्था इण्डियन नेशनल कांग्रेस की स्थापना (1885 ई.) के बाद और तीसरी अवस्था पुनर्जागरणवादी व्याकुलता से उत्पन्न हिन्दू महासभा के रूप में 1915 के बाद अब तक।

उपनिवेशवादी काल में पश्चिम के ज्ञानोदय का प्रभाव नव पाश्चात्य शिक्षित भारतीयों पर पड़ने लगा था। परिणामस्वरूप 'भारतीय पुनर्जागरण' का जन्म हुआ। जिसका माध्यम बनी अंग्रेज़ी शिक्षा प्रणाली। अंग्रेज़ी शिक्षा द्वारा जिस भनोभाव को प्रोत्साहित किया गया वह ब्रिटिश उदारवाद, तर्कवाद एवं उपयोगितावाद का था, और इस मनोभाव ने उन अनेकों, पूर्वमान्यताओं को चुनौती दी जो संस्कृति के रूप में पुरातपन्थी, कल्पित ब्राह्मणवादी विश्व दृष्टिकोण को अपने ऊपर टिकाये हुए था। नव पाश्चात्य-शिक्षित आभिजात्य ने निष्ठुर स्वआलोचना के साथ सम्पूर्ण सामाजिक सांस्कृतिक रूपान्तरण के लिए आधार रखने का प्रयास किया जिसमें विज्ञान एवं तार्किकता को एकीकृत कर भारतीय समाज के पुनर्निर्माण की बात थी।

इस कड़ी में राजा राममोहन राय (1772-1833) के विद्रोही विचारों को देखा जा सकता है। राय ने समाज की निम्नस्तरीय स्थिति की विशद विवेचना की और बिना किसी लज्जा के पाश्चात्य विधा, उदार क़ानून एवं सामाजिक संस्थाओं एवं

पाश्चात्य सामाजिक आचारशास्त्र के सद्गुणों को स्वीकारा (दामले एवं अइकर, 1982 : 77)

राय का मानना था कि बिना हिन्दू संस्कृति की कमियों और कुरूपताओं को दूर किये इन्सानियत की ओर लाना सम्भव नहीं है। उनकी दृष्टि में ईसाइयों द्वारा की गयी मूर्ति पूजा एवं बहुदेवतावाद की अस्वीकृति को अपनाये बिना हिन्दू समाज की कुरीतियों एवं बुराइयों को दूर नहीं किया जा सकता है। इसी उद्देश्य को लेकर उन्होंने 1828 में कलकत्ता में ब्रह्मसमाज की स्थापना की। जिसका मकसद था हिन्दू संस्कृति को आधुनिकता के अनुरूप फिर से ढालकर जीवित किया जा सके। वह सती प्रथा निषेध के लिए तब तक प्रयासरत रहे जब तक कि गर्वनर जर्नल लॉर्ड विलियम बैण्टिक ने 1829 में इसे निषिद्ध नहीं कर दिया। हालाँकि राय का योगदान शूद्रों, अतिशूद्रों के पुनरुत्थान में नगण्य ही रहा। लेकिन इस सुधारवादी प्रयास के कारण भारतीय समाज में विकृत हो चुके परम्परागत हिन्दू मूल्यों के क्षरण को रोकने के लिए आरम्भ होने के रूप में देखा जा सकता है।

इसे भारत देश का भाग्य कहें या दुर्भाग्य, कि जहाँ राममोहन राय ने अपने अथक प्रयासों से हिन्दू समाज और संस्कृति को क्षरण से बचाने के क्रम में महत्त्वपूर्ण योगदान देकर कुछ हद तक दिशा दिया, लेकिन बहुत ही जल्द 1875 में मुम्बई में आर्यसमाज की स्थापना करके दयानन्द सरस्वती ने आर्यों की वैदिक संस्कृति पर आधारित राष्ट्रवाद की वैचारिकी जो प्रारम्भिक हिन्दू संस्कृतिक सिद्धान्तों के पुनर्जागरण के माध्यम से सामाजिक एवं धार्मिक सुधार लाने का उपक्रम शुरू किया । आर्यसमाज के प्रचलित नारे थे—'वेदों की ओर वापस आओ एवं आर्यों के लिए आर्यावर्त' (स्मिथ, 1938 : 57)

कुल मिलाकर दयानन्द के लिए राष्ट्रीय पुनर्जागरण का अर्थ था वैदिक युग की ओर लौटना। और उच्च हिन्दू जातियों द्वारा 'राष्ट्र' एवं 'राष्ट्रीय संस्कृति' को हिन्दू मूल्य में ढालना इस क्रम में 'दयानन्द ने वैदिक आर्यों की आद्य एवं चयनित व्यक्तियों के रूप में प्रशंसा की जिनको ईश्वर ने वेदों को उद्घाटित किया गया एवं जिनकी भाषा (संस्कृत) को 'सभी भाषाओं' की जननी कहा जाता है (दयानन्द 1981 : 249)।

दयानन्द का मानना था कि आर्यों ने प्रारम्भ में तिब्बत समुद्र से उत्पन्न होनेवाली पहली भूमि-से आर्यावर्त्त की ओर प्रव्रजन किया। जो भौगोलिक क्षेत्र के रूप में पंजाब, दोआब और गंगाघाटी तक विस्तृत है।

वास्तव में देखा जाय तो अब तक ''भारतीय पुनर्जागरण'' के नाम पर खानापूर्ति थी। उसी समय ज्योतिबा राव फुले भारत में ऐसे प्रथम भारतीय थे, जिन्होंने, सामान्य व्यक्ति शूद्रों, अतिशूद्रों, महिलाओं एवं कृषकों के लिए एक नये युग की घोषणा का सूत्रपात किया। फुले (1827-1890) जिसका उद्देश्य था कि सामाजिक समानता,

न्याय एवं तर्क के आधार पर सामाजिक व्यवस्था का पुनर्निर्माण किया जाये। फुले के समय में जाति एवं समाज सम्बन्धी विचार विमर्श हेतु 'आर्यों का प्रजाति सिद्धान्त' सर्वाधिक प्रभावशाली सामान्य प्रवचन था। विलियम जोन्स, चार्ल्स विलकिन्स, जेम्स, प्रिन्सेप एवं अन्य (मार्शल, 1970 : 44) यूरोपीय प्राच्यवेत्ताओं ने, यूरोपीयों एवं प्राचीन वैदिक लोगों के मध्य नृजातीय नातेदारी के लिए इसका सुगमता से उपयोग किया (ओ हैनलौन, 1985 : 57-59) एच.एच. विलसन, सी. लासेन, एच. टी.कोलब्रोक, मोनियर विलियम्स एवं मैक्समूलर समान यूरोपीय विद्वानों की प्राचीन आर्य समाज पर स्थायी रुचि तथा इस समाज के प्रति सम्मान एवं प्रशंसा ने उच्च जातीय भारतीयों को एक महत्त्वपूर्ण नैतिक बल प्रदान किया। अतः भारतीय संस्कृति-सभ्यता को आर्य सभ्यता की एक प्रमुख व्युत्पत्ति के रूप में देखा गया और जाति व्यवस्था की प्रशंसा एक ऐसे साधन के रूप में की गयी जिसके माध्यम से भिन्न प्रजातीय एवं सांस्कृतिक पृष्ठभूमि के व्यक्तियों को एक साथ लाया गया तथा आर्यों के सभ्य बनाने के प्रभाव के अधीन किया गया (ओमवेट, 1976 : 103)।

एक स्तर पर फुले ने इस मान्यता को उलट दिया—यह तर्क प्रस्तुत करके कि निम्न जातियाँ, जिन्हें वह कभी 'शूद्र एवं अतिशूद्र' कहते हैं और जो "कुन्बी, माली, ढंगर, भील, कोली, महर एवं मंग" के रूप में सूचीबद्ध थीं, देश की मूल निवासी थीं जिन्हें विजेता आर्यों द्वारा दास बनाया गया एवं शोषित किया गया, तथा प्रचुर जन सामान्य को धोखा देने और अपनी शक्ति को वैधता प्रदान करने के लिए उन्हीं के द्वारा एक साधन के रूप में जाति आधारित हिन्दुत्व का निर्माण किया गया। ज्योति राव का यह निश्चित एवं वास्तविक मत था कि भारत का प्राचीन इतिहास, ब्राह्मणों एवं गैर-ब्राह्मणों के मध्य संघर्ष के अतिरिक्त कुछ नहीं था (कीर, 1964 : 120)। अतः ब्राह्मणों के प्रभुत्व के विरुद्ध एक सामान्य मोर्चे में महर एवं मंग जैसी विशाल अस्पृश्य जातियों के साथ मुख्य कृषक जातियों (ये कुन्बी अथवा कृषक, माली, ढंगर अथवा गड़रिया के अतिरिक्त थीं) को साथ लेने का फुले ने चैतन्य रूप से प्रयास किया। (ओ हैनलौन, 1985, 131)।

ब्राह्मणवाद पर ज्योतिराव का आक्रमण अटल था। उनको यह अनुभूति हुई कि ब्राह्मणों की शक्ति, उच्चता एवं विशेषाधिकारों के बीज उनके धर्मग्रन्थों एवं पुराणों में निहित है तथा इन कृतियों एवं जाति व्यवस्था का निर्माण निम्न वर्गों के शोषण हेतु किया गया था। (तदैव : 122-32) फुले ने पवित्र धार्मिक साहित्य की पुनर्व्याख्या की थी।

इसका उदाहरण है—फुले ने ऐसा विष्णु के नौ अवतारों को आर्यों की विजय के स्तरों के रूप में पढ़कर तथा आभिजात्य के राम, गणपति एवं काली के विरोधी प्रतीक के रूप में राजा बलि का उपयोग करके किया (कीर, 1964 :90-125;

ओ हैनलौन, 1985 : 137)। इस तरह ज्योतिबा ने ब्राह्मणों के धर्मग्रन्थों एवं पुराणों पर आक्रमण किया, पुरोहित प्रपंच एवं जाति-व्यवस्था के विरुद्ध विद्रोह किया और शूद्रों, अतिशूद्रों (अस्पृश्यों) एवं महिलाओं की मुक्ति के लिए, एक सामाजिक आन्दोलन को खड़ा किया।

फुले जान चुके थे कि लोकप्रिय संस्कृति एवं मौखिक परम्परा में हिन्दू धार्मिक साहित्य के व्यापक एकीकरण से ही व्यक्तियों पर धार्मिक परम्परा की सबसे अधिक मजबूत पकड़ उत्पन्न हुई है। लोकप्रिय हिन्दुत्व में सर्वाधिक सामान्य मूल-पाठों, मिथकों एवं कथाओं का एक वैकल्पिक वृत्तान्त प्रस्तुत कर फुले ने इसका उत्तर दिया। उस संस्कृति एवं स्वार्थ को, जिसने सभी निम्न जातियों को अपने ऐतिहासिक एवं सांस्कृतिक विरोधी ब्राह्मण के सूत्र से बाँधा, वास्तविक समाज तक पहुँचाने हेतु, उन्होंने इनको तत्कालीन महाराष्ट्रीयन समाज के महत्त्वपूर्ण प्रतीकों एवं संरचनाओं के साथ जोड़ा।

अपने जीवन की महत्त्वाकांक्षा-एक जातिविहीन समाज की स्थापना को पूरा करने के उद्देश्य से फुले ने 24 सितम्बर 1873 में 'सत्यशोधक समाज' की स्थापना की। जिसके अन्तर्गत समाज ने बालिकाओं एवं अस्पृश्यों के लिए समाज में पहली पाठशाला स्थापित की। फुले ने ब्राह्मण पुजारी के बिना विवाह करवाने के साथ-साथ, विधवा पुनर्विवाह आदि में भी महत्त्वपूर्ण भूमिका का निर्वहन किया।

फुले के मतानुसार ब्राह्मण पुजारी द्वारा किसी अन्य जाति के सदस्य के लिए धार्मिक अनुष्ठान करवाना उनके मध्य शुद्धता के सम्बन्धों की मूर्त अभिव्यक्ति है, जो कि हिन्दू धार्मिक संस्तरण का आधार बनती है। केवल ब्राह्मण पुजारी ही अपनी आनुष्ठानिक शुद्धता में मानवीय विश्व एवं उच्च देवताओं के विश्व के बीच मध्यस्थता, करने की शक्ति रखता है, इसलिए वही विश्व में दैवी शक्तियों के प्रवेश को नियन्त्रित करता है। (बत्ब, 1975 : 31-67)।

वास्तव में फुले जान चुके थे कि ब्राह्मण पुजारी की सेवाओं को समाप्त करके इस सिद्धान्त को नकारा जा सकता है। अतः सत्यशोधक समाज ने ब्राह्मण पुजारियों के बिना ही विवाह जैसे उपक्रमों को क्रियात्मक रूप से प्रोत्साहित किया। आगे चलकर फुले की यह वैचारिक चेतना ने अस्पर्श्य समाज के लिए एक महत्त्वपूर्ण भूमिका के उत्तरदायित्व को लिया। इस तरह उन्नीसवीं सदी में पश्चिम-भारत की अस्पृश्य जातियों ने प्रचण्ड विरोध के साथ आन्दोलन की शुरूआत का आगाज़ कर दिया।

सांस्कृतिक राष्ट्रवाद की दूसरी अवस्था का उद्भव 1885 में एक अंग्रेज़ एलन ओक्टावियम ह्यूम द्वारा इण्डियन नेशनल कांग्रेस की स्थापना के साथ हुआ।

भारतीय राष्ट्रीय कांग्रेस ने यूरोप के राजनीतिक अनुभवों एवं परिचय की सामाजिक नैतिकता से लिए गये विचारों के आधार पर एक नये भारत को परिभाषित करने का

प्रयास किया (स्मिथ, 1963 : 88)। उन्नीसवीं सदी के अन्त में कांग्रेस के नियन्त्रण को लेकर अच्छा-खासा संघर्ष हुआ। राष्ट्रवादी आन्दोलन के उचित लक्ष्यों एवं साधनों के विषय में दोनों गुटों-नरमपन्थी एवं अतिवादी के विचार मूलतः भिन्न थे। राष्ट्रीय कांग्रेस में जहाँ दादाभाई नौरोजी, माधव गोविन्द नाराडे एवं गोपालकृष्ण गोखले समान नरमपन्थी हिन्दू संस्कृति में सुधार के लिए खड़े हुए, तो वहीं बी. जी. तिलक समान अतिवादियों ने हिन्दू संस्कृति को महिमामण्डित किया और किसी भी प्रकार के सुधार का विरोध किया। जहाँ नरमपन्थियों अथवा उदारवादियों ने, न्याय व्यवस्था, तार्किकता एवं धर्म निरपेक्ष राज्य के पाश्चात्य मानकों को अपनाने के माध्यम से भारत के आधुनिकीकरण को देखा, वहीं तिलक ने वैदिक सभ्यता के क्रियाकलापों को महिमामण्डित किया (पर्वते, 1959 : 463)।

सम्पूर्णता में तिलक का ध्यान हिन्दुओं में एकात्मकता एवं एकता को बढ़ावा देने पर था, इसीलिए उन्होंने उनके धर्म की श्रेष्ठता पर बल दिया, पुनर्जागरणवाद को प्रोत्साहित किया, गणपति उत्सव को राजनीतिक बनाया एवं शिवाजी को एक सम्पूज्य व्यक्ति के रूप में परिवर्तित किया जिससे धार्मिक एवं राजनीतिक दोनों ही उद्देश्यों की पूर्ति हो सके (माइकल, 1986 :91-116)। पुनर्जागरणवादियों की पद्धति आक्रामक थी तथा क्षत्रिय (योद्धा) विश्व दृष्टि को प्रतिबिम्बित करती थी।

प्रथम विश्व युद्ध के पश्चात् जब मोहनदास करमचन्द गाँधी भारतीय राजनीतिक परिदृश्य में सार्वजनिक रूप से शामिल हुए तो उन्हें पुनर्जागरणवादियों का विस्तृत सर्मथन मिला। उनमें से अधिकतर उनको अपनों में से एक समझते थे। हालाँकि गाँधी और पुनर्जागरणवादियों में काफी समानता थी, किन्तु जब उनके विचारों से वे उचित रूप से परिचित हुए तो अनेक उनका विरोध करने सामने आये। गाँधी ने यह घोषणा की कि इस्लाम, ईसाई धर्म, बौद्ध धर्म, एवं पारसी धर्म में उनके अभिज्ञान में जो कुछ भी सर्वश्रेष्ठ है, वह सभी उनके हिन्दुत्व में सम्मिलित है। गाँधी ने हिन्दू-मुस्लिम एकता के लिए अथक प्रयास किया और वे मानते थे कि अन्तिम रूप से दोनों ही धर्म सत्य एवं मान्य है (गाँधी, 1949) उनका मानना था कि ईश्वर सत्य और अहिंसा एक ही है।

गाँधी के तापसी गैर-क्षत्रिय नेतृत्व की शैली, सत्य की अहिंसक खोज के रूप में उनकी धर्म की परिभाषा तथा भारतीय राष्ट्र की उनकी आत्मसात्करणी अवधारणा जिसे उन्होंने एक भ्रातृत्व के रूप में अथवा समुदायों के एक संगठन के रूप में देखा, से पुनर्जागरणवादी व्याकुल थे। डॉ. कुर्टाकोटी, करवीर पीठ के शंकराचार्य ने हिन्दुओं से यह विनय की कि वे तिलक, विवेकानन्द, एवं गोस द्वारा समर्थित उग्रवाद की ओर वापस आयें। (एण्डरसन एवं डामले, 1987 : 20)।

सांस्कृतिक राष्ट्रवाद की तीसरी अवस्था का उदय, पुनर्जागरणवादियों में समानता

का प्रश्न के रूप में 1921 एवं 1923 के मध्य हिन्दू-मुस्लिम तनाव के बढ़ते प्रदुर्भाव के कारण, निष्क्रिय हिन्दू महासभा जिसका निर्माण विविध हिन्दू हितों के लिए 1915 में हुआ था, पुनः जाग्रत होकर अपने एजेण्डे के तहत, गऊ की सुरक्षा, देवनागरी लिपि में हिन्दी का प्रचार एवं जाति सुधार आदि के साथ वजूद में आना।

'हिन्दुत्व खतरे में' के इस पार्श्वचित्र में एक नये अधिक प्रभावशाली हिन्दू संगठन—राष्ट्रीय स्वयं सेवक संघ (R.S.S.) की 1925 में डॉ. केशव बलीराम हेडगेवार द्वारा स्थापना की गयी, जो कि तिलक से अत्यधिक प्रभावित थे।

इस हिन्दू सांस्कृतिक राष्ट्रवादी वैचारिकी के विकास में एक सर्वाधिक महत्त्वपूर्ण पुस्तक थी—वी.डी. सावरकर द्वारा लिखी गयी हिन्दुत्व पर शोध प्रबन्ध। सावरकर तिलक के करीबी थे। आर. एस. एस. का मुख्य दर्शन हिन्दुत्व को उसके तथाकथित विरोधियों से बचाने का दावा करता है। जिसका उद्देश्य हिन्दू समुदाय का एकीकरण तथा इसकी समान संस्कृति, परम्परा एवं नियति को एक उग्रवादी चेतना को मन में बैठाना था। 'हिन्दुत्व' का आधार सावरकर के शोध प्रबन्ध के अनुसार—उन व्यक्तियों को सन्दर्भित करता है, जो एक समान देश, रक्त, इतिहास, धर्म, संस्कृति एवं भाषा द्वारा संयुक्त है। यही धारणा आर.एस.एस. के क्रियाकलापों का केन्द्र बनी। आर.एस.एस. में सभी जाति के लोगों का स्वागत है, बशर्ते, यदि वे व्यवहार-सम्बन्धी उन मानकों को जिन्हें आर.एस.एस. के नेता उचित मानते हैं, के अनुरूप हों। यह मानक काफी हद तक आर.एस.एस. के संस्थापकों के महाराष्ट्रीयन ब्राह्मण सांस्कृतिक मूल्यों को ही निरन्तर प्रतिबिम्बित करते हैं।

एम.आर. गोलवलकर जो कि डॉ. हेडगेवार के पश्चात् आर. एस. एस. के प्रमुख बने, के मतानुसार हिन्दू संस्कृति के हृदय में हिन्दू धर्म है, और हिन्दू धर्म के हृदय में वेदों के पवित्र विचार हैं। उन्होंने इस बात पर भी बल दिया कि भारत की विभिन्न भाषाएँ, संस्कृत,जो कि देवताओं एवं ज्ञानी आर्यों की बोली हैं, की शाखाएँ हैं। (गोलवलकर, 1947)

हिन्दू समाज में ब्राह्मणों के पतन पर गोलवलकर को खेद था, जो उनके विचार से ब्रिटिशों द्वारा जान-बूझकर किया गया षड्यन्त्र था। अतः वे अपनी अवधारणा कुछ इस तरह व्यक्त करते हैं, जिसे 'सामाजिक संरचना की गोलवलकर धारणा' कहा जा सकता है—

विभिन्न कार्यात्मक समूह (जातियाँ) हमारे समाज की अद्वितीय विशेषता हैं। वर्तमान समय का मस्तिष्क, जो कि विदेशी 'वादों' एवं उनके समानता के गुंजायमान नारों के माध्यम से देखने का आदी हो गया है, इस अद्वितीय विशेषता को समझने में असफल रहा और वर्गहीन समाज की बात करता है। वर्ण-व्यवस्था ही वह गरिमामय मुख्य विशेषता थी जिसने एक समय हमारे समाज को प्रतिष्ठित बनाया। किन्तु अब

इसे जातिवाद का नाम दिया जा रहा है एवं इसका उपहास किया जा रहा है। कुछ ऐसे भी व्यक्ति हैं जो इस विचार के प्रचार से कभी नहीं थकते कि जाति व्यवस्था ही हमारे पतन का कारण थी। यह सच नहीं है, तथाकथित जाति अभिभूत समाज अक्षत एवं स्थित व जीवित एवं अविजेय बना रहा जबकि तथाकथित जातिविहीन समाज विदेशी विजय के प्रारम्भ में ही विशीर्ण हो गये (गोलवलकर, 1968 : 89-120)

वहीं हिन्दू सुधार के क्रम में गाँधी का मानना था कि अस्पृश्य लोग, अस्पृश्यता का कलंक न होने पर हिन्दू रहने के साथ-साथ बन्कर अथवा मडिगा अस्मिता का निर्वहन भी कर सकते हैं। गाँधी ने जहाँ अस्पृश्यों को हरिजन ईश्वर के लोग हैं, तो वहीं वर्णाश्रम के बारे में बलपूर्वक कहा था, "आत्मा के सामंजस्य एवं विकास को कायम रखने के लिए यह एक आवश्यक अंग है। गाँधी ने अस्पृश्यता की बुराइयों को जाति व्यवस्था से अलग करने का भरसक प्रयास किया। इस क्रम में अस्पृश्यता उन्मूलन एवं अस्पृश्यों की आर्थिक दशा सुधारने के लिए प्रतीकात्मक रूप से एक दलित कन्या को पुत्री के रूप में गोद लिया और आगे चलकर हरिजन सेवक संघ प्रारम्भ किया। लेकिन यह सब पुनर्जागरणवाद के नाम पर, पर्याप्त न था। इसलिए इस सन्दर्भ में, गैर ब्राह्मण नेताओं के विचारों एवं दृष्टियों को देखना महत्त्वपूर्ण है।

ई.वी. रामस्वामी नायकर (1879-1973) जो पेरियार के नाम से जाने जाते हैं, का जन्म तमिलनाडु के एक सम्मानित मध्यम वर्ग शिल्पकार परिवार में हुआ। 13 वर्ष की आयु में विवाह होने के पश्चात्, छह वर्षों बाद ही संन्यासी हो गये और सम्पूर्ण भारत की यात्रा करते हुए एक महान सन्त के रूप में प्रसिद्ध हुए। पेरियार अपनी यात्रा के दौरान तीर्थ स्थानों में प्रचलित हिन्दुत्व की बुराइयों के साथ-साथ ब्राह्मण पुजारियों द्वारा आम जन के शोषण से विचलित हुए।

पेरियार को यह पक्का विश्वास था कि जातिवाद एवं हिन्दुत्व एक ही चीज़ थे। वे चाहते थे कि हिन्दुत्व, जिस रूप में उन्होंने उसको देखा, पूर्णतया समाप्त हो जाए। उनका आन्दोलन प्रजातीय चेतना की ओर मुड़ गया। और एक 'द्रविडवादी' आन्दोलन बन गया, जिसका उद्देश्य था आर्यों के प्रभुत्व के विरुद्ध द्रविड़ों के अधिकारों की रक्षा करना। इसने देश में एक अन्यायी एवं दमनकारी सामाजिक व्यवस्था को प्रवर्तित करने के लिए आर्यों को दोषी ठहराया (हार्डग्रेव, 1965 : 17)।

पेरियार यह अच्छी तरह समझ चुके थे कि पुनर्जागरण के नाम पर अभिजातों की सभी नयी वैचारिकी की महत्त्वपूर्ण विशेषता यह थी कि वे सब 'प्रजाति के आर्यों के दृष्टिकोण ही थे। जाति को समझने के क्रम में भारतीय अभिजात ने एक नये मॉडल के रूप में 'आर्य दृष्टिकोण' को उत्साह के साथ अपनाया। अर्थात् ब्राह्मण, क्षत्रिय एवं वैश्य, पारिभाषिक रूप से आक्रमणकारी आर्यों के वंशज माने गये, जबकि शूद्रों एवं अस्पृश्यों को विजित स्थानीय लोगों का वंशज माना गया। जाति और प्रजाति की इस

नयी भाषा में 'आर्यों के वंशज का दावा करना 'द्विज' प्रस्थिति का दावा करने के समान था, तथा द्रविड अथवा अनार्य के वंशज का दावा करना यह कहने के समान था, कि वह शूद्र हैं। जिसका रहस्य इनकी ब्राह्मणवादी संस्कृति में भी देखा जा सकता है।

भारत के उच्च जाति अभिजात ने 'भारतीय राष्ट्रीयता' के आधार के रूप में आर्य एवं संस्कृतिवादी संस्कृति को लेना प्रारम्भ किया। किन्तु ऐसा करने में वे, वास्तव में एक भाग उच्च जातियों एवं स्थूल रूप से अधिकांश उत्तरी समूहों की संस्कृति को ही सम्पूर्णता के रूप में ले रहे थे। पेरियार के आन्दोलन ने आर्यों के प्रभुत्व के विरुद्ध द्रविड़ों के अधिकारों की रक्षा का प्रयास किया। उन्होंने ब्राह्मणों को हिन्दू अहंकार के प्रतिनिधियों तथा सामाजिक अन्याय के गढ़ के रूप में देखा

(देवानन्दन, 1960)

नायकर ने कुछ समय के लिए कांग्रेस ज्वाइन किया था लेकिन जब उन्होंने देखा कि कांग्रेस तो ब्राह्मण प्रभुत्व के लिए एक उपकरण मात्र साबित हो रही है, तो उन्होंने कांग्रेस को त्यागकर 1925 में 'स्व-सम्मान आन्दोलन' का गठन किया, जिसका उद्देश्य द्रविड़ों के उत्थान और ब्राह्मणों की निरंकुशता एवं कपटी पद्धतियों जिनके द्वारा वे हिन्दू जीवन के सभी क्षेत्रों को नियन्त्रित करते थे, को उजागर करना था। उन्होंने पुराणों की कथाओं को जो कि केवल काल्पनिक एवं अतार्किक ही नहीं वरन् घोर अनैतिक भी थीं सार्वजनिक रूप से निन्दा और भर्त्सना की। नायकर ने ब्राह्मण प्रभुत्व के रूप में हिन्दू संस्कृति पर आक्षेप किया।

1937 में जब सी. राजगोपालाचारी के कांग्रेस मन्त्रिमण्डल द्वारा हिन्दी को स्कूलों में एक विषय के रूप में अनिवार्यता से लागू किया गया, तब नायकर के नेतृत्व में अन्नादुराई, करुणानिधि एवं अन्य तमिल नेताओं ने इसे तमिल संस्कृति एवं उसकी साहित्यिक परम्परा के अपमान के रूप में इसका प्रचण्ड विरोध किया।

हिन्दू धर्म की एक अफीम के रूप में भर्त्सना की गयी, जिसके माध्यम से ब्राह्मणों ने जनमानस को संवेदन शून्य एवं नियन्त्रित किया। "एक हिन्दू वर्तमान अवधारणा में एक द्रविड़ हो सकता है किन्तु एक द्रविड़ शब्द के वास्तविक अर्थ में एक हिन्दू न तो हो सकता है और न होगा।" (ए.एस. वेनु, हैरीसन में उद्धृत, 1960 : 127)।

हिन्दू देवताओं जैसे राम एवं गणेश की मूर्तियों को नष्ट किया गया। पेरियार के मतानुसार राम और सीता तिरस्करणीय चरित्र हैं जो चतुर्थ श्रेणी के निम्नतम मानव द्वारा भी अनुकरण अथवा प्रशंसा योग्य नहीं हैं।" दूसरी ओर रावण को एक "श्रेष्ठ चरित्र" वाले द्रविड के रूप में चित्रित किया गया है। हिन्दू देवताओं जैसे राम एवं गणेश की मूर्तियों को अपनी पुस्तक "द रामायण : ए ट्रू रीडिंग" (The Ramayan : A True Reading) के आमुख में नायकर ने कहा है कि, इस कथा का तमिलनाडु में और

अधिक समय तक आदर करना समुदाय एवं देश के स्व-सम्मान के लिए हानिकारक एवं अपकीर्तिकर है।" (नायकर, 1959 : iii-iv)

स्वतन्त्रता की पूर्व सन्ध्या पर नायकर ने दक्षिण भारत के द्रविड़ों का "ब्रिटिश से आर्यों के पास शक्ति के स्थानान्तरण के प्रति सर्तक रहने" का आह्वान किया (द हिन्दू 11 फरवरी 1946)। आर्य साम्राज्यवाद के अन्तर्गत ब्राह्मण प्रभुत्व के भय से नायकर ने एक अलग दक्षिण भारतीय राज्य-द्रविड़ स्थान के निर्माण की माँग की। आज तमिलनाडु में अनेक दक्षिण भारतीय राजनीतिक दल, भारतीय उप-महाद्वीप में एक द्रविड संस्कृति के निर्माण सम्बन्धी अपने कार्यक्रम का प्रेरणास्रोत पेरियार को मानते हैं।

परम्पराएँ टूटती हैं, सभ्यताएँ नष्ट होती हैं, और संस्कृतियाँ बदलती हैं। व्यक्ति निर्माण से लेकर राष्ट्र निर्माण तक में परम्पराओं का सृजन और विघटन वास्तव में ज़रूरी भी है। और होता भी है। परम्पराओं के टूटने में, ख़ासतौर पर रूढ़िवादी परम्पराओं के, उनसे चिपके लोगों की, जिन्हें उन रूढ़िवादी परम्पराओं से लाभ होता है, अत्यधिक कष्ट एवं पीड़ा होना स्वाभाविक है।

संस्कृति मात्र और मात्र उपदेश या भाषण की चीज़ नहीं है, जिसके माध्यम से गड़े-मुर्दों के कृत्यों एवं कुकृत्यों पर गर्व करने के साथ-साथ उन्हीं पुरानी रूढ़िवादी परम्पराओं के सहारे आज की आवश्यकताओं को दरकिनार करके शासन-सत्ता पर अपना अधिकार यथावत् लागू करने का प्रयास किया जाये। यदि हम भारत के परिप्रेक्ष्य में बात करें तो भी संस्कृति अन्य देशों की ही तरह, जीवन जीने का तरीका है, जिसमें खाने-पीने से लेकर व्यक्ति एवं उससे निर्मित समाज के सोचने-विचारने, कार्य करने, नृत्य, गायन, साहित्य, कला, वास्तु आदि में परिलक्षित होता है। जिसका तात्पर्य उत्तम या फिर अच्छी स्थिति से है।

मनुष्य एक प्रगतिशील प्राणी है, यह उसका स्वभाव है। उसकी प्रगतिशीलता को अधिक समय तक नहीं रोका जा सकता है। बुद्धि के प्रयोग से मनुष्य अपनी हर दिशा में प्राकृतिक परिस्थितियों को सुधारकर उन्नति की ओर अग्रसर होता है। इस तरह संस्कृति स्थायित्व की वस्तु नहीं है, जिसे सहेजकर रखा जा सके, अपितु बदलाव से परिपूर्ण है, बदलाव संस्कृति में समावेशी है। सुधार की दिशा में परिवर्तन संस्कृति का प्राण है, बिना बदलाव के कोई भी संस्कृति प्राणवान् नहीं रह सकती। इस लिहाज़ से, मानवता के लिए संस्कृति एक ऐसी जीवन-पद्धति है, जो अपने दो अन्य घटकों के साथ मिलकर जीवन के सिद्धान्तों में स्वीकार होती है। वह दो घटक सभ्यता और परम्परा के रूप में पायी जाती है।

संस्कृति, सभ्यता एवं परम्परा को एक त्रयी के भिन्न घटकों के रूप में नहीं देखा जाना चाहिए। वे इस अर्थ में एक एकात्मत्रयी बनते हैं, कि एक से परे होकर, दूसरे

के अनुपालन में मनुष्य को लक्ष्य की प्राप्ति नहीं हो सकती। संस्कृति को सभ्यता से अलग नहीं किया जा सकता और न ही सभ्यता को संस्कृति से। इसी तरह संस्कृति एवं सभ्यता को परम्परा से अलग नहीं किया जा सकता।

सभ्यता के बिना संस्कृति मनुष्य जाति पर, कुछ लोगों का दबदबा बना देगी। संस्कृति के बिना सभ्यता व्यक्तिगत या फिर निजी उपक्रम तक सीमित रह जायेगी। परम्परा के बिना संस्कृति और सभ्यता का उद्भव सम्भव ही नहीं। कहने का तात्पर्य परम्परा से अच्छी चीज़ों को लिए बिना संस्कृति और सभ्यता का आगे बढ़ना असम्भव है।

हमें इस तथ्य की स्वीकार्यता के साथ आगे बढ़ना होगा कि भारतीय समाज में, संस्कृति, सभ्यता एवं परम्परा पर आज भी अभिजात और सामन्ती क़ब्ज़ा है। हमारे देश में संस्कृति, सभ्यता और परम्परा की भरमार है। भारत की सांस्कृतिक बहुलता के बारे में एक लोकोक्ति प्रसिद्ध है 'कोस-कोस में पानी बदले चार कोस में बानी' आज भी वास्तव में चरितार्थ है।

भाषा संस्कृति को व्यक्त करने का माध्यम है, न कि संस्कृति को बाँधने का साधन। संस्कृति से भाषा को बाँधकर एक प्रकार से हम संस्कृति को नष्ट करने का ही उपक्रम करते हैं। संस्कृति न तो संस्कृत की गुलाम है और न ही हिन्दी की दासी। न तमिल की सहेली है और न ही अंग्रेज़ी की चेली। भाषा के आधार पर संस्कृति को देखना, देश को भाषायी आधार पर बाँटने का ही एक प्रयास है, जिसमें भाषा को आधार बनाकर अपनी छिछले स्तर की राजनीति को दूसरों पर थोपना। या फिर कहें सांस्कृतिक राष्ट्रवाद के नाम पर भाषायी-राष्ट्रवाद को थोपना एक संकीर्ण मानसिकता का प्रतीक। मेरी भाषा हिन्दी है, इससे मुझे कोई संकोच या परहेज नहीं है। लेकिन राष्ट्रभाषा के नाम पर मैं इसे, दूसरे पर जबरन थोपूँ यह न तो मेरे लिए हितकर है, और न ही उस व्यक्ति या व्यक्तियों के समूह पर जिन पर, इसे थोपने का मैं प्रयास करूँ।

कभी-कभी ऐसे बुद्धिजीवियों पर बड़ी तरस आती है, जो मैकाले शिक्षा-पद्धति एवं अंग्रेज़ी भाषा को कोसने में नहीं थकते। देश के 20-21 प्रदेशों में, जाने का अवसर मुझे प्राप्त हुआ। मैं मुख्यतः हिन्दी भाषी हूँ जैसा मैंने, पहले ही कहा। सच कहूँ मैं भूखों मर गया होता, यदि अंग्रेज़ी भाषा का ज्ञान मुझे न होता तो। मुख्यतः दक्षिण भारत में, केरला, तमिलनाडु जैसे प्रदेशों में या फिर उड़ीसा एवं पूर्वोत्तर के राज्यों में। क्योंकि इनकी सबकी अपनी-अपनी भाषा है, और संस्कृति भी। मेरे लिए राहत की बात यह थी कि, यहाँ के छोटे-छोटे दुकानदार भी अपनी मुख्य भाषा के साथ, काम-चलाऊ अंग्रेज़ी जानते हैं। जिससे खाने-पीने की चीज़ों को प्राप्त करने में संवाद आसान हो गया। इतना ही नहीं, केरला की मुख्य भाषा मलयालम

है, जो संस्कृत भाषा के अति निकट है। हिन्दी से इस भाषा का शायद ही दूर का कोई रिश्ता हो। यहाँ का रहन-सहन, रीति-रिवाज भी प्राचीनता से आधुनिकता के बीच का सामंजस्य बिठाता दिखायी पड़ता है। वहीं संकीर्णता, तो जैसे अपना दम तोड़ चुकी हो। फिर यह कैसे तय हो कि, संस्कृत ने मलयालम को पैदा किया है, या फिर मलयालम ने संस्कृत को!

संस्कृत भाषा को सभी भाषाओं की जननी कहनेवाले लोग मुझे अत्यधिक भ्रमित दिखायी पड़ते हैं, क्योंकि उन्हें न तो संस्कृत पर अपना भरोसा रहा और न ही हिन्दी पर। सभी जानते हैं, जो लोग कभी संस्कृत की वकालत करते थे। अब वही हिन्दी की वकालत करते नज़र आ रहे हैं। जबकि हिन्दी एक भाषा न होकर, अपितु कई भाषाओं का सम्मिश्रण है, वह भी ख़ासतौर पर उत्तर भारत की भाषाओं का, जिसमें ब्रज, अवधी, बुन्देली, मैथिली के साथ-साथ उर्दू, अरबी, फारसी आदि अन्य भाषा भी सम्मिलित हैं।

हिन्दी का ज्ञान होना अच्छी बात है, लेकिन हिन्दी के साथ-साथ अन्य भाषाओं का या फिर अन्य भाषाओं के साथ-साथ हिन्दी का ज्ञान होना और भी अच्छी बात है। इसलिए भाषा को संस्कृति से जोड़कर राष्ट्रवाद के रूप में भाषा आधारित सांस्कृतिक राष्ट्रवाद राष्ट्र तो क्या? देश के लिए भी बेमानी है।

इस प्रकार भारत में, जहाँ सांस्कृतिक राष्ट्रवाद, उच्च जातियों के लिए भारतीय राष्ट्र को, वैदिक काल से चले आ रहे आर्यों द्वारा निर्मित, ब्राह्मणवादी साम्राज्यवाद के रूप में हिन्दू राष्ट्र तक परिलक्षित है, तो वहीं, दलितों, पिछड़ों, आदिवासियों, महिलाओं एवं अल्पसंख्यकों के लिए एक अलग सांस्कृतिक राष्ट्रवाद ने अलग दरवाज़े खोले हैं, जिसका श्रेय निश्चित तौर पर बुद्ध, कबीर, फुले, पेरियार एवं डॉ. अम्बेडकर जैसे महान् नायकों को जाता है।

एक तरफ जहाँ देश में ब्राह्मणवादी संस्कृतिक परम्परा अपना अस्तित्व बचाने के लिए छटपटा रही है, तो वहीं दूसरी तरफ नयी संस्कृति, समता, समानता एवं बन्धुत्व के मूलभूल अधिकारों के साथ अपने आगमन को आतुर है।

एक के हाथ में भाषायी संस्कृति के नाम पर रूढ़िवादी परम्पराओं का ज़खीरा है, जिसके सहारे वह अनुसूचित जातियों, अनुसूचित जनजातियों, अन्य पिछड़ी जातियों, आदिवासियों, महिलाओं एवं अल्पसंख्यकों की बढ़ती एकता को नष्ट करने में सफल होकर, उच्च जातियों के प्रति निष्ठा के साथ इसे स्थानापन्न करने में, सफल होने की भरसक चेष्टा रखती है, तो वहीं दूसरी तरफ, नयी स्फूर्तियों के साथ दलितों, पिछड़ों आदिवासियों, महिलाओं एवं अल्पसंख्यकों को राष्ट्रनिर्माण में आपसी संवाद के ज़रिये, एक रायशुमारी स्थापित करने में वैचारिकी के रूप में फुले, पेरियार और अम्बेडकर द्वारा प्रदान किये गये सुरक्षा कवच, को किस हद तक उपयोग में, लाने की अद्भुत

कौशल की, उपयोगिता पर निर्भर होकर, ब्राह्मणवादी सामाजिक संरचना के आघातों से बचने की रणनीति पर निर्भर करता है।

यह कहना गलत न होगा कि चुनौतियाँ दोनों ही तरफ हैं। दोनों ही पक्षने आज संस्कृति को हथियार बनाकर सांस्कृतिक प्रक्रियाओं का संस्कृतीकरण करने में प्रयासरत हैं। कौन कितना सफल होगा, यह तो आनेवाला वक़्त ही तय करेगा? लेकिन इतना तो तय है कि यह बहुत कुछ दोनों पक्षों की नीति निर्धारण पर निर्भर करता है। उदाहरण के लिए—

आदिवासियों की परम्परागत संस्कृति हिन्दुओं से बिल्कुल भिन्न है, लेकिन पहले पक्ष के लिए यह अच्छा संकेत है कि आज आदिवासी भी ब्राह्मणवादी संस्कृति के मूल्यों को अपना रहे हैं, तो वहीं दूसरे पक्ष के लिए राहत की बात यह है, कि अब आदिवासियों में भी आत्मचेतना एवं आत्मसम्मान जैसी-भावना जागृत होने लगी है, जो उच्च जातियों के दिन-प्रतिदिन के व्यवहारों एवं मनोवृत्तियों को न सिर्फ़ आलोचनात्मक दृष्टि से देखना प्रारम्भ कर दिया है, बल्कि उन्हें इस बात का भी एहसास होने लगा है कि वह यहाँ के मूल निवासी हैं, और विजित आर्यों के द्वारा उन्हें सदियों तक गुलाम बनाकर उन पर शासन किया जाता रहा है। इस तरह सांस्कृतिक राष्ट्रवाद एक 'लोकोक्तीक केकडे' के समान है, जहाँ उच्च जातियाँ एक एकीकृत-हिन्दू सांस्कृतिक राष्ट्रवाद को स्थापित करने का प्रयास कर रही हैं, तो वहीं दूसरी तरफ, देश की मूल निवासी जातियाँ अपनी अलग सांस्कृतिक पहचान की तलाश में प्रयासरत नज़र आ रही हैं।

5

वैचारिक राष्ट्रवाद

(Ideological Nationalism)

राष्ट्र, राष्ट्र होता है, तो वाद, वाद होता है। राष्ट्र यानी जीवों की रहने की जगह, वाद यानी उनकी (जीवों की) आपस में सहमति या फिर असहमति के आधार पर वैचारिकी। भारत का नाम दुनिया में ऊँचा हुआ है, या फिर नीचा यह एक 'खयाली पुलाव' है या फिर षड्यन्त्र। या फिर इसे यह क्यों न समझा जाय? कि असल मुद्दे से भटकाने की नीतिमात्र है यह! जिस भी देश में भारत का नाम ऊँचा या नीचा हुआ है, क्या उनके पास, उनका अपना कोई काम-धन्धा नहीं है। या फिर भारत के पास वाकई में काम-धाम का अभाव हो गया है? जो इस तरह के उलूल-जुलूल मुद्दों को तरजीह दिया जा रहा है। यह भारत की सफलता है या फिर विफलता? इसका फैसला तो रमुआ, कलुआ, और बुधिया ही तय करेंगे कि असल में उन्हें चाहिए क्या? छद्म बहुरूपियों से जन्मा राष्ट्रवाद या फिर रोज़गार? और यह रोज़गार देगा कौन? बेरोज़गार सरकारें? या फिर फ्राड पूँजीपति?

भूख, प्यास और नींद की न जाति होती है न धर्म और न ही संस्कृति, राष्ट्र और राष्ट्रवाद तो भूखे-नंगे के लिए सपने में भी नहीं! राष्ट्रवाद तो दरअसल तथाकथित धार्मिक, सांस्कृतिक, सामाजिक या फिर पूँजीवादी व्यवस्था के अधीन पूँजीपतियों की रखैल बनकर रह गया है, जिसके सहारे, दरअसल वह अपनी रोटियाँ सेकते रहते हैं। जन्मजात न कोई राष्ट्रवादी होता है और न ही राष्ट्रद्रोही, सभी जन्म लेकर आगे बढ़ते हैं, राष्ट्र और राष्ट्रवाद सब अमीरों के खेल हैं। यदि हमें वास्तव में राष्ट्र और राष्ट्रवाद की वैचारिकी को समझना है तो राष्ट्र के सबसे वंचित तबके यानी आदिवासियों की वैचारिकी से शुरूआत करनी होगी। आदिवासियों में राष्ट्रवाद की चेतना तथाकथित राष्ट्रवादियों से कहीं अधिक होती है। आज के परिवेश में यदि सही मायने में राष्ट्रवाद को कोई समझता है तो वह निश्चित तौर पर आदिवासी ही है। लेकिन उनका राष्ट्रवाद, तथाकथित राष्ट्रवाद नहीं है जो टेलीविजन चैनलों पर अपना व्यवसाय फैलाये और लोगों की आँखों में राष्ट्रवाद के नाम पर धूल झोंके, जिसकी नींव मात्र और मात्र चन्द खोखले नारों जैसे कि 'भारत माता

की जय', 'वन्दे मातरम्' तक सीमित हो। दरअसल उनका राष्ट्रवाद आपसी प्रेम-सौहार्द, भाई-चारे, सहमति-असहमति पर टिका होता है।

इसे देश का दुर्भाग्य कहें या फिर विडम्बना कि आदिवासियों से हमेशा राष्ट्र के नाम पर कुछ-न-कुछ माँगा ही गया है, या फिर कहें छीना ही गया है—कभी बाँध के नाम पर तो कभी खनिज-सम्पदा के दोहन के रूप में खदानों के नाम पर। जैसे कि पर्यावरण की रक्षा के नाम पर नेशनल पार्क एवं सैंक्चुअरी के लिए ज़र और जमीन! यह अलग बात है कि, तथाकथित राष्ट्रवादी एवं देशप्रेमी का तमगा हमेशा तथाकथित देशप्रेम की बाँग लगानेवाले अक्ल के पुतलों को ही मिलता है।

उनका राष्ट्रवाद तथाकथित राष्ट्रवाद से इसलिए भी भिन्न है, क्योंकि वह अपने आस-पास के इलाके जहाँ कि वह रहते हैं, को ही अपना देश और राष्ट्र समझते हैं। लेकिन राष्ट्रीयता की भावना उनमें तथाकथित राष्ट्रवादियों से कहीं अधिक होती है।

राष्ट्र भावुक लोगों के लिए एक भावना है, तो नेताओं के लिए राजनीतिक मसाला। जवानों के लिए सरहद तो किसानों के लिए उनका खेत, धार्मिकों के लिए कर्मकाण्ड तो चिन्तकों के लिए वैचारिकी का विषय। बच्चों के लिए आइसक्रीम खाने का ठिकाना तो मृत्यु के निकट आ चुके लोगों के लिए दो गज़ जमीन की ख़्वाहिश।

राष्ट्र किसी के लिए आत्मा है तो किसी के लिए विराट्-पुरुष जैसा शरीर कोई संस्कृति को राष्ट्र की आत्मा मानता है तो कोई वैचारिकी को राष्ट्र का प्राण! कोई राष्ट्र के नाम पर मदहोश है तो कोई राष्ट्र के निर्माण के लिए चिंतित। कोई राष्ट्र को भारत माता मानकर शेर के साथ कभी तिरंगा लिए नज़र आता है तो कभी भगवा या काले झण्डे के साथ। लेकिन रमुआ, कलुआ, बुधिया के लिए यह प्रदर्शन एक तमाशा के सिवाय कुछ भी नहीं।

राष्ट्रवाद की वैचारिकी से पहले बेहतर होगा कि हम राष्ट्र की अवधारणा से परिचित होने का प्रयास करें।

आख़िर राष्ट्र है क्या?

राष्ट्र क्या, 200-300 राजनेताओं का समूह है या पूँजीपतियों की ज़ागीर? या फिर रमुआ, कलुआ, बुधिया से लेकर मानव जाति का निवास स्थान जिसमें स्त्री, पुरुष एक साथ सहमति-असहमति के बीच प्रेम पूर्वक रहते हों? क्या इस राष्ट्र में मात्र और मात्र गिनती के 130 करोड़ लोगों को एक साथ मरने पर 2-2 गज़ ज़मीन नसीब हो पायेगी, जिसमें तीन चौथाई लोग दो जून की रोटी जुटाने के लिए भी मोहताज हैं? या फिर पूँजीवादी मीडिया ही 130 करोड़ आबादी को आग लगायेगी?

भौंड़ी दार्शनिकता या चन्द मवालियों की विक्षिप्त मानसिकता जो सरे-राह राष्ट्रवाद के नाम पर आम मनुष्य का जीवन-जीना हराम कर दे! आख़िर कैसा राष्ट्रवाद है यह?

तथाकथित आज़ादी के सात दशक बीत जाने के बाद भी यदि यह प्रश्न उठता है तो फिर इसमें आश्चर्य की बात भी क्या है? आइये राष्ट्र के उस गौरवशाली इतिहास के बारे में जानने का प्रयास करते हैं, जिसकी दुहाई देने से लोग नहीं अघाते हैं। ऋग्वेद में राष्ट्र शब्द का उल्लेख लगभग आठ बार आता है और हर बार इसके अर्थ के अपने कई मायने हैं—जैसे कि

"त्वं नो असि भारताऽने वशाभिरूक्षभिः।

अष्टापदीभिराहुतः।

(ऋग्वेद 2.7.5) यानी भारत में सभी विषयों में अग्नि के समान तेजस्वी विद्वान् गायों और बैलों के द्वारा खेती कर समृद्ध और सुखी हैं। इसमें कहीं भी भारत का प्रयोग देश, राष्ट्र या राज्य संघ के किस रूप में प्रयोग हुआ है, कोई, स्पष्ट विवरण नहीं प्राप्त होता है।

"अहं राष्ट्री संगमनी वसूनाम"

अर्थात् एक ऐसी इकाई जो आपस में मिल-जुलकर एक साथ रहती है। यह ऋग्वेद में उल्लेखित है। जिसका अर्थ निश्चित ही व्यापक हो सकता है तो अत्यन्त संकुचित भी।

आगे चलकर यजुर्वेद और अथर्ववेद में भी 'राष्ट्र' शब्द का उल्लेख यदा-कदा देखने को मिलता है। जिसका एक सन्दर्भ कुछ ऐसे देखने को मिलता है—

'वयं राष्ट्रे जागृयाम पुरोहितः'।

विष्णु पुराण में भारत और भारती के साथ एक भौगोलिक क्षेत्र की क़ल्पना स्पष्ट दिखती है जो कुछ इस प्रकार है—

'उत्तरं यत्समुद्रस्य, हिमाद्रैश्चैव दक्षिणम्,

वर्ष तद् भारतम् नाम् भारती तत्र संसतिः!'

इसमें राष्ट्र का कहीं ज़िक्र तक भी नहीं है।

महाभारत के शान्तिपर्व में—राजा-राज्य के अस्तित्व को बड़े आसानी से देखा जा सकता है, परन्तु राष्ट्र जैसी कोई चीज़ नहीं थी। एक सूक्त कथा के माध्यम से जानने का प्रयास करते हैं, जो कुछ इस प्रकार है—

महाभारतकार के शब्दों में—

"न वै राज्यं न राजाऽसीत् , न दण्डो न दाण्डिकः।

धर्मेणैव प्रजाः सर्वां रक्षन्ति स्म परस्परम् ।"

अर्थात् न, पहले कोई राज्य था, न ही राजा था। सभी जन (लोग) एक-दूसरे की 'धर्म' से रक्षा कर देते थे।

इसमें रचनाकार की कल्पना को नज़रअन्दाज़ करना राष्ट्र निर्माण के लिए एक छलावा से अधिक कुछ नहीं—इसमें राजा, राज्य की संरचना को नकारा गया है, जो

वास्तविक एवं सत्य से बिल्कुल परे है। क्योंकि आज भारत का बच्चा-बच्चा इस बात से भली-भाँति परिचित है कि महाभारत का सारा झगड़ा ही, राजा और राज्य के रूप में पारिवारिक झगड़े से शुरू होकर बाद में 'धर्म' का चोला पहन लेता है। उस समय के राज्य और राजाओं को कोई कैसे नकार सकता है? हस्तिनापुर, मगध, मत्स्य, द्वारिका, पांचाल आदि अनेकों राज्य अपने-अपने राजाओं के साथ लड़ते-मरते रहते थे। फिर राष्ट्र की कोई कल्पना भी कैसे कर सकता है?

कुल मिलाकर मात्र और मात्र ऋग्वेद में राष्ट्र का वर्णन सही मायने में किया जाता है जिसे भारत ही क्या, सम्पूर्ण राष्ट्र चाहकर भी अस्वीकार नहीं कर सकता।

"अहं राष्ट्री संगमनी वसूनाम"

इस मन्त्र में सम्पूर्ण राष्ट्र की अवधारणा को पाया जा सकता है, वह राष्ट्र न तो भारत की सीमा-रेखा से बँधा है और न ही अमेरिका या चीन की दीवारों से। यह मन्त्र मानवतावादी है विश्वव्यापी है, इसे हम हमारी संस्कृति कहकर न बेड़ी से जकड़ सकते हैं और न ही अपनी ज़मीन की रचना मानकर किसी भाषा-विशेष में कैद करके रख सकते हैं। हमारे लिए यही बेहतर होगा कि यह मन्त्र मानव द्वारा निर्मित मानवतावादी राष्ट्र के लिए मनुष्यों के लिए छोड़ दें।

आज कौन दावे से यह कह सकता है कि जमीन के जिस भूभाग पर बैठकर यह मन्त्र कहा और लिखा गया होगा, वह आज भारत का हिस्सा भी है। कहने का तात्पर्य ऋग्वेद के अधिकतर मन्त्रों की रचना, आज के अफ़गानिस्तान, ईरान, पाकिस्तान एवं भारत के कुछ हिस्सों गंगा-जमुना, द्वाबा के साथ-साथ धरती के अन्य भागों पर हुई है। क्या यह सारे भू-भाग आज भी हमारे अपने हैं? हमारी यही विडम्बना है, कि हम जिस वैदिक संस्कृति की दुहाई देते नज़र आते हैं, वास्तव में लकीर पीटने के अलावा शायद कुछ भी नहीं। फिर इससे फर्क भी क्या पड़ता है कि राष्ट्र की अवधारणा पूर्वी है या पश्चिमी, वैदिक है या सनातन। नवीन है या पुरातन।

मुझे लैटिन अमेरिका में जन्में सेनेका (Seneca) की यह पंक्तियाँ याद आती हैं जिसे महान् क्रान्तिकारी चे-ग्वेरा बार-बार दोहराते हैं।

I am not born for one corner,
The whole world is my native land.

अमेरिकी वैज्ञानिक जेफरसन ने बहुत ही सारगर्भित विचार व्यक्त किये हैं—जो कुछ इस प्रकार हैं—

हम प्रत्येक पीढ़ी को एक निश्चित राष्ट्र मान सकते हैं, जिसे बहुमत की मंशा के द्वारा स्वयं को प्रतिबन्धित करने का अधिकार है; परन्तु जिस तरह उसे किसी अन्य देश के नागरिक को प्रतिबन्धित करने का अधिकार नहीं है, ठीक उसी तरह भावी पीढ़ियों को बांधने का अधिकार भी नहीं है।

एक जगह फिर वह कहते हैं—'राष्ट्र' के उपयोग के लिए जिन संस्थाओं की स्थापना की गयी उन्हें अपने कृत्यों के लिए उत्तरदायी बनाने के लिए भी उनके संचालन के लिए नियुक्त लोगों के अधिकारों के बारे में भ्रान्त धारणाओं के अधीन यह विचार कि उन्हें छेड़ा या बदला नहीं जा सकता, एक निरंकुश राजा द्वारा सत्ता के दुरुपयोग के ख़िलाफ़ एक सराहनीय प्रावधान हो सकता है, परन्तु राष्ट्र के लिए वह बिल्कुल बेतुका है। फिर भी हमारे अधिवक्ता और धर्मगुरु यह मानकर इस सिद्धान्त को लोगों के गले उतारते हैं कि पिछली पीढ़ियों की समझ हमसे कहीं अच्छी थी। उन्हें वह क़ानून हम पर थोपने का अधिकार था जिन्हें हम बदल नहीं सकते थे और उसी प्रकार हम भी ऐसे क़ानून बनाकर उन्हें भावी पीढ़ियों पर थोप सकते हैं, जिन्हें बदलने का उन्हें भी अधिकार नहीं होगा।

सारांश यह कि धरती पर मृत व्यक्तियों का हक है जीवित व्यक्तियों का नहीं। मेरा मानना है कि जेफरसन का यह तथ्य अक्षरशः सत्य ही नहीं, परम सत्य है। व्यक्ति निर्माण से लेकर समाज और राष्ट्र निर्माण तक में।

24 जनवरी 2010 आई.ए.एन.एस.
आठवीं और अन्तिम कड़ी से

जॉन स्टुअर्ट मिल की चेतावनी जिन्हें कि प्रजातन्त्र को बनाये रखने में दिलचस्पी है, अर्थात्

'अपनी स्वतन्त्रता को एक महानायक के चरणों में समर्पित न करें, या उस पर विश्वास करके उसे इतनी शक्तियाँ प्रदान न कर दें कि वह संस्थाओं को नष्ट करने में समर्थ हो जाय।'

डॉ. अम्बेडकर कहते हैं कि—

उन महान् व्यक्तियों के प्रति कृतज्ञता व्यक्त करने में कोई हर्ज नहीं, जिन्होंने जीवन पर्यन्त देश की सेवा की हो। परन्तु कृतज्ञता की भी कुछ सीमाएँ हैं। जैसा कि

आयरिश देशभक्त डेनियल ओ कॉमेल ने ख़ूब कहा है, "कोई पुरुष अपने सम्मान की क़ीमत पर कृतज्ञ नहीं हो सकता, कोई महिला अपने सतीत्व की क़ीमत पर कृतज्ञ नहीं हो सकती और कोई राष्ट्र अपनी स्वतन्त्रता की क़ीमत पर कृतज्ञ नहीं हो सकता।"

बाबा साहेब अम्बेडकर आगे कहते हैं—यह सावधानी किसी अन्य देश के मुकाबले भारत के मामले में अधिक आवश्यक है, क्योंकि भारत में भक्ति या नायक-पूजा उसकी राजनीति में जो भूमिका अदा करती है, उस भूमिका के परिणाम के मामले में दुनिया का कोई देश भारत की बराबरी नहीं कर सकता। धर्म के क्षेत्र में भक्ति आत्मा की मुक्ति का मार्ग हो सकता है, परन्तु राजनीति में भक्ति या नायक पूजा, पतन और अन्ततः तानाशाही का सीधा रास्ता है।

मुझे लगता है कि हिन्दू, मुसलमान, सिक्ख, ईसाई, जैन, बौद्ध सब व्यापारी हैं धर्म के! नहीं, तथाकथित धर्म के! क्योंकि अनुभव कहता है, सदियों से सनातन-पुरातन की मूर्खता को बेचारा बेबस आदमी ही ढो सकता है। उसकी अपनी मज़बूरियाँ हैं तो उपलब्धियाँ भी। प्रश्न उठता है, ये उपलब्धियाँ और ये मज़बूरियाँ आख़िर किसके लिए? धर्म को आदमी जानता है, मानता है, क्या उसके साथ कभी रहता और चलता भी है? धर्म आख़िरकार किसकी रग में नहीं? तथाकथित हिन्दू, मुस्लिम, सिक्ख या फिर ईसाई? यह एक कल्पनामात्र है। क्योंकि सब-के-सब एक खूँटे से बँधे हैं। इनका कोई भी वज़ूद नहीं। फिर चाहे रामकृष्ण हों या विवेकानन्द या देश में रहनेवाले रमुआ-कलुआ और बुधिया। विवेकानन्द के पास विवेक था। मगर उन्हें प्रसिद्धि चाहिए थी। रामतीर्थ में मेरा विश्वास था, अफ़सोस विवेकानन्द ने उसे भी तोड़ दिया। अन्ततः मैं सिर्फ़ यही कह सकता हूँ "धर्म सिर्फ़ और सिर्फ़ एक है, मनुष्यता का।" हिन्दुत्व, ईसाइयत, आर्य-अनार्य, शैव-वैष्णव, मूर्खता या फिर पागलपन के सिवाय कुछ भी नहीं।

हर अमीर व्यक्ति एक अपाहिज़ मानसिकता का रोगी है। उसे लगता है कि वह सब-कुछ बदल सकता है। अफ़सोस तरस आती है उसकी बुद्धि पर। क्या वह ख़ुद को बदल पाया? नहीं, कदापि नहीं। उसे तो दुनिया बदलनी है, जो! वह खुद को कैसे बदल सकता है? बदलकर भी नहीं बदल सकता वह! क्योंकि उसे तो सिर्फ़ और सिर्फ़ दुनिया बदलनी है। आदमी भी कितना लाचार, बेबस और अपाहिज़ है। वह शब्दों को बदल सकता है शब्दों से खेल सकता है और शब्दों का व्यभिचार भी कर सकता है, परन्तु खुद को क़तई नहीं, बदल सकता। उसे लगता है वही सम्राट् है, उसे लगता है वही भिखारी है, यहाँ तक कि उसे लगता है, वही देश, राष्ट्र-भूमण्डल सब-कुछ नियन्त्रित करता है। क्या वह जानता है आख़िर उसका नियन्त्रण किसके पास है?

वही रटा-रटाया उत्तर! ईश्वर के पास। क्या उसने कभी पूछा कि ईश्वर कौन है? ईश्वर की पूँछ (दुम) पकड़कर उसे महान तो बनना है, लेकिन इसकी (ईश्वर) की खोज वह तथाकथित महापुरुषों के कंधे पर छोड़ देता है। अन्त में वही महापुरुष प्रदूषण फैलाते हैं, हां प्रदूषण अपने-अपने विचारों का। आदमी और आदमी के बीच एक प्रकार से कहें तो कोई द्वन्द्व नहीं है। द्वन्द्व है तो सिर्फ़ और सिर्फ़ विचारों का। मुझे नहीं लगता कि मैं धार्मिक हूँ या फिर नास्तिक, वैज्ञानिक हूँ या फिर राष्ट्रवादी, देशप्रेमी हूँ या देशद्रोही, ख़ासतौर पर जब मुझे यह सिद्ध करना पड़े। क्योंकि मेरा यह मानना है कि राष्ट्रवाद या फिर वैज्ञानिकता, देशद्रोह और धार्मिकता सिद्ध करना मूर्खता या फिर पागलपन के सिवाय कुछ हो ही नहीं सकता। हमारे पास क्या अन्य कोई कार्य शेष नहीं रह गये? जो हम एक-दूसरे को मात्र शब्दों से ही धार्मिक-अधार्मिक, देशद्रोही, देशप्रेमी, राष्ट्रवादी या फिर राष्ट्रविरोधी सिद्ध करने पर आमादा रहते हैं? यह एक खोखला विषय है, मेरे लिए और शायद आपके लिए भी 'देश और समाज के

अपने कई मुद्दे वर्तमान समय के साथ-साथ चलते रहते हैं। इन मुद्दों को दरकिनार करके राष्ट्र, राष्ट्रीयता या राष्ट्रवाद का बेसुरा राग अलापना दिमाग़ी दिवालियापन की एक निशानी के अतिरिक्त और कुछ भी नहीं।'' —डॉ. राम मिलन।

"Humanity itself is soul of religion" यदि आप मनुष्य हैं और आप में मनुष्यता है तो फिर आप वास्तव में धार्मिक हैं। मनुष्य में मनुष्यता ही वह धार्मिक जैविक तन्तु है जो धर्म के विस्तृत और विराट् रूप को समेटे हुए हैं, जो पृथ्वी रूपी भूमण्डल या फिर ब्रह्माण्ड के अन्य किसी भी ग्रह पर जहाँ मनुष्य होंगे और मनुष्यता का उन्हें एहसास होगा सही मायने में धार्मिक होंगे। फिर उन्हें शायद किसी सनातन-पुरातन, हिन्दू, ईसाई, इस्लाम, जैन-बौद्ध-सिक्ख या फिर अन्य संकीर्ण धर्मों की आवश्यकता भी नहीं होगी, जो मात्र आपसी एकता, मानवता एवं सहिष्णुता का स्वांग तो समय-समय पर करते रहते हैं, जबकि इनका ख़ूनी संघर्ष, वैचारिक असमानता, जातीयता, श्रेष्ठता का दम्भ आदि मनुष्य एवं मनुष्यता को क्षिप्त-विक्षिप्त करते रहते हैं। हिन्दू-मुसलमान या फिर सिक्ख-ईसाई होना अधिक आवश्यक है या फिर मनुष्य होना? यह अब हमें तय करना ही होगा।

राष्ट्र के विचार का सार प्रस्तुत करते हुए पार्थ चटर्जी ने लिखा, ''राष्ट्रवादी विमर्श अपने स्वरूप में ऐतिहासिक है परन्तु मूलतः वह कुछ अवधारणाओं का बचाव करता है। इसलिए, राष्ट्रवादियों के लिए राष्ट्र की स्वायत्त बनाये रखना मुश्किल है।''

पार्थ चटर्जी, नेशनलिस्ट थॉट
कोलोनियल वर्ल्ड : ए डेरीवेटिव डिस्कोर्स''
(1986), ऑक्सफोर्ड यूनिवर्सिटी प्रेस, दिल्ली, पृष्ठ 9

आर के करंजिया ने नेहरू से कहा था कि अगर भारत एक सेक्यूलर और समाजवादी देश है तो आपको राष्ट्रीय स्वयं सेवक संघ जैसे संगठनों पर प्रतिबन्ध लगाना चाहिए। नेहरू ने कहा कि मैं प्रतिबन्धों के विरुद्ध हूँ। किसी भी विचार पर प्रतिबन्ध के मैं ख़िलाफ़ हूँ। आप जब विचारों पर पाबन्दी लगाते हैं तो वे जमींदोज हो जाते हैं। फिर वे एक-दूसरे तरीके से भड़ककर निकलते हैं। इसलिए जनतन्त्र के विचारों की आज़ादी होनी चाहिए। हम में भी वह कूबत होनी चाहिए कि भयंकर विचारों का सामना विचारों से ही करें। अपने विचारों की ताकत की आजमाइश हम सत्ता की ताकत का सहारा लेकर न करें, क्योंकि वह एक तरह से विचार का दमन होगा।

साभार आज के आईने में राष्ट्रवाद 'अपूर्वानन्द'

वास्तव में राष्ट्रवाद का आधार तर्क और वैचारिकता ही है। जबकि राष्ट्र के प्रति भक्ति का अनुभव मात्र और मात्र राष्ट्रभक्ति।

''राष्ट्रवाद मूलतः लोगों के एक-दूसरे के प्रति तथा राज्य के प्रति भावनात्मक एकरूपता है।''

—प्रो. डचसेक

राष्ट्रवाद एक विवादास्पद विषय है, ख़ासतौर पर जब इसमें राजनीतिक सिद्धि का समावेश अधिक हो जाता है, तब यह और अधिक घातक हो जाता है। इसे महज संयोग नहीं कहा जा सकता कि राष्ट्रवाद के वे घटक जो अनेकता में एकता तलाशने का प्रयास करते हैं जैसे कि जातिगत राष्ट्रवाद, लैंगिक राष्ट्रवाद, धार्मिक राष्ट्रवाद, सांस्कृतिक राष्ट्रवाद, राष्ट्रवाद की सार्वभौमिकता को ही निगल जाते हैं। भारतीय राष्ट्रवाद के सन्दर्भ हमें यह कदापि नहीं भूलना चाहिए कि जब भारतीय राष्ट्रवाद में मात्र द्विराष्ट्र या द्विराष्ट्रीय दृष्टि एक विकराल समस्या का रूप धारण कर भारत को खण्डित करके पाकिस्तान बना देती है। 'मुस्लिम लीग' के पाकिस्तान की माँग ने गाँधी के अखण्ड भारत के स्वप्न को मटियामेट कर दिया था। इतना ही नहीं महज एक साम्प्रदायिक दृष्टि की हवा ने स्वाधीनता संग्राम के दौरान भारतीयों में जो एकता की भावना विकसित हुई थी खण्ड-खण्ड कर बिखेर दी थी। परिमाणस्वरूप एक ही देश के दो तुकड़े हो गये। इतना ही क्यों भाषायी राष्ट्रवाद की भावना ने पाकिस्तान को भी दो तुकड़ों में बांट दिया।

महान् वैज्ञानिक और चिन्तक गैलियो गैलिली कहते हैं—

Measure what is Measurable
and make Measurable what is not-So…

राष्ट्रवाद के परिपेक्ष्य में यह बात पूर्णतया सत्य प्रतीत होती है। राष्ट्रवाद का कोई पैमाना हो ही नहीं सकता। फिर चाहे वह किसी राष्ट्र का राष्ट्रगान हो अथवा राष्ट्रगीत! जो लोग राष्ट्र, राष्ट्रीयता और राष्ट्रवाद को सर्वोपरि मानते हैं, वह क्या नाम, उपनाम, जाति, धर्म, लिंग, क्षेत्र, भाषा, संस्कृति आदि से अपने आपको मुक्तकर पायेंगे? या फिर अपने अवतारों-ईश्वरों, देवी-देवताओं और खुदाओं से मुक्ति पाने की क्षमता रखते हैं। यदि वह ऐसा करने में सफल नहीं हो पाते तो उनका यह दम्भ एक पागलपन के सिवाय कुछ भी नहीं और उनकी सोच और वैचारिकी मानसिक संकीर्णता की पर्याय मात्र है। उन्हें न तो राष्ट्र से कोई मतलब है और न ही राष्ट्रीयता से। राष्ट्रवाद तो उनके लिए ख़तरनाक हथियार के अतिरिक्त कुछ भी नहीं। असल में वह राष्ट्र, राष्ट्रीयता और राष्ट्रवाद का सहारा लेकर अपने गड़े मुर्दे तथाकथित धर्म, व्यवसाय और राजनीति को चमकाने का गन्दा खेल-खेल रहे हैं। वह अब अच्छी तरह से जान और समझ चुके हैं कि रमुआ, कलुआ और बुधिया के लिए उनका धर्म बेदम हो चुका है धर्म का व्यवसाय भी चौपट होने की कगार पर पहुँच चुका है। फिर सत्ता पर क़ाबिज़ होने के लिए आख़िर राष्ट्रवाद से बेहतर भला और क्या हो सकता है?

6

सामाजिक राष्ट्रवाद

(Social Nationalism)

समाज संस्कृत भाषा के दो शब्दों के मेल से बना है।
सम् अर्थात् इकट्ठा और अज यानी रहना, इकट्ठा रहना।
समाज (पुल्लिग)—समुदाय, दल, समूह, सभा, गिरोह, झुण्ड आदि।

समाज क्या है?
एक प्रश्न चिह्न!
घिसी-पिटी मान्यताओं का चेहरा
विद्रूपता का प्रतीक
अफ़वाहों का बाजार
या भ्रष्टाचार की नंगी तस्वीर
कोई स्पष्ट अस्मिता नहीं
कोई विशिष्ट व्यक्तित्व नहीं
फिर समाज है क्या?
ठेकेदारी का माध्यम
तानाशाही का जरिया
फिर तुम्हारी क्या औकात
क्या विसात
कि तुम किसी को कुछ करने से रोको-टोको
अच्छाई-बुराई की राह दिखाओ
जब तुम किसी दुखियारी के
आँसू पोंछ नहीं सकते
तो फिर यह प्रतिबन्ध क्यों?
तुम नीच हो, क्षुद्र हो, स्वार्थी हो
दम्भी या लालची

किसी के लिए कुछ कर नहीं सकते
जो भी करना है मुझे करना है
मुझे यानी
समाज की हर एक इकाई को
मनुष्य को
मैं समाज की एक इकाई हूँ
तथाकथित जातियों के हिसाब से मैं
पासी हूँ, चमार हूँ, धोबी हूँ, खटिक हूँ
गड़रिया हूँ, बाह्मन हूँ, ठाकुर हूँ, बनिया हूँ
और भी न जाने क्या-क्या?
पेशे से एक डॉक्टर हूँ
वकील हूँ
चपरासी हूँ
इंजीनियर हूँ
क्लर्क हूँ
मैं जो भी हूँ मेरी एक पहचान है
मेरी अपनी स्वायत्तता भी
मैं समाज से नहीं
समाज मुझसे बनता है
मेरे आचरण की पवित्रता से
मेरे कर्म के सिद्धान्त एवं निष्ठा से
मेरे अन्तःकरण की शुद्धता से
समाज का निर्माण होता है।

किसी भी समाज के निर्माण में स्वाभाविक उन्नति ही सबसे बड़ा कारक है। संस्कार समाज निर्माण के लिए खोखली वस्तु साबित हो चुकी है। संस्कार मात्र और मात्र उपदेश देने की चीज़ है। संस्कारकों ने समाज को तोड़ने का काम किया है। संस्कार कुछ और नहीं बल्कि पितृवादी छाया है। संस्कारों ने पितृवादी होने के चलते आधे समाज का सत्यानाश कर दिया है। यह इसी बात से स्पष्ट हो जाता है कि "महिलाएँ चाहे हिन्दू हों या फिर मुसलमान दोनों के साथ मर्द का बर्ताव एक ही जैसा है।" यहाँ आधे समाज से मेरा तात्पर्य 50% आबादी यानी महिलाओं की आबादी से है। आज मुझे भारतीय समाजवाद के पुरोधा डॉ. राममनोहर लोहिया की बातें याद आती हैं—कि समाज को हिन्दू जाति-व्यवस्था से कैसे मुक्त किया जाए, मेरा मानना है हिन्दू जाति ही नहीं अपितु समस्त समुदायों का एक जैसा ही हाल है फिर चाहे वह हिन्दू

जाति हो या मुसलमान। महिलाओं की दशा एक-सी ही है। जबकि बिना महिलाओं की भागेदारी के किसी भी समाज की कल्पना तक करना शायद एक पागलपन के सिवाय कुछ नहीं। विड़म्बना ही कहेंगे की लोहिया की लाश पर आज का जो समाजवाद खड़ा है, उससे कोई यह सवाल क्यों नहीं पूछता कि आख़िर उसने आधे समाज यानी महिलाओं के लिए आख़िर किया क्या है? महिलाओं की समाज निर्माण में, भागीदारी या फिर सहभागिता के लिए योगदान क्या है?

समाज और समाजवाद का नारा लगानेवालों से आख़िर क्यों न पूँछा जाये कि उन्हें जन्म देनेवाली स्त्री अर्थात् माँ की भूमिका क्या है समाज में?

इस तरह कुल मिलाकर समाजवाद भी तथाकथित धर्म की ही तरह पाखण्डवाद ही साबित होता है। आज नहीं तो कल यह सवाल तथाकथित समाजवादी ठेकेदारों से ज़रूर पूछा जायेगा कि आधी आबादी को दरकिनार करके कैसा समाज और किसका समाज?

दरअसल धर्म ने समाज के पाँव में बेड़ियाँ डालकर उसे सदियों से गुलाम बना रखा है। देखें तो पायेंगे कि धर्म और समाजवाद अलग-अलग कदापि नहीं, बल्कि एक ही थाली के चट्टे-बट्टे हैं। जहाँ धर्म की पकड़ ढ़ीली होती है तो समाजवाद की पकड़ मजबूत। जहाँ समाजवाद ढ़ीला तो वहीं धर्म समाजवाद की गर्दन दबोच लेता है। धर्म का कुरूप चेहरा तो यदा कदा हमारे और आपके सामने आ भी जाता है, लेकिन क्या समाजवाद का कुरूप चेहरा कभी किसी ने देखा है? यदि नहीं तो—खाप पंचायतें, फ़तवा, महिलाओं, दलितों, पिछड़ों के प्रति घृणा इसी समाजवाद की ही उपज है, जिसे अब तक आदिम जाति काट रही है। महिलाओं की दशा किसी से छिपी नहीं है फिर चाहे वह आज का सभ्य समाज हो या पतित पुरातन समाज। पतित इसलिए कि जिस सनातन या पुरातन समाज की ठेकेदारी करनेवाले भी शायद काल्पनिक ब्रह्म के बजाय माँ के गर्भ से ही उत्पन्न हुए होंगे। और आज का सभ्य समाज लोकतान्त्रिक प्रक्रिया अर्थात् चुनाव तक में आज भी अपनी पत्नी, बहन या फिर माँ तक को, जिससे कि वह स्वयं जन्म लेकर आगे बढ़ा है, उसे ही उसके लोकतान्त्रिक अधिकारों से वंचित करके उस पर, अमुक राजनैतिक पार्टी को वोट करना है का आधिपत्य जमाता ही नहीं, अपितु कायम करता है। इस प्रकार देखें तो समाज भीड़तन्त्र के सिवाय कुछ भी नहीं। जहाँ तथाकथित धर्म परिवर्तन से लेकर, क्या खायें क्या पियें कैसे देखें, कैसे सुनें तक का निर्णय भी तथाकथित पुरुषप्रधान समाज ही लेता है, लेता रहा है और ले रहा है।

आज भी लोकतन्त्र में वोट करने तक का निर्णय भी पुरुष ही तय करता है। यह कैसा समाज है? इस तरह समाज और समाजवाद भी, तथाकथित धर्म, राष्ट्र और राष्ट्रवाद की ही तरह भारी-भरकम शब्द नहीं तो फिर क्या है?

सच तो यह है कि जब भी महिलाओं ने, स्वाभिमान और सम्मान के लिए अपनी आवाज बुलन्द करनी चाही तब-तब समाज और समाजवाद के ठेकेदारों ने उनकी आवाज को कुचलने का कार्य पूरे होशो-हवास में किया।

मुझे लगता है कि आज दलित-पिछड़ों के आन्दोलनों से भी बढ़कर है, हमारी अपनी आधी आबादी की आज़ादी का मामला।

मेरा मानना है कि "समाज व्यक्तियों का समूहमात्र नहीं हो सकता, बल्कि समूह में रहनेवाले व्यक्तियों की सहमति, सामंजस्य आपसी ताल-मेल एवं पारस्परिक सहयोग से उत्पन्न एक व्यवस्था है।"

मनुष्य होने के नाते हम-आप या फिर अन्य कोई व्यवस्था से इनकार नहीं कर सकता। व्यवस्था परिवर्तन प्राकृतिक नियम है, इसे रोका नहीं जा सकता। प्रश्न यह है कि हम व्यवस्था की ठेकेदारी करके उसे प्रभावित कितना करते हैं या फिर यूँ कहें कि व्यवस्थापक ही व्यवस्था का बालात्कार करने लगें तो व्यवस्था का हस्र क्या होगा? वास्तव में यही हुआ है तब से अब तक और वदस्तूर जारी है—

आदि-अन्त से पृथ्वी या फिर ब्रह्माण्ड के किसी अन्य ग्रह पर जहाँ भी आदिम जाति रही होगी या है, वहाँ समाज, समुदाय, झुण्ड या गिरोह रहे होंगे। इसे नकारा नहीं जा सकता। जहाँ समाज होगा वहाँ उसकी अपनी वैचारिकी होना भी निश्चित है। अतः समाज एवं समाजवाद को समय-सीमा में बाँधना मेरी क्षमता और सीमा से परे है। अर्थात् समाज और समाजवाद का कोई एक जनक हो ऐसा मैं नहीं मानता। मेरा मानना है कि समाज और समाजवाद में रमुआ, कलुआ और बुधिया का योगदान तथाकथित समाजवादियों या समाज के ठेकेदारों से कहीं अधिक रहा है और आज भी है। भले उन्हें कोई जाने या न जाने। भारतीय समाज में इससे अधिक हास्यपद भला और क्या हो सकता है, कि एक विशेष समाज 'हिन्दू समाज' की परिकल्पना मात्र से एक व्यक्ति तथाकथित हिन्दू समाज का आदर्श बन जाता है और उसके अनुयायी जब उसी हिन्दू समाज और समाजवाद को एक सिरे से खारिज करके एक नये सिगूफ़े (छद्म राष्ट्रवाद) को समाजवाद से भी अधिक महत्त्वपूर्ण साबित करने पर तुल जाते हैं।

शायद—हैरॉल्ड लॉस्की का यह कथन यूँ ही नहीं है, "जिसने समाजवाद को एक ऐसी टोपी कहा था जिसे कोई भी अपने अनुसार पहन लेता है।" समाजवाद की विभिन्न किस्में लॉस्की के इस चित्रण को काफी हद तक स्थापित करती है। उससे भी अधिक हास्यस्पद यह कि गाँधी के हत्यारे गोडसे की विचारधारा के लोग, जब लोहिया के समाजवाद को गाँधी के 'ग्राम स्वराज' और दीनदयाल उपाध्याय के 'अन्त्योदय' से प्रेरित बताने से भी नहीं चूकते।

कई बार मुझे लगता है कि, आख़िर समाजवाद है क्या? निष्कर्ष तो नहीं पर ऐसा लगता है कि समाजवाद कुछ और नहीं बल्कि शोषकों की आपसी सहमति से निर्मित

गिरोह है, जो शोषित समुदाय पर छद्म सहमति या अतिक्रमण करके शोषण करने का माध्यम बनता है और समय-समय पर अपने स्वरूप के साथ-साथ बदलता रहता है। इसे इस प्रकार समझा जा सकता है—आज का भारतीय समाज, विभिन्न समुदायों (समाजों) से मिलकर बना है। इसमें हिन्दू, मुसलमान, पारसी, सिक्ख, ईसाई, बौद्ध, जैन, यहूदी आदि-आदि समाज सम्मलित हैं।

प्रागैतिहासिक सिन्धु सभ्यता के पश्चात् वैदिक समाज के प्रमाण मिलते हैं। वैदिक समूह के वाहक आर्यों ने जिन मूल निवासियों को विस्थापित किया वह एक प्रकार से समाज या फिर गिरोह ही था। मूलनिवासियों को अनार्य कहा गया, जो आज भी दक्षिण भारत की द्रविड़ जातियों का समूह है। आगे चलकर वैदिक समाज के प्रचार-प्रसार एवं अन्य देशों के सम्पर्क ने नयी व्यवस्थाओं को निर्मित किया। विदेशी आक्रमणकारियों यूनानी, हूण, शक, कुषाण, मुगल आदि ने भारत और भारत के मूल निवासियों सहित आर्यों जो कि अब भारत पर अपना आधिपत्य जमा चुके थे अभिन्न तादात्म्य स्थापित कर लिया। वैदिक समाज अब भारतीय लोगों की जीवन-शैली, आहार-व्यवहार को परिचालित करने लगा था। आगे चलकर वैदिक समाज में पाखण्ड, कर्मकाण्ड और आडम्बर का बोल-बाला हुआ, जिससे वैदिक समाज कई समाजों में बँट गया। इतना ही नहीं आगे चलकर यही वैदिक समाज, ब्राह्मणवादी साम्राज्यवाद के अधीन हो गया और क्रमशः पतन की ओर अग्रसर होता चला गया। छठीं शताब्दी ईसा पूर्व में भारतीय समाज में दो प्रमुख आन्दोलनों का उदय हुआ। गौतम बुद्ध और महावीर ने ब्राह्मणवादी साम्राज्यवाद जो 'ब्राह्मणधर्म' के अधीन था और जिसके निर्माता आर्य थे, के समानान्तर क्रमशः बौद्ध धम्म और जैन धर्म की आधारशिला रखी। फिर तो समाज और सामाजिक सुधारों के आन्दोलनों का तो सिलसिला चल पड़ा, इस क्रम में, कबीर, नानक, रविदास, दादू से लेकर ज्योतिबाफुले, पेरियार, अम्बेडकर, कांशीराम आदि अनेक विभूतियों ने अपना सर्वत्र न्योछावर कर दिया। इस प्रकार वैचारिक रूप से 'ब्राह्मण धर्म' में उत्थान और पतन का दौर चलता रहा। सामाजिक संहिताओं ने भारतीय समाज को नयी व्यवस्थाएँ दीं। विदेशी आक्रान्ता या फिर आक्रमणकारी आरम्भ में तो 'म्लेच्छ' कहे गये, लेकिन आगे चलकर भारतीय समाज ने इन्हें अपनाकर आत्मसात् कर लिया। यह कुछ लगभग दो शताब्दी तक चलता रहा, लेकिन इसी दौरान तुर्कों के यदा-कदा आक्रमण से भारतीय समाज एक अन्य समाज यानी तुर्क समाज से प्रभावित हुआ। ग्यारहवीं शताब्दी में मुगलों के आक्रमण से भारतीय समाज जो 'ब्राह्मणवादी साम्राज्यवाद' का गुलाम था, अत्यधिक प्रभावित हुआ। कारण बहुत स्पष्ट था जहाँ एक तरफ 'ब्राह्मण धर्म' अपने ही द्वारा निर्मित आचार-संहिताओं, स्मृतियों के आधार पर भारत के मूलनिवासियों पर दमनकारी नीति अपनाकर उनका शोषण कर रहा था, तो वहीं दूसरी तरफ आक्रमणकारी मुगल, अपनी नयी जीवन-शैली, रीति-रिवाज, कट्टरता एवं नये

धर्म के उन्माद में मदमस्त थे। इस प्रकार देखा जाये तो कुछ समय तक भारतीय समाज अपनी वास्तविकता को खोकर दो साम्राज्यवाद 'ब्राह्मणवादी साम्राज्यवाद' और 'मुगल साम्राज्यवाद' में बंटकर रह गया। लेकिन अभी इनमें आपसी सहमति या फिर परस्पर तादात्म्य न बन सका।

तब से लेकर अब तक भारतीय समाज भले ही "हिन्दू-मुस्लिम सिक्ख-ईसाई आपस में सब भाई-भाई" का खोखला नारा लगाने में अपनी ऊर्जा का क्षय कर रहा हो, परन्तु इसकी वास्तविक तस्वीर कुछ और ही है। वर्तमान परिप्रेक्ष्य में भी शायद भारतीय समाज से बड़ा कोई समाज है तो वह मात्र और मात्र मानव समाज है। या फिर परोक्ष रूप में जनसंख्या के आधार पर चीनी समाज।

वर्तमान में भी भारतीय समाज में विभिन्न तथाकथित जाति धर्म मज़हब-सम्प्रदाय के लोग अभिन्नरूप से रहते हैं। जिन्हें भारत का संविधान एवं विधि संहिता भी मान्यता प्रदान करते हैं।

'विधि संहिता' में भारत को "वैयक्तिक विधि की विविधता" यानी एकता में अनेकतावाला देश न कहकर "अनेकता में एकता वाला देश" कहा गया है। यानी हर सम्प्रदाय पन्थ, मजहब, धर्म अपनी पृथक वैयक्तिक विधि द्वारा संचालित होता है। स्पष्ट है कि भारतीय समाज के बँटे बिना यह सम्भव नहीं, हिन्दुओं पर हिन्दू विधि, मुसलमानों पर मुसलमान विधि, ईसाइयों पर ईसाई विधि आदि-आदि। अतः इतना तो तय है कि भारतीय समाज में एक-दूसरे के साथ रहने के बावजूद भी यहाँ के रहनेवालों के बीच बुनियादी विषमता है। शायद ही हम-आपको भी 'अनेकता में एकता' या फिर विभिन्न जातियों-धर्मों, मज़हबों-सम्प्रदायों के लोगों के बीच बुनियादी विषमता, से आपत्ति या इनकार हो। दरअसल समस्या यह है कि, अधिकतर चिन्तक या फिर बुद्धिजीवी, राजनीतिज्ञों को भी चार क़दम पीछे छोड़कर जाति-धर्म, मज़हब-सम्प्रदाय की बुनियादी विषमता को आपसी सौहार्द में बाधा नहीं मानते, और अपना बेसुरा राग अलापते दिखते हैं कि धर्म वैयक्तिक मामला है। दरअसल यही सारे फ़साद की जड़ है। यह वैसे ही है, जैसे 'गुड़ खाओ, गुलगुला की रीति मानो।" परिणामस्वरूप जब किसी राष्ट्र के सामाजिक संरचना की बात होती है, तो इन्हीं संकीर्ण जाति-धर्म, मजहब-सम्प्रदाय के ठेकेदारों द्वारा वास्तविक समस्या से आँख बन्द करके इन्हें जोड़कर विभिन्न धार्मिक समूहों का समाज घोषित करने का उपक्रम जारी हो जाता है। चाहे फिर वह भारतीय समाज ही क्यों न हो? भारतीय समाज के सन्दर्भ में एक बात जो मुझे समझ में आयी है, वह यह कि, दरअसल यहाँ पर जाति-धर्म, मजहब-सम्प्रदाय के ठेकेदार हैं, जो समय-समय पर अपना रूप बदलते रहते हैं। कभी-हिन्दू-मुस्लिम एकता के बहाने तो कभी एक-दूसरे की उदारता का गुणगान करके। 1947 ई. में भारतीय समाज का विभाजन किस आधार पर हुआ था? बच्चा-बच्चा जानता है, कि धार्मिक

या फिर साम्प्रदायिक आधार पर। यह वही विद्वान्-चिन्तक हैं जो सन् 1965 ई. में पाकिस्तान के भारत पर आक्रमण को धार्मिक आक्रमण न मानकर एक राष्ट्र का दूसरे राष्ट्र पर आक्रमण बताने से नहीं चूकते। कुल मिलाकर चित भी मेरी और पट्ट भी मेरी।

इतना ही नहीं भाषायी एवं सांस्कृतिक भिन्नता के कारण, सन् 1971 में पाकिस्तान के दो टुकड़े हो गये, जिसका मात्र और मात्र कारण संकीर्ण भाषा और संस्कृति के ठेकेदारों को जाता है। पाकिस्तान का वह अलग हुआ भाग कोई और नहीं बाँग्लादेश ही है। जिसका राष्ट्रीय गान भी शायद भारत का ही राष्ट्रमान (जनगण मन ही है) इस प्रकार देखा जाय तो, विश्वासों एवं व्यवहारों की एक व्यवस्था के रूप में धर्म उत्कृष्ट रूप में सामाजिक है तथा इसके निरूपण सामूहिक हैं। पूजा का अर्थ होता है विशिष्ट सामाजिक व्यवहार जो पूजा करनेवालों के एक समुदाय का निर्माण करनेवाले धार्मिक रूप से सम्बन्धित सामाजिक समूहों के सन्दर्भ में उत्पन्न होता है। पूजा की क्रियाएँ "इन समूहों में निश्चित मानसिक स्थितियों को उत्तेजित कायम एवं पुनर्निर्मित करती हैं (दुर्खीम् 1964 : 10)।" धर्म पूजा करनेवालों को जोड़ता है, "एक एकमात्र नैतिक समुदाय के रूप में जिसे चर्च कहा जाता है, उन सभी को जो उससे संसक्त हैं।"। यह जानना महत्त्वपूर्ण है कि पूजा के स्थान, जैसे मन्दिर, गिरिजाघर एवं मस्जिद, उपासकों को एक प्रकार की एकतात्मकता के अन्तर्गत ले जाते हैं, जो एक धर्म से दूसरे धर्म में भिन्न हो सकती है। धर्म का एक अन्य पक्ष, जो काफी विवाद का विषय है, इसका आर्थिक कारकों के साथ सम्बन्ध है। "विचार नहीं, वरन् भौतिक एवं आदर्श स्वार्थ व्यक्तियों के व्यवहार को प्रत्यक्ष रूप से शासित करते हैं।" (बेबर 1965 : 34)।

इस प्रकार यह कहना गलत न होगा कि धर्म का उद्देश्य ही धार्मिक संस्थाओं जैसे कि मन्दिर-मस्जिद, चर्च-गुरुद्वारों की सत्ता एवं शक्ति की संरचनाओं में निहित करके मानव समाज या फिर किसी देश के परिप्रेक्ष्य में (जैसे की भारत) भारतीय समाज की अधिकांश आबादी पर शासन करना मात्र है। और ज़रूरत पड़ने पर समय के अनुसार ये धर्म, उदारता की चादर ओढ़कर समाज के साथ नये सिरे से अपने सम्बन्ध स्थापित करने से भी बाज़ नहीं आते। तथाकथित धर्म परिवर्तन इसका जीता-जागता एवं ज्वलन्त उदाहरण है। बेबर का यह कहना उचित ही जान पड़ता है कि—एक बौद्धिक नेतृत्व के साथ विशेषाधिकृतों के इस धर्म में रूपान्तरण के कारण सामान्य समूहों को समायोजित करना पड़ता है, जिनके लिए "बुद्धिवाद आर्थिक एवं सामाजिक दोनों ही रूप से अप्राप्य है।" (1965 : 120)

स्पष्ट शब्दों में कहा जाय तो—"जहाँ भारत यानी भारतीय समाज ने एक तरफ धर्म को कृत किया तो, वहीं तथाकथित धर्म ने भारतीय समाज को विकृत किया है।" कार्ल-मार्क्स ने यदि धर्म को अफ़ीम कहा तो, उसे यूँ ही हँसी में नहीं टाला जा सकता।

और न ही इस वक्तव्य को चुटकी भर नमक की आवश्यकता है। कार्लमार्क्स की मानसिकता भी शायद 'खाओ-पिओ और मौज करो' से कहीं परे थी।

इसका मूल्यांकन भी किया जा सकता है, धर्म में सच्चाई नहीं होती यह भी नहीं कहा जा सकता, लेकिन सच्चाई प्रतीकों और मिथकों से ढक जाती है इससे इनकार भी नहीं किया जा सकता। वास्तव में धर्म में कई चीज़ों के साथ प्रतीकों एवं मिथकों की एक विस्तृत शृंखला होती है जो आगे चलकर व्यवस्था का रूप धारण करके मानव समाज को निगलने का सतत प्रयास करती रहती है, और कई बार इसमें कामयाब भी होती है। दरअसल यह व्यवस्था लोकप्रिय कल्पना से ओत-प्रोत, न केवल सामान्य दर्जे के अपितु शिक्षित और सभ्य कहे जानेवाले लोगों को अपने सम्मोहन से सम्मोहित करके उनका अधिग्रहण करके उन्हें उपासकों की झोली में डालकर खड़ा कर देती है। इस तरह से देखने पर धर्म है—"एक प्रतीकों की व्यवस्था जो अस्तित्व की एक सामान्य व्यवस्था का निर्माण कर व्यक्तियों में शक्तिशाली, व्यापक देर तक रहनेवाली मनोदशा एवं प्रेरणाओं को स्थापित करने का कार्य करती है तथा इन अवधारणाओं पर तथ्यात्मकता के वातावरण का एक ऐसा आवरण डाल देती है कि यह मनोदशाएँ एवं प्रेरणाएँ अद्वितीय रूप से वास्तविक लगती हैं। (गीट्र्ज 1973 : 90)।

अब हमें हिन्दुत्व को इस आलोक में देखना चाहिए।

इसकी एक झलक स्वामी विवेकानन्द की हिन्दू समाज, हिन्दू जाति या वैदिक वैधानिकी की झल्लाहट के रूप में देखा जा सकता है—वर्तमान भारत में धर्म की अवस्था का वर्णन करते हुए उन्होंने बड़े दुःख तथा क्षोभ के साथ कहा, "हम हिन्दू भी नहीं है और वैद्धानिक भी नहीं।

असल में हम हैं 'छुआछूत' पन्थी! रसोईघर हमारा मन्दिर है, पकाने का बर्तन हमारा उपास्य देवता है और 'मत छुओ, मत छुओ' मन्त्र है! समाज के इस अन्ध कुसंस्कार को शीघ्र दूर करना होगा। और वह एकमात्र उपनिषदों के उदार मतों द्वारा ही हो सकता है।"

(विवेकानन्द चरित 232)

मेरा तो सिर्फ़ यही मानना है कि उदारता एक पाखण्ड भी हो सकती है। धर्म यदि सत्य है तो फिर उस तक पहुँचने के साधन भी एक से अधिक हो सकते हैं। उपनिषद् ही उसके मात्र साधन हों ऐसा मैं नहीं मानता। मेरा मानना है कि धर्म और विज्ञान एक सिक्के के दो पहलू हो सकते हैं, सुना है धर्म व्यक्ति को ईश्वर तक ले जाता है तो विज्ञान सत्य तक। कहते हैं सत्य ही ईश्वर है और ईश्वर ही सत्य। विज्ञान कुछ और नहीं बल्कि किसी भी सन्दर्भ में सुव्यस्थित एवं क्रमबद्ध ज्ञान ही विज्ञान है।

परन्तु यह भी उतना ही सत्य है, कि तथाकथित धर्म की पीठ पर सवार होकर सत्ता के सिंहासन पर सवार लोगों ने विज्ञान एवं वैज्ञानिकों की खोजों का जीवनभर भोग

करते हुए न सिर्फ़ समय-समय पर चुनौती दी है बल्कि प्रताड़ित करने से भी नहीं बाज आते रहे हैं। फिर चाहे वह हिटलर द्वारा आइन्स्टाइन को प्रताड़ित करना हो या फिर गैलीलियो को चर्च के अधिकारियों द्वारा प्रताड़ित करना हो या फिर किसी अन्य धर्म द्वारा।

भारतीय समाज के निर्माण में, ज्योतिबा फुले की वैचारिकी को नकारना अब तक के तथाकथित समाजवादियों की सबसे बड़ी भूल ही कहा जायेगा या फिर कहें एक सोची समझी रणनीति, क्योंकि इतिहास के अध्ययनों से पता चलता है कि भारत, विदेशी आक्रान्ताओं आर्यों से लेकर यूनानी, हूण, शक, कुषाण और मुगलों से अभिन्न तादात्म्य स्थापित कर लेता था। इसे इस तरह से भी देखा जा सकता है कि मध्ययुग के दौरान मन्दिर राजमहलों के साथ-साथ यहाँ से राजा शासन करते थे। शक्ति के प्रमुख केन्द्र के रूप में कार्य करते थे। राज्य एवं मन्दिर एक-दूसरे के पूरक बने थे, मन्दिर राजनीतिक सत्ता को वैधता प्रदान करते थे तो राज्य मन्दिरों एवं उनके कार्यकर्त्ताओं को भूमि, अनुदान या फिर अन्य संस्थानों से नवाजा करते थे। इतना ही नहीं स्थानीय अमीर मन्दिरों के रक्षकों एवं संरक्षकों के रूप में कार्य करते थे। मन्दिरों का शक्ति की संरचनाओं के साथ सम्बन्ध स्पष्ट था। जहाँ मन्दिर देव की भूमिका में एवं अमीर या सम्पन्न लोग मनुष्य की श्रेणी में तो वहीं 80-90% भारतीय समाज गुलाम या फिर कहें दास के रूप में। शायद उस वक्त भारत का मतलब ही 15-20% तक ही सीमित था। जो कभी लाठी के दम पर तो कभी उदारता के पाखण्ड से 80-90% भारतीय समाज जो कि यहाँ का मूलनिवासी समाज यानी ग़ुलाम-दास या फिर शूद्रों को हांकता रहा और अपनी हुकूमत को क़ायम रखने में कामयाब रहा। दरअसल असली समस्या या फिर कहें समाधान की शुरूआत तब होती है, जब ब्रिटिशकाल का भारत आगमन होता है। इसका अन्दाज़ा इसी बात से सहज ही लगाया जा सकता है कि—

"यह ईश्वर की मेहरबानी है कि ब्रिटिश लोग आ गये और उन्होंने आर्य भट्ट लोगों की पूर्ण भर्त्सना की। आर्य किस प्रकार मालिक और शूद्र दास बने। इस धोखे का पता लगाने का यही समय है।" (फुले 1991 : 557)

इस प्रकार फुले की वैचारिकी ने, एक ऐसे भारतीय समाज को प्रस्तुत करने का प्रयास किया जो अच्छाई को अच्छाई और बुराई को बुराई कहने का साहस रखता हो। यदि प्राचीन समय में विरोधी ख़ेमे में मत्स्य, वाराह, नरसिंह एवं परशुराम जैसे खलनायक थे तो उनके ख़ेमें में, फुले कहते हैं, संखासुर, हिरण्यकश्यप एवं बालि जैसे नायक थे। इसी समय सर्वाधिक हिंसा, आक्रमण एवं लूटमार हुई। परशुराम द्वारा क्षत्रियों के पूर्ण विनाश के बाद बल प्रयोग का युग समाप्त हुआ और प्रभुत्व का युग आरम्भ हुआ। आधिपत्य स्थापित करने के लिए स्मृतियों, संहिताओं एवं शास्त्रों की

रचना हुई; उच्चता को वैधता प्रदान करने के लिए विशेष चिह्नों जैसे गायत्री मन्त्र एवं जनेऊ की खोज की गयी; ब्राह्मणवादी विश्व दृष्टि को पुनः बल प्रदान करने के लिए शंकराचार्य, मुकुन्दराज, ज्ञानेश्वर एवं रामदास ने इसे दार्शनिक रूप से प्रस्तुत किया (फुले, 1991: 156-57)। आधुनिक युग में दैवी योजनानुसार चालाक आर्यभट्टों की दासता से शूद्रों एवं अतिशूद्रों को स्वतन्त्र करने का कार्य मुसलमानों को सौंपा गया किन्तु वे अपने कार्य को करने में असफल रहे क्योंकि वे कुलीन सुखों में डूब गये (तदैव 457) अब यह अंग्रेज़ों का दायित्व था कि वे अपनी प्रजा को ब्राह्मणवादी दमन से बचाएँ। अपने युगान्त विज्ञान के साथ अनुरूपता के लिए फुले युग की चक्रीय अवधारणा को पुनः उन्मेषित करते हैं। यदि फुले के समय के परम्परानिष्ठ ब्राह्मण यह विलाप कर रहे थे कि, ''कलियुग आले, विद्या शूद्रघारी गेली'' (कलियुग आ गया है विद्या शूद्रों के पास-चली गयी है)। तो वहीं फुले इसके ठीक विपरीत अंग्रेज़ों के आगमन को सत्ययुग के रूप में प्रशंसा करते हैं; वे कहते हैं 'सत्य के उदित होने पर वेदों का ज्ञान अवरुद्ध हो जाता है। शूद्रों को ज्ञान देने से, भूदेव लज्जित हुए' (फुले 1991 : 422-23)

मुझे तरस आती है, ऐसे बुद्धिजीवियों के चिन्तन, विवेक और परख पर जो यह कहकर अपना पल्ला झाड़ लेते हैं कि भारतीय समाज को अंग्रेज़ों ने 'फूट डालो और राज करो' की नीति अपनाकर विघटित कर दिया। शायद वह अपनी अन्तर्आत्मा को बेच चुके हैं या फिर समाज का निर्माण अपनी आँखों पर काली पट्टी बाँधकर करना चाहते हैं। वास्तव में देखा जाए तो उनकी छटपटाहट जायज है क्योंकि तथाकथित समाज के इन ठेकेदारों में से अधिकतर इसी शोषक वर्ग से आते हैं। जो मन्दिरों के मामलों में ब्रिटिश हस्ताक्षेप के साथ ही ये सामाजिक खण्ड, जिनका सदियों तक मन्दिरों पर अनन्य अधिकार था, धीरे-धीरे बिखरने लगे। परिणामस्वरूप मन्दिरों के परम्परागत न्यासियों एवं अन्य प्रशासकों में व्याप्त भ्रष्टाचार को समाप्त करने के ब्रिटिश सरकार के प्रयासों का विरोध किया गया। 1930 में मन्दिर-प्रवेश घोषणा का पुरजोर विरोध इसकी एक बानगी थी।

इतना ही नहीं—(1) अंग्रेज़ों ने 1795 में अधिनियम 11 द्वारा शूद्रों को सम्पत्ति रखने का क़ानून बनाया।

(2) 1804 अधिनियम 3 द्वारा कन्या हत्या पर रोक लगायी।

(3) 1813 में ब्रिटिश सरकार क़ानून बनाकर सभी जाति, धर्मों को शिक्षा ग्रहण करने का अधिकार प्रदान किया।

(4) 1813 में क़ानून बनाकर दास प्रथा का अन्त किया।

(5) 1817 में समान नागरिक संहिता क़ानून एक समान जो कभी वर्ण-व्यवस्था पर चलता था बनाया।

(6) 1819 में अधिनियम 7 द्वारा ब्राह्मणों द्वारा शूद्र स्त्रियों का शुद्धीकरण रोकने का क़ानून।

(7) 1830 में नर-बलि-प्रथा पर रोक

(8) देवदासी प्रथा पर रोक

ऐसे ही न जाने कितने, सामाजिक कार्य किये, जो कि भारतीय समाज के निर्माण में अहम भूमिका आज भी निभा रहे हैं। लेकिन इसका यह भी क़तई तात्पर्य नहीं कि वह भारत और भारतीय समाज के लिए यह सब कार्य मुफ्त या ख़ैरात में किये या फिर भारतीय समाज पर उपकार करने हेतु किये। वास्तव में यह सब कार्य जहाँ एक तरफ भारत की धन, सम्पदा लूटने की मंशा से किया गया तो वहीं जाने-अनजाने में सदियों से अपना स्वाभिमान खो चुके, दलित-दमित, महिला-पिछड़ों एवं आदिवासियों में एक नयी स्फूर्ति का कारण बना जो आज के भारतीय समाज के निर्माण में अहम् भूमिका तय करेगा।

असल में समाज मूलतः एक प्रजातान्त्रिक व्यवस्था है जो राजनीतिक प्रजातन्त्र से अधिक सुदृढ़ होना चाहिए था, मगर अफ़सोस राजनीतिक प्रजातन्त्र ने सामाजिक प्रजातन्त्र को मानो निगल सा लिया हो।

बाबा साहेब अम्बेडकर की दृष्टि से इसका सहज़ ही अन्दाजा लगाया जा सकता है—वह कहते हैं कि मात्र राजनीतिक प्रजातन्त्र पर सन्तोष करके नहीं बैठा जा सकता है। हमें हमारे राजनीतिक प्रजातन्त्र को एक सामाजिक प्रजातन्त्र भी बनाना चाहिए। जब तक उसे सामाजिक प्रजातन्त्र का आधार न मिले, राजनीतिक प्रजातन्त्र चल नहीं सकता। सामाजिक प्रजातन्त्र का अर्थ क्या है? वह एक ऐसी जीवन-पद्धति है जो स्वतन्त्रता, समानता और बन्धुत्व को जीवन के सिद्धान्तों के रूप में स्वीकार करती है। स्वतन्त्रता, समानता और बन्धुत्व के सिद्धान्तों को एक त्रयी के भिन्न घटकों के रूप में नहीं लिया जाना चाहिए। वे इस अर्थ में एक एकात्मक त्रयी बनते हैं, कि एक से विमुख होकर दूसरे के पालन करने से प्रजातन्त्र का लक्ष्य ही नहीं प्राप्त होगा।

स्वतन्त्रता को समानता से अलग नहीं किया जा सकता और न समानता को स्वतन्त्रता से। इसी तरह स्वतन्त्रता और समानता को बन्धुत्व से अलग नहीं किया जा सकता। समानता के बिना स्वतन्त्रता बहुजन पर कुछ लोगों का दबदबा बना देगी। स्वतन्त्रता के बिना समानता व्यक्तिगत उपक्रम को समाप्त कर देगी। बन्धुत्व के बिना स्वतन्त्रता और समानता सहज नहीं लगेगी। उन्हें लागू करने के लिए हमेशा एक कान्स्टेबल की ज़रूरत होगी। हमें इस तथ्य की स्वीकृति से आरम्भ करना चाहिए कि भारतीय समाज में दो चीज़ों का नितान्त अभाव है। उनमें से एक है समानता। सामाजिक धरातल पर भारत में बहुस्तरीय असमानता है—अर्थात् कुछ को विकास के अवसर

और अन्य को पतन। आर्थिक धरातल पर हमारे समाज में कुछ लोग हैं, जिनके पास अकूत सम्पत्ति है और बहुत लोग घोर दरिद्रता में जीवन बिता रहे हैं।

अंग्रेज़ों से आज़ादी के बाद हम एक विरोधाभासी जीवन में प्रवेश करने जा रहे हैं। हमारी राजनीति में समानता होगी और सामाजिक व आर्थिक जीवन में असमानता राजनीति में हम एक व्यक्ति एक वोट और हर वोट का समान मूल्य के सिद्धान्त पर चल रहे होंगे। परन्तु अपने सामाजिक एवं आर्थिक जीवन में हमारे सामाजिक एवं आर्थिक ढाँचें के कारण हर व्यक्ति एक मूल्य के सिद्धान्त को नकार रहे होंगे। इस विरोधाभासी जीवन को हम कब तक जीते रहेंगे? कब तक हम अपने सामाजिक और आर्थिक जीवन में समानता को नकारते रहेंगे? यदि हम इसे नकारना जारी रखते हैं तो हम केवल अपने राजनीतिक प्रजातन्त्र को संकट में डाल रहे होंगे। हमें जितनी जल्दी हो सके, इस विरोधाभास को समाप्त करना होगा, अन्यथा जो लोग इस असमानता से पीड़ित हैं, वे उस राजनीतिक प्रजातन्त्र को उखाड़ फेंकेगे, जिसे इस सभा ने इतने परिश्रम से खड़ा किया है। दूसरी चीज़ जो हम चाहते हैं, वह है बन्धुत्व के सिद्धान्त पर चलना। बन्धुत्व का अर्थ क्या है? बन्धुत्व का अर्थ है—सभी भारतीयों के बीच एक सामान्य भाई-चारे का अहसास। यह एक ऐसा सिद्धान्त है, जो हमारे सामाजिक जीवन को एकजुटता प्रदान करता है। इसे हासिल करना कठिन कार्य है। यह कितना कठिन कार्य है, इसे जेम्स ब्रायस द्वारा संयुक्त राज्य अमेरिका से सम्बन्धित अमेरिकन राष्ट्रमण्डल पर लिखी पुस्तक में दी गयी कहानी से समझा जा सकता है।

कहानी है—मैं इसे स्वयं ब्रायस के शब्दों में ही उसे सुनाना चाहूँगा। कुछ साल पहले अमेरिका प्रोटेस्टेण्ट एपिस्कोपल चर्च अपने त्रैवार्षिक सम्मेलन में अपनी उपासना पद्धति संशोधित कर रहा था। छोटी पंक्तियोंवाली प्रार्थनाओं में समस्त नागरिकों के लिए एक प्रार्थना को शामिल करना वांछनीय समझा गया और एक प्रतिष्ठित मॉर्डन इंग्लैण्ड के एक धर्मगुरु ने ये शब्द सुझाये—'हे ईश्वर! हमारे राष्ट्र पर कृपा कर।' दोपहर को तत्क्षण स्वीकार किया गया यह वाक्य अगले दिन पुनर्विचार के लिए प्रस्तुत किया गया तो जनसाधारण द्वारा 'राष्ट्र' शब्द पर इस आधार पर इतनी आंपत्तियाँ उठायी गयी कि यह शब्द राष्ट्रीय एकता पर ज़रूरत से ज्यादा जोर देता है कि उसे त्यागना पड़ा और उसके स्थान पर ये शब्द स्वीकृत किये गये, 'हे ईश्वर! इन संयुक्त राज्यों पर कृपा कर।'

जब यह घटना हुई तब यू. एस. ए. में इतनी कम एकता थी कि अमेरिका की जनता यह नहीं मानती थी कि वे एक राष्ट्र हैं। यदि अमेरिका की जनता यह महसूस नहीं करती थी कि वे एक राष्ट्र हैं तो भारतीयों के लिए यह सोचना कितना कठिन है कि वे एक राष्ट्र हैं। मुझे उन दिनों की याद है, जब राजनीतिक रूप से जागरूक भारतीय 'भारत की जनता' इस अभिव्यक्ति पर अप्रसन्नता व्यक्त करते थे। उन्हें

'भारतीय राष्ट्र' कहना अधिक पसन्द था। मेरे विचार से, यह सोचना कि हम एक राष्ट्र हैं, एक बहुत बड़ा भ्रम है।

हजारों जातियों में विभाजित लोग कैसे एक राष्ट्र हो सकते हैं, जितनी जल्दी हम यह समझ लें कि इस शब्द के सामाजिक और मनोवैज्ञानिक अर्थ में हम अब तक एक राष्ट्र नहीं बन पाये हैं, हमारे लिए उतना ही अच्छा होगा, क्योंकि तभी हम एक राष्ट्र बनने की आवश्यकता को ठीक से समझ सकेंगे और उस लक्ष्य को प्राप्त करने के लिए साधन जुटा सकेंगे। इस लक्ष्य की प्राप्ति बहुत कठिन साबित होनेवाली है—उससे भी कहीं अधिक जितनी वह अमेरिका में रही है।

अमेरिका में जाति समस्या नहीं है। भारत में जातियाँ हैं। जातियाँ राष्ट्र-विरोधी हैं। पहली बात तो यह कि वे सामाजिक जीवन में विभाजन लाती हैं। वे इसलिए भी राष्ट्र विरोधी हैं कि वे जाति एवं जाति के बीच विद्वेष और वैर-भाव पैदा करती हैं। परन्तु यदि हमें वास्तव में एक राष्ट्र बनना है तो इन कठिनाइयों पर विजय पानी होगी। बन्धुत्व के बिना स्वतन्त्रता और समानता रंग की एक परत से अधिक गहरी नहीं होगी।

(प्रभात प्रकाशन, दिल्ली से प्रकाशित और रुद्रांक्षु मुखर्जी द्वारा सम्पादित पुस्तक 'भारत के महान भाषण' का कुछ अंश साभार)

कुल मिलाकर इस बात की पुष्टि होती है कि मनुष्य को सिर्फ़ और सिर्फ़ मानव समाज की आवश्यकता है, जिसमें मात्र और मात्र मनुष्यता के मूल्य हों। यदि व्यवस्था हेतु भौगोलिक आधार पर मानव समाज को किसी नियमावली या संहिता की आवश्यकता हो तो वह भी निश्चित तौर पर प्राकृतिक एवं उस देश की संहिता हो जो, जाति-धर्म, पन्थ, मज़हब और सम्प्रदाय से ऊपर उठकर मानवता पर आधारित हो। इस तरह यदि भारत की बात की जाए तो वह सिर्फ़ और सिर्फ़ भारतीय समाज हो, हिन्दू, मुस्लिम, सिक्ख, जैन, ईसाई, बौद्ध जैसे छोटे-मोटे समाजों की फिर शायद आवश्यकता भी नहीं होगी। परन्तु क्या यह सम्भव है? शायद नहीं।

शायद नहीं ही असल में, राष्ट्रवाद से ग्रसित छद्म राष्ट्रवादियों की काली करतूत का काला चिट्ठा भी है। क्योंकि सबसे पहले उन पर नाम, लिंग, जाति, धर्म, क्षेत्र, संस्कृति, भाषा, राजनीति, औपनिवेशिक स्वार्थ एवं भिन्न वैचारिकी रूपी जिन्न सवार रहता है। और मुँह में 'छद्म राष्ट्रवाद की अलख।'

दरअसल इसकी शुरूआत ही नाम यानी प्रसिद्धि से शुरू होती है। यदि किसी भूखे आदमी को एक बार एक जून की रोटी न मिले तो वह बर्दाश्त कर लेगा। इसके विपरीत यदि किसी को फोटो (तस्वीर) खिंचाने यानी प्रसिद्धि पाने की लत लग जाये तो, वह कुछ भी कर गुज़रने को हर वक्त तैयार रहता है। क्या सही है या फिर क्या गलत यह उसके लिए कोई मूल्य नहीं रखता है। आज के परिवेश में यह बात और भी उपयुक्त लगती है। जहाँ रमुआ, कलुआ और बुधिया एक तरफ भूख से तड़पकर

मरने के लिए बेबस है तो वहीं सरकारें ज़ुम्ला-लफ़्फ़ाजी, तथाकथित विकास एवं छद्म राष्ट्रवाद से अपना दिल बहलाने में व्यस्त हैं।

लिंग के सन्दर्भ में स्पष्ट रूप से देखा जा सकता है कि शायद ही कोई पुरुष पितृवादी छाया से मुक्त हो पाया हो, जबकि इसके बिना समाज और समाजवाद या फिर राष्ट्र और राष्ट्रवाद की कल्पना भी बेमानी है।

लिंग के सन्दर्भ में पितृवादी छाया से शायद ही कोई समाज अछूता हो। पुरुष समाज सदियों से लेकर अब तक स्त्री समाज पर शोषण को तो शायद अपना जन्म सिद्ध अधिकार मान बैठा है। कहने को तो वह समाज में पुरुष के साथ-साथ रहती हैं लेकिन मूलभूत समानता एवं यहाँ तक कि प्राथमिक नागरिक अधिकारों, जिन पर सम्पूर्ण मानव समाज का अस्तित्व आधारित है के लिए एक सकारात्मक अस्वीकृति के रूप में वास्तव में क्रियाशील होना है उदाहरण के तौर पर जहाँ हिन्दू समाज की ठेकेदारी करनेवाला ब्राह्मणी धर्म, अपनी शुद्धता का पर्याय बन चुके जनेऊ संस्कार को पुरुषों तक ही सीमित करके, अपनी ही जाति की स्त्रियों को इस तथाकथित संस्कार से आज भी वंचित रखकर उन्हें अशुद्ध अर्थात् शूद्र होने का एहसास कराता रहता है। इतना ही नहीं परम्परा के नाम पर कई मन्दिरों में आज भी महिलाओं का प्रवेश तक वर्जित कर रखा है। जो अब आन्दोलन का स्वरूप भले ही ले चुका हो, परन्तु पुरुष प्रधान समाज आज भी इसे स्वीकार करने में अनेक बाधाएँ उत्पन्न करने से भी नहीं बाज़ आ रहा है।

लैंगिक सम्बन्धों के विषय में फुले उग्र समतावादी ही नहीं वास्तव में एक महान समाजवादी नज़र आते हैं। इसका जीता-जागता उदाहरण सावित्री बाई फुले को न सिर्फ़ शिक्षित करना बल्कि लगातार अपमान होने के बावजूद शिक्षा के क्षेत्र में उनका सम्पूर्ण जीवन न्योछावर कर देना मानव समाज पर एक उपकार ही है। सती के सन्दर्भ में ज्योतिबा फुले पूछते हैं—"क्या किसी ने एक भी व्यक्ति के विषय में सुना है जो अपनी पत्नी (मृत) के शोक में 'सता' हुआ हो?" (फुले, 1991 : 447)

पण्डिता रमाबाई द्वारा ईसाई धर्म अपनाने पर जो उनकी निन्दा हुई, उसके प्रति बाद में फुले ने 'सतसार' लिखा 1980 के दशक में "स्त्री पुरुष तुलना" की रचयिता ताराबाई शिन्डे को फुले के कार्य से प्रेरणा मिली।

समाज के ठेकेदारों की छटपटाहट का अन्दाजा इस बात से भी लगाया जा सकता है कि—जब फुले द्वारा जनेऊ का उपहास "पण्ढरा डोरा" (सफेद धागा) की तुलना उस काले धागे के विपरीत अर्थ में प्रस्तुत की जाती है, जिसे पेशवा शासनकाल में अस्पृश्यों को धारण करने के लिए मजबूर किया था से की जाती है। परिणामस्वरूप विवेकानन्द अपनी उदारता के प्रयासों के तहत वेदों को हिन्दू स्त्रियों एवं शूद्रों की पहुँच में लाना चाहते थे, लेकिन फुले, अन्तर के ब्राह्मणवादी चिन्हों का प्रजातन्त्रीकरण नहीं

चाहते थे। वे ब्राह्मणवादी अधिसंरचना को जड़ से समाप्त करने पर बल देते थे और वास्तव में एक आदिम या फिर कहें, एक मानव समाज का प्रजातन्त्रीकरण चाहते थे।

महत्त्वपूर्ण बात यह निकलकर आती है कि जहाँ विवेकानन्द अपने आरम्भिक प्रेरणा स्रोत रहे राजा राममोहन राय से प्रभावित होकर मानव समाज के निर्माण की तरफ क़दम बढ़ाया ही था, लेकिन कुछ क़दम, ही बढ़ाने के पश्चात् अपना रास्ता बदलकर, हिन्दू जाति, हिन्दू राष्ट्र के दायरे में सिमटकर रह गये। जबकि वास्तव में समाज निर्माण में राजा राममोहन राय की भूमिका धरातल पर स्वामी जी से अधिक दिखती है। मानव समाज में फिर चाहे वह अधःपतित जाति को हीनता के दलदल से उठाने का कार्य हो, मूर्तिपूजा, जातिभेद प्रथा या फिर सती-दाह प्रथा जैसे सामाजिक कार्य इसे मानव समाज कभी नकार नहीं सकता।

वहीं स्वामी जी के समाज का अन्दाजा उन्हीं के कथनानुसार लगाया जा सकता है—स्वामी जी ने कहा, "यदि इस मूर्तिपूजा में नाना प्रकार के कुत्सित भाव भी प्रविष्ट हो गये हों, फिर भी मैं उसकी निन्दा नहीं करता। यदि मुझे उस मूर्तिपूजक ब्राह्मण की पदधूलि प्राप्त न होती तो मैं कहां होता! जो संस्कारकगण मूर्ति पूजा की निन्दा किया करते हैं, उनसे मैं यही कहूँगा—'भाई, यदि तुम निराकार की उपासना के योग्य हो तो वही करो, परन्तु दूसरों को गाली क्यों देते हो? संस्कार केवल पुराने मकान का जीर्ण-संस्कार मात्र है। जीर्ण संस्कार हो जाने पर और उसकी क्या आवश्यकता है? संस्कारक एक स्वतन्त्र सम्प्रदाय का निर्माण करना चाहते हैं, उन्होंने महान कार्य किया है। उन पर भगवान के आशीर्वाद की वर्षा हो। परन्तु तुम अपने को अलग क्यों करना चाहते हो? हिन्दू नाम लेने से लज्जित क्यों होते हो?" इतना ही नहीं, वे राजा राममोहन राय एवं उनके अनुयायियों की तरफ इशारा करते हुए अपनी क्षुब्धता को प्रकट करते हुए कहते हैं—बंगाल के संस्कारकों में स्वजाति तथा स्वधर्म के प्रति विद्वेष को देखा विश्वप्रेमी संन्यासी ने विवेकानन्द ने कितनी बार क्षुब्ध-हृदय से कहा है, "हम तो उन्हें गोदी में उठा लेने के लिए बांह पसारे हुए हैं। वे यदि नहीं आते तो हम क्या करें?" परन्तु खेद है कि आना तो दूर ही रहा, कोई ब्रह्म नेता उनके प्रभाव तथा प्रतिपत्ति द्वारा हतप्रभ होकर ईर्ष्या से विशुद्धकर्मा संन्यासी के पवित्र चरित्र पर कलंक का आरोप करने में भी बिल्कुल लज्जित नहीं हुए। जिन लोगों ने आपस में विवाद करते हुए एक निन्दनीय तथा लज्जास्पद साहित्य की सृष्टि की है, वे स्वामी विवेकानन्द के प्रति द्वेष, रखेंगे यह तो स्वाभाविक है, परन्तु जो कुछ स्वाभाविक है वही उचित नहीं है—परन्तु अक्षम व्यक्ति ईर्ष्या प्रकट करने के अतिरिक्त और कर भी क्या सकता है?

(विवेकानन्द चरित 298)

मुझे लगता है कि उदाहरण का इससे बेहतर प्रयास शायद हो भी नहीं सकता! स्वजाति वास्तव में ब्राह्मण जाति, और उदार करें तो हिन्दू जाति! स्वधर्म, यानी वैदिक

या सनातन धर्म। ब्राह्मण धर्म, उदार कर दें तो हिन्दू धर्म। समाज के परिवेश में, संकुचित हिन्दू समाज, भारतीय समाज या फिर विश्व समाज के सन्दर्भ में, विश्व प्रेमी आप स्वयं अन्दाजा लगा सकते हैं, मूर्तिपूजक ब्राह्मण या फिर काली माता? और मानव समाज के निर्माण में भूमिका अदा करनेवाले ब्रह्म समाज या फिर अन्य समाज के साहित्य निन्दनीय तथा लज्जास्पद साहित्य! जो स्वाभाविक है वह उचित नहीं है। तो क्या जो अस्वाभाविक है वही उचित है? यूफोरिया की हद तो तब हो जाती है, जब मानव समाज के प्रति वास्तविक धरातल पर व्यवहार या अमल करनेवाला व्यक्ति अक्षम घोषित कर दिया जाता है। इस प्रकार तथाकथित हिन्दू समाज या फिर अन्य समाज की बुराइयों की आलोचना करना भी अयोग्य या अक्षम होने का प्रमाण-पत्र है, तो फिर सुधार की आप कल्पना भी कैसे कर सकते हैं? विचार का विषय है। या फिर कुल मिलाकर कहें तो ''सौ दिन चले अढ़ाई कोस'' की कहावत को चरितार्थ करती प्रतीत मालूम पड़ रही है।

ऐसा ही कुछ हाल मुस्लिम समाज का है, जो पुरुषों की सुन्नत कराकर अपने को पाक साबित करता है तो वही महिला समाज को आज भी, अशुद्ध या फिर कहें बच्चे पैदा करने की मशीन ही मानता है। इतना ही नहीं मस्जिदों में प्रवेश से लेकर महिलाओं पर तुगलकी फ़रमान एवं फतवे जारी करने से नहीं बाज़ आता है। परिणाम स्वरूप मुस्लिम समाज की शिक्षित महिलाओं ने भी एक साहसिक क़दम उठाते हुए मानव समाज के निर्माण में नारी समाज की, सहभागिता हेतु तथाकथित मौलवियों एवं समाज के ठेकेदारों के खिलाफ़ उनके द्वारा निर्मित रूढ़िवादी आयामों एवं संहिताओं के खिलाफ़ विद्रोह का बिगुल फूँक चुकी है। वास्तव में यही समाज निर्माण में अहम भूमिका निभायेगा, आज इसे एक बेहतर क़दम माना जाना चाहिए।

समाज निर्माण की जातिवादी बाधा, जहाँ एक तरफ हिन्दू समाज को उसकी जातीय व्यवस्था से संचालित करती है। कालान्तर में जातियों के आदि जन्मदाता का श्रेय ब्रह्मा को ही जाता है। जिसने ब्राह्मण को मुख से पैदा करके श्रेष्ठ होने का प्रमाण पत्र दे दिया, तो क्षत्रिय को भुजाओं से पैदा करके राजसत्ता के लिए योग्य होने का वरदान दिया, पेट से वैश्य को पैदा करके व्यापार एवं वाणिज्य मन्त्रालय देकर शूद्रों को पाँव से पैदा करते हुए दर-बदर की ठोकरें खाने के लिए आवारा छोड़ दिया।

वास्तव में यह मिथक ही नहीं, बल्कि घोर मूर्खतापूर्ण रची गयी साजिश है जो आगे चलकर संहिता का रूप धारण करके मानव समाज को विघटित करके विनाश की ओर ले जाती है। ख़ास तौर पर भारतीय मानव समाज को! कुछ बुद्धिजीवियों का तर्क अब भी यही होता है कि प्रारम्भिक अवस्था में तो यह व्यवस्था कर्म पर आधारित रही, लेकिन बाद में जन्मना होने लगी। दरअसल ऐसे लोग इस कुचक्र के समर्थक ही नहीं बल्कि सहभागी हैं। वास्तविकता से परे भी। हद तो तब हो जाति है जब

जातिगत संरचना में निम्न-से-निम्न कही जानेवाली जाति भी अपने से नीचे कोई-न-कोई जाति या उपजाति ढूँढ ही लेती है। और मानव समाज को प्रदूषित करने से बाज नहीं आती। यह बात सिर्फ़ हिन्दू समाज पर लागू है, ऐसा भी नहीं है, अपितु अन्य समाजों पर भी यथावत् लागू होती है—जैसे कि इस्लाम में आरम्भ में, मनुष्यों को भाई-भाई के सिद्धान्त पर बराबर माना गया, लेकिन यह सिद्धान्त भारत में आकर समाप्त हो जाता है या फिर कहें भारतीय समाज के परिप्रेक्ष्य में बेमानी ही है। इतिहास बताता है, कि दिल्ली सल्तनत एवं मुगल साम्राज्य के शासक रक्त की शुद्धता पर ज़ोर देते थे और भारत में धर्मान्तरित मुसलमानों को दोयम दर्जे का मानते थे। हद तो तब हो गयी कि—जहाँ एक तरफ मुगल शासकों ने हिन्दू स्त्रियों से विवाह तो किये, लेकिन वहीं दूसरी तरफ इन राजाओं की अधिकांश बहन, बेटियाँ कुँवारी रह गयीं, क्योंकि इनके हिसाब से उनके वर्ग का कोई योग्य वर था ही नहीं।

प्रसिद्ध विद्वान इम्तियाज अहमद के अनुसार—मुसलमान समाज भी कई वर्गों और जातियों में विभक्त है, जिन्हें इस प्रकार देखा जा सकता है—अशराफ़, अज़लाफ और अरज़ाल। जहाँ अशराफ़ में चार पूर्व शासक जातियाँ सैय्यद, मुग़ल, तुर्क और पठान या शेख़ आती हैं, तो वहीं अजलाफ में नाई, कुरैशी (कसाई) अन्सारी (बुनकर) इदरीसी (दर्ज़ी) आदि। सभी ऐसे लोग जो धर्म-परिवर्तन से पहले शिल्पी व्यवसायों से जुड़े थे, अज़लाफ हैं और तथाकथित मलिन कार्य करनेवाले अन्त्यज जैसे चर्मकार और वाल्मीकि अरज़ाक अर्थात् रज़ीलों में आते हैं।

मो. आरिफ़ कहते हैं—

"इस्लाम में सभी मुसलमान बराबर हैं, कोई ऊँच-नीच, कोई छोटा-बड़ा, कोई भेद-भाव, छुआछूत नहीं है। मैं ऐसा नहीं मानता। बराबरी की सारी बातें मस्जिद के बाहर बेमानी साबित होती हैं। ज़मीनी हक़ीकत कुछ और ही है। मुस्लिम समाज जाति व्यवस्था से लगभग उसी प्रकार जकड़ा हुआ है, जैसे कि हिन्दू समाज। ऐसी पच्चास उपजातियों को तो स्वयं मैं जानता हूँ, जो मुसलमानों की पिछड़ी और दलित शाखाएँ हैं। उच्चवर्ग मुस्लिम इन्हें हेय दृष्टि से देखते हैं, इनके यहाँ खाने-पीने से गुरेज़ करते हैं, शादी-ब्याह की तो बात छोड़िए, इनसे मुहब्बत भी नहीं करते।"

वास्तव में देखा जाये तो टालकाट पार्सन्स का यह कहना उचित ही माना जाना चाहिए—समाज को पुनः मानवीय सम्बन्धों की पूर्ण जटिलता के रूप में परिभाषित किया जा सकता है। जो साधन तथा साध्य के सम्बन्ध द्वारा क्रिया करने से उत्पन्न होते हैं। वह चाहे वास्तविक हो या प्रतीकात्मक।

समाज रीतियों तथा कार्यप्रणालियों की अधिकार तथा पारस्परिक सहयोग की अनेक समूहों और विभागों की मानव व्यवहार के नियन्त्रण और स्वतन्त्रताओं की एक व्यवस्था है, इस सतत परिवर्तनशील व्यवस्था को हम समाज कहते हैं। अतः समाज

सामाजिक सम्बन्धों का एक जाल है जो सदैव बदलता रहता है। इस तरह "समाज से तात्पर्य व्यक्तियों के समूह से न होकर अपितु समूह के व्यक्तियों के बीच होनेवाली अन्तःक्रिया की जटिल व्यवस्था से है।"

'मैकाइवर और पेज'

अन्ततः इस बात को समझा जा सकता है, कि राष्ट्रनिर्माण में समाज की ठेकेदारी की आवश्यकता से कहीं अधिक समाज में रहनेवाले व्यक्तियों में समता, समानता और भाईचारे की आवश्यकता है, और आवश्यकता है तो सिर्फ़ और सिर्फ़ मानव समाज की आवश्यकता है या फिर देश के परिप्रेक्ष्य में भारतीय समाज की आवश्यकता है। बिना इसके समाज और समाजवाद भी राष्ट्र और राष्ट्रवाद के लिए जिन्न ही साबित होंगे।

7
राजनीतिक राष्ट्रवाद
(Political Nationalism)

राजनीतिक का मुख्य आधार कभी धर्म और संस्कृति हुआ करता था। धर्म को राष्ट्रवाद का जामा पहनाना कोई नयी बात नहीं है। असल में धर्म और राजनीति ने आम-अवाम को तब से लेकर अब तक सिर्फ़ और सिर्फ़ ठगा है! भला हो शिक्षा का जो धर्म और राजनीति को राष्ट्रवाद के नाम पर विवश करती है!

राजनीति, यानी राज करने की चेष्टा! राजनीति बुरी चीज़ नहीं है, कम-से-कम धर्म और संस्कृति की तुलना में। इतिहास गवाह है, धर्म और संस्कृति ने कितने ही राजाओं, सामन्तों, नेताओं और तानाशाहों को धूल चटायी है। अब यदि उसी धर्म और संस्कृति को लेकर राजनीति हो रही है, या फिर की जा रही है तो आख़िर राजनीति का क़सूर क्या है?

इस बात से क़तई इनकार नहीं किया जा सकता है कि, राष्ट्र और राष्ट्रवाद का वजूद है तो सिर्फ़ और सिर्फ़ राजनीति में! राजनीति ही वह क्षेत्र है जो समता, समानता, और बन्धुत्व को गले लगाकर उसका गला घोट देती है। इतना ही नहीं राजनीति, धर्म, संस्कृति, जाति, मजहब, क्षेत्र, समाज और रमुआ-कलुआ-बुधिया तक को, भी पचा जाती है।

यह राजनीति का भ्रम है? या फिर कहें, रमुआ, कलुआ और बुधिया का वजूद जो सही मायने में आज भी राजनीति को जन्म देते हैं। राजनीति कलंक नहीं है, कलंक मिटाने के लिए राजनीति की नितान्त आवश्यकता है। संस्कृति ने देश को बाँटा, जाति ने देश को बाँटा, धर्म ने सदियों से मनुष्य को गुलाम बनाया, समाज राजनीति का चाटुकार सिद्ध हुआ फिर राजनीति को गाली देने से काम कैसे चलेगा?

असल में राजनीति के पास अब कोई मुद्दा बचा ही नहीं यानी मुद्दाविहीन राजनीति!

तात्पर्य, राजनीति आज जिन मुद्दों पर नीति बनाती दिख रही है, असल में वह मुद्दे, मुद्दे हैं ही नहीं!

जाति, धर्म, समाज, संस्कृति, क्षेत्र, भाषा या फिर तथाकथित राष्ट्र के अलावा क्या? आज राजनीति के पास मुद्दों का अभाव है?

जबकि देश में आज भी ज्वलन्त मुद्दों की कोई कमी नहीं है, रमुआ, कलुआ बुधिया आज भी स्वास्थ्य, शिक्षा, न्याय जैसे मुद्दों पर अपना सर पटककर मरे जा रहे हैं। समता, समानता, बन्धुत्व जैसे भारी भरकम शब्द अब, राजनीतिक रूप से बेईमानी लगते हैं। इनसे भी बड़े मुद्दे जैसे कि, भुखमरी, बेरोज़गारी, सम्मान, स्वाभिमान, चिन्तन, परख, विवेक, तर्क-वितर्क दम तोड़ते नज़र आ रहे हैं। सलाह-मशविरा, भाई-चारा जैसे मुद्दे आज बौने-से हो गये हैं।

रमुआ, कलुआ और बुधिया आज चीख़-चीख़कर कहने पर विवश हो रहे हैं, "मुझे मेरे हाल पर छोड़ दो।" राजनीति मत करो।

तो क्या? राजनीति सचमुच एक गाली है मेरी दृष्टि में शायद नहीं!

क्योंकि तथाकथित समाजवादियों ने मन्दिरों-मस्जिदों में मत्था टेकने या फिर झुककर पिछवाड़ा दिखाने के अतिरिक्त किया क्या है?

राजनीति का रहस्य इसी पर निर्भर करता है कि, हिन्दू, मुस्लिम, भाई-भाई या फिर कहें।

हिन्दू-मुस्लिम, सिक्ख-ईसाई भारत के बस चार सिपाही।

हंसी आती है, ऐसे जुमलों पर कि कितना सीमित दायरा है, राष्ट्र, राष्ट्रवाद और राजनीति का मतलब बच्चा रोयेगा नहीं तो दूध पायेगा नहीं, भगतसिंह नास्तिक थे, मेरा प्रयास भी नास्तिकता की ओर अग्रसर है। अम्बेडकर बौद्धिष्ठ बन गये, कबीर का कोई धर्म नहीं, उन्हें सिर्फ़ पन्थ में समेटकर मानवता, को ठेंगा दिखा दिया गया। सबको गंगा-जमुनी तहजीब चाहिए लेकिन अपनी-अपनी शर्त पर! सबके तहजीब की अपनी सीमाएँ हैं, जो उनके धर्मग्रन्थों में अपनी-अपनी शर्तों के साथ स्वर्ण अक्षरों में अक्षरशः अंकित हैं। इतिहास गवाह है, इन तथाकथित धर्मग्रन्थों ने मनुष्य के बीच की दूरी को निरन्तर बढ़ाने का कार्य किया है न कि कम करने का। भला हो राजनीति का अपने स्वार्थ के लिए ही सही, कम-से-कम आदमी-आदमी के बीच की दूरी को कम करने का प्रयास तो किया ही है। आप किसी भी पार्टी में देख सकते हैं। हर जाति-धर्म मजहब के लोग समाज के असल मुद्दों को भुलाकर प्रेम-प्रपंच का दर्शन कराते दिख जायेंगे।

लोग कहते हैं, कि ईश्वर सर्वव्यापी है। मैं कहता हूँ नहीं राजनीति सर्वव्यापी है, जो न जाने कितने ही ईश्वरों को धरती पर जन्म देकर उनसे समुद्र मन्थन से लेकर ताण्डव तक करवाती है। इसे कहीं भी बड़े आराम से देखा जा सकता है, यह कभी हाथ हिलाकर चलती है तो कभी रथ पर सवार होकर, कभी साइकिल पर तो कभी हाथी को गणेश बनाकर स्वयं गणेश के ऊपर सवार हो जाती है।

इतना ही क्यों? इस पर ज़र्रे-ज़र्रे में ख़ुदा और कण-कण में भगवान होने का सिद्धान्त भी यथावत् लागू दिखायी पड़ता है। कभी ज़मीन के टुकड़े को हासिल करने के लिए नक्सली घोषित कर देना तो कभी कलश यात्रा के नाम पर भस्म हड्डियों की राख को राजनीति की हाँड़ी में फिर से चढ़ाकर दाल गलाने का प्रयास!

"राजनीति की व्यापकता से शायद ही दुनिया का कोई जीवित प्राणी अनभिज्ञ हो।" हाँ राजनीति का शिकार सिर्फ़ मानव ही नहीं है, बेजुबान जानवर भी इससे अछूते नहीं हैं फिर चाहे वह गाय हो या सुअर या फिर अन्य जानवर।

गाय राजनीतिक दृष्टि से इसलिए भी और महत्त्वपूर्ण हो जाती है, कि गाय के परिप्रेक्ष्य में एक कहावत चरितार्थ है—'दुधारू गाय' किसी के लिए गाय दुधारू हो या फिर न हो कम-से-कम राजनीति के क्षेत्र में जनसम्पर्क के लिए ज़िन्दा गाय तो क्या मरी गाय भी दुधारू गाय साबित हुई है। इसकी एक बानगी 1966 में गोरक्षा आन्दोलन के रूप में देखी जा सकती है।

इस आन्दोलन में जनसंघ ने जहाँ हिन्दू महासभा के साथ-साथ पुरी के तत्कालीन शंकराचार्य निरंजन देव तीर्थ के समर्थन के साथ प्रभुदत्त ब्रह्मचारी को आमरण अनशन पर कांग्रेस के ख़िलाफ़ असन्तोष एवं अस्थिरता के लिए हथियार के रूप में इस्तेमाल करते हुए बैठाया, और जब आन्दोलन का उद्देश्य प्राप्त होने का समय आया तो उनका अनशन तुड़वा दिया। जबकि सरकार की ओर से गोरक्षा के सम्बन्ध में क़ानून तो दूर कोई आश्वासन या सान्त्वना तक भी नहीं मिल पायी थी।

इतना ही नहीं जन संधियों ने 1967 में आम चुनाव निकट देखकर सर संघ चालक गोलवलकर को मध्यस्थता के लिए बीच में डाल दिया। भला हो गाय माता का जो जनसंघियों की राजनीति को चार चान्द लगाते हुए 'भारतीय जनता पार्टी' के रूप में केन्द्रीय सत्ता की चौखट तक पहुँचाकर आर.एस.एस. को देश के एक बड़े संगठन के रूप में स्थापित कर दिया। लेकिन गाय वास्तव में आज भी अपने वास्तविक स्वरूप में रहते हुए किसी के लिए दूध तो किसी के लिए व्यवसाय या फिर भोजन का साधन बनकर रह गयी है।

राजनीति करके राजनीतिक राष्ट्रवाद को नयी धार देनेवाले भी अजीब किस्म के प्राणी हैं, जो अपने भक्त और भक्त दलों के साथ कितनी सहजता से बातचीत करते नज़र आते हैं, जैसे कि विश्व विद्यालय में छात्रों को केवल पढ़ाई करनी चाहिए लेकिन विश्वविद्यालय परिसर में उन्हें ताण्डव करने से कोई नहीं रोक सकता। यह तब और अधिक हास्यस्पद हो जाता है, जब राष्ट्रीय स्वयं सेवक संघ की पीठ पर सवार होकर भारत सरकार का एक नहीं बल्कि कई मन्त्री यह कहें कि छात्रों को केवल पढ़ाई करने के लिए विश्वविद्यालय आना चाहिए, राजनीति करने नहीं। मन्त्री जी आगे कहते हैं—"स्टूडेण्ट शुड कम कैम्पसेस टू लर्न।"

इस सन्दर्भ में प्रेमचन्द द्वारा लिखे एक लेख का ज़िक्र करना चाहूँगा जो दिसम्बर 1931 में लिखा गया था—जिसमें उन्होंने दो दीक्षान्त समारोहों का ज़िक्र किया था। पहला दीक्षान्त भाषण सर सी.वी. रमन और दूसरा दार्शनिक राधाकृष्णन ने दिया था। सर सी.वी. रमन कहते हैं—

भारत में तमाम न्यायविद्, राजनीतिज्ञ और अन्य जिन्हें भी यह लगता है कि छात्रों को विश्वविद्यालय में सीखने के लिए जाना चाहिए और निगाह कोल्हू के बैल की तरह एक़दम सीधी रखनी चाहिए इधर-उधर नहीं करनी चाहिए, उन्हें प्रेमचन्द का यह लेख अवश्य पढ़ना चाहिए।

प्रेमचन्द सी.वी. रमन को उद्धृत करते हैं "हिन्दुस्तान के विद्यालयों का यह धर्म नहीं कि वह इस क्रान्ति और परिवर्तन की गति को और तेजवान् बना दें। बल्कि उनका वास्तविक धर्म है कि वह जातीय विकास की इस द्रुत गति के लिए एक ब्रेक का काम करें।"

सर सी.वी. रमन जो एक बड़े वैज्ञानिक हैं, वर्तमान व्यवस्था के क़रीब नज़र आते हैं। प्रेमचन्द इस पर टिप्पणी करते हुए कहते हैं।

"हमारी क्रान्ति अपनी खोई हुई आत्मा को अपना त्याग, सरलता और आदर्शवाद को वापस लाना चाहती है। सहयोग और सहृदयता की इच्छुक है।"

दूसरा दीक्षान्त भाषण जो दार्शनिक राधाकृष्णन द्वारा दिया गया। इसे उद्धत करते हुए प्रेमचन्द कहते हैं—"बुद्धिमान व्यक्ति का यह दावा नहीं होता कि हर एक विषय में वह अपनी राय दे सकता है। न वह किसी लेखक का सार एक वाक्य और न किसी संस्कृति का तत्त्व एक व्यंग्य में प्रकट करता है। बुद्धिमान् व्यक्ति में दृष्टि का विस्तार, विचार की स्वाधीनता और मनोभावों को समझने की शक्ति होती है। वह हमेशा उन विचारों से सहानुभूति रखने को तैयार रहता है जिसमें उसके मतभेद हैं। प्राचीन काल में विद्यालयों के संस्कार की उपमा एक मशाल से दी जाती थी। जो एक हाथ से दूसरे हाथ और एक युग से दूसरे युग तक चलती रहती थी। यह मशाल एक भयंकर वस्तु है, इसने कितने आन्दोलनों को उठाया है। कितनी ही हलचल जगायी है। यह क्रान्ति भावना की द्योतक है। वह आग है जो घास-फूस और गन्दगी को जलाकर खाक कर देती है। अगर हम उन राजनीतिक सामाजिक और आर्थिक आन्दोलनों से भयभीत हो जायें जो इस आग के फैलने से पैदा होती है, तो हमें विद्यालय से दूर ही रहना चाहिए।"

इतना ही नहीं वे आगे कहते हैं—विश्वविद्यालयों में युवा-अवस्था का जोश और सजीवता होनी ही चाहिए। अगर विश्वविद्यालय ऐसे मनुष्य पैदा करता, जो अपनी जान की ख़ैर मनाते हैं, तो वह विश्वविद्यालय अपने धर्म का पालन नहीं करता। यदि वह उत्साह और पौरुष से भरे हुए युवकों को आगे लेकर उन्हें बोदे

स्वार्थी अपने आकांक्षाओं का गुलाम बना देता है, अगर वह उनके विचारों को कठोर कर देता है और अगर उनके आगे बढ़ने की शक्ति को निर्जीव कर देता है तो, वह अपने धर्म से दूर चला गया है।''

इसलिए राष्ट्र या राज्य का उत्पादन बढ़ाना मात्र विश्वविद्यालयों का मक़सद कैसे हो सकता है?

राजनीतिक राष्ट्रवाद आरक्षण जैसे गम्भीर मुद्दों पर भी एक-दूसरे के ऊपर आरोप प्रत्यारोप के साथ अपने आपको गाय माता या फिर कहें मन्दिर, मस्जिद या कश्मीर मुद्दे की ही तरह जिन्दा रखना चाहता है। हद तो तब हो जाती है, जब राजनीतिक राष्ट्रवाद से ग्रसित होकर आरक्षित कोलॉजियम के तहत संचालित होनेवाली उच्चतम न्यायालय जैसी सर्वोच्च संस्था को भी इस कुतर्क के साथ आरक्षण के मुद्दे पर मैदान में कूदना पड़ता है, कि 'आरक्षण राष्ट्रीय हितों' के विरुद्ध है। ऐसी टिप्पणी को फिर रमुआ-कलुआ और बुधिया जो स्वयं राष्ट्र के जिस्म के साथ-साथ जान भी हैं कि दृष्टि से गैर-जिम्मेदाराना क्यों न समझा जाये? वास्तव में क्या ऐसी टिप्पणियाँ राष्ट्र और राष्ट्रवाद दोनों के लिए अत्यन्त ख़तरनाक के साथ-साथ आत्मघाती हमला जैसे नहीं हैं? इसकी स्पष्टता को समझने के लिए पी.जी. जोगदण्ड द्वारा तथ्यों के साथ आरक्षण विषय को रखना चाहूँगा—जो इस प्रकार है-

क्षतिपूरक भेदभाव जिसे बहुधा 'सरंक्षात्मक भेदभाव' कहा जाता है, जनसंख्या के ऐतिहासिक रूप से वंचित वर्गों (अनुसूचित जातियों एवं अनुसूचित जनजातियों) के अधिमान्य उपचार की एक सरकारी नीति एवं कार्यक्रम है जो संविधान में सम्मिलित है तथा परवर्ती क़ानून एवं न्यायिक निर्णयों के माध्यम से लागू किया जाता है। संविधान में निहित स्वतन्त्रता, समानता, न्याय एवं भ्रातृत्व के लक्ष्यों को प्राप्त करने का यह एक चयनित साधन था। ऐतिहासिक रूप से वंचितों के लिए इन संवैधानिक प्रावधानों के निष्पादन में केन्द्रीय एवं राज्य सरकारों ने इन वंचित समूहों के आर्थिक, शैक्षिक एवं सामाजिक उत्थान के लिए अनेक युक्तियाँ अपनायी हैं। इन युक्तियों को भारत में दलितों को सशक्त करने के लिए संरक्षात्मक, विकासात्मक एवं कल्याणकारी योजनाओं के रूप में वर्गीकृत किया जा सकता है।

इस वृहद् क्षतिपूरक भेदभाव नीति के अन्तर्गत सरकारी सेवा एवं सार्वजनिक क्षेत्र के उपक्रमों में नौकरी के लिए आरक्षण अथवा कोटा स्थापित करने का उद्देश्य भारतीय समाज के वंचित वर्गों को सहायता प्रदान करके एक न्यायसंगत समाज का निर्माण रहा है। विशेष रूप से नौकरी के आरक्षणों का अभिप्राय केवल कुछ व्यक्तियों को नौकरी प्रदान करना नहीं, वरन् उत्थान एवं शक्ति देना तथा उन्हें

सामाजिक एवं आर्थिक दोनों प्रकार की गतिशीलता के लिए अवसर उपलब्ध कराना भी था। नौकरी के आरक्षण ने निश्चित रूप से एक ऐसे साधन के रूप में कार्य किया है, जिसके द्वारा ऐतिहासिक रूप से वंचित समूहों के सदस्यों, विशेष रूप से दलितों एवं जनजातियों ने वैयक्तिक गतिशीलता के माध्यम से एक प्रकार की सामाजिक गतिशीलता प्राप्त की है।

अनुच्छेद 14, जो राज्यों पर यह व्यादेश लागू करता है कि वे किसी भी व्यक्ति को "क़ानून के समक्ष समानता अथवा क़ानूनों का समान संरक्षण" अस्वीकार नहीं करेंगे। भारतीय समाज जो आज तक सामाजिक रूप से श्रेणीकृत था तथा कुछ लोगों के उन्नयन एवं अन्य लोगों के अपकर्ष को सरल बनाता था,के सन्दर्भ में विशेष महत्त्व रखता है। अनुच्छेद 15, राज्य को धर्म, प्रजाति, जाति, लिंग अथवा जन्म, स्थान के आधार पर भेदभाव करने से रोकता है। 1995 में संविधान संशोधित किया गया (सतहत्तरवाँ संशोधन अधिनियम, 1995)। इस संशोधन ने अनुच्छेद 16 में धारा 4 (a) जोड़कर अनुसूचित जातियों एवं अनुसूचित जनजातियों की पदोन्नति के लिए आरक्षण को पुनः स्थापित किया। अनुच्छेद 16 (4) (a) यह उल्लेख करता है कि "इस अनुच्छेद में कुछ भी राज्य को राज्य की सेवाओं में किसी भी वर्ग अथवा वर्गों में पदोन्नति के मामलों में अनुसूचित जातियों एवं जनजातियों के पक्ष में आरक्षणों की व्यवस्था करने से नहीं रोकेगा, जिन्हें राज्य के मत में, राज्य की सेवाओं में पर्याप्त प्रतिनिधित्व नहीं प्राप्त हैं।"

भारतीय संविधान ने कमज़ोर वर्गों के सामाजिक एवं शैक्षिक दोनों रूपों से विकास की आवश्यकता को पूर्ण रूप से मान्यता प्रदान की है। इसने 'अस्पृश्यता' के व्यवहार का भी उन्मूलन कर दिया है और इसे एक अपराध के रूप में घोषित किया है जो क़ानून के अनुसार दण्डनीय है (अनुच्छेद 17)। इस अनुच्छेद के अनुसार, हमने क़ानूनी रूप से अस्पृश्यता का उन्मूलन कर दिया है अतः इसके लिए अब कोई स्थान नहीं है। संविधान ने भारत के प्रत्येक नागरिक को न केवल किसी भी धर्म को स्वीकारने का अधिकार दिया है (अनुच्छेद 25) वरन् इसने मौलिक अधिकारों के अन्तर्गत यह भी सम्मिलित किया है कि धर्म, प्रजाति, जाति अथवा लिंग के आधार पर किसी भी नागरिक से भेदभाव नहीं किया जायेगा (अनुच्छेद 15)।

संविधान ने लोकसभा (अनुच्छेद 330) एवं विधानसभाओं (अनुच्छेद 334) में भी पिछड़े वर्गों के लिए सीटों के आरक्षण की व्यवस्था की है। लोकसभा की 545 सीटों में से 106 सीटें कमज़ोर वर्गों के लिए आरक्षित हैं। अनुच्छेद 332 के निष्पादन में राज्य विधानसभाओं में अनुसूचित जातियों एवं अनुसूचित जनजातियों के लिए सीटों के आरक्षण की व्यवस्था की गयी है।

संविधान (तिहत्तरवाँ संशोधन) अधिनियम, 1992 के अनुसार, पंचायतों में (गाँव से लेकर जिला परिषद् स्तर तक) कमज़ोर वर्गों के लिए प्रत्यक्ष चुनाव में भिन्न-भिन्न स्तरों पर उनकी जनसंख्या के अनुपात में सीटें आरक्षित हैं।

आर्थिक मोर्चे पर संविधान न केवल किसी भी प्रकार की बेगारी को निषिद्ध करता है (अनुच्छेद 23), वरन् समाज के पिछड़े वर्गों के व्यक्तियों के लिए, केन्द्रीय एवं राज्य दोनों स्तरों पर विविध सरकारी विभागों में आरक्षित पदों के लिए विशेष व्यवस्था भी करता है (अनुच्छेद 16, 320, 335)। ये आरक्षण देश की कुल जनसंख्या में उनके प्रतिशत के अनुसार दिए गये हैं। संविधान के अनुच्छेद 46 में कमज़ोर वर्गों की शिक्षा एवं आर्थिक हितों के उन्नयन की विशेष व्यवस्था की गयी है और यह उन्हें सामाजिक अन्याय एवं शोषण के सभी प्रकारों से संरक्षण प्रदान करता है।

कमज़ोर वर्गों के पक्ष में इस सुरक्षा के अतिरिक्त कुछ संरक्षात्मक एवं शोषण विरोधी उपायों की व्यवस्था भी की गयी है। इनके अन्तर्गत अस्पृश्यता अपराध अधिनियम 1955 एवं नागरिक अधिकार संरक्षण 1976 सम्मिलित हैं। वास्तव में पहले अधिनियम को ही संशोधित कर 1976 में उसे नागरिक अधिकार संरक्षण नाम दिया गया, जिसमें नागरिक अधिकारों के उल्लंघन के लिए अधिक कठोर दण्ड सम्मिलित किये गये थे। चूँकि नागरिक अधिकार संरक्षण के अन्तर्गत कमज़ोर वर्गों पर किये जानेवाले सभी प्रकार के अत्याचार समाहित नहीं होते हैं अतः 1989 में संसद ने अनुसूचित जाति एवं अनुसूचित जनजाति (अत्याचार निरोधक) अधिनियम 1989 पारित कर इन वर्गों पर होनेवाले अत्याचारों को रोकने के लिए अत्यावश्यक क़दम उठाए।

अतः भारत के संविधान ने कमज़ोर वर्गों को सभी मौलिक एवं मानव अधिकार प्रदान किये हैं और भारत के राष्ट्रपति को यह अधिकार भी दिया है कि वे एक विशेष अधिकारी अथवा कमिश्नर को नियुक्त करें जो इन संवैधानिक सुरक्षाओं की कार्यविधि पर नज़र रखे तथा इसकी सूचना राष्ट्रपति को दे।

कमज़ोर वर्गों के पक्ष में इन सभी उपायों के अतिरिक्त भारत सरकार संविधान की व्यवस्थाओं के अन्तर्गत पिछले 50 वर्षों से अनेक योजनाएँ कार्यान्वित कर रही है। प्रथम पंचवर्षीय योजना में अधिकांश नीतिगत उपाय शैक्षिक सुविधाओं, बंजर भूमि के आवण्टन एवं सरकारी सेवाओं में आरक्षण तक सीमित थे। द्वितीय पंचवर्षीय योजना में भी यही उपागम चलता रहा। तीसरी पंचवर्षीय योजना में तकनीकी एवं व्यावसायिक प्रशिक्षण पर अधिक बल के साथ शैक्षिक विकास में सहायता को उच्च प्राथमिकता प्राप्त हुई। चौथी पंचवर्षीय योजना में शिक्षा पर महत्त्व बना रहा। छठी योजना में इन वर्गों के आर्थिक विकास की रणनीति में

महत्त्वपूर्ण संशोधन किया गया। इस योजना में विविध क्षेत्रों से कमज़ोर वर्गों की ओर जानेवाली निधियों एवं लाभों के प्रवाह के परिमाण को निर्धारित करने के लिए 'स्पेशल कम्पोनेण्ट प्लान' को अपनाया गया। सातवीं योजना में, कमज़ोर वर्गों के सामाजिक-आर्थिक उत्थान के लाभार्थी-उन्मेषित कार्यक्रमों पर जोर कायम रहा। आठवीं पंचवर्षीय योजना में शिक्षा एवं आर्थिक विकास के कार्यक्रमों को उच्च प्राथमिकता प्राप्त हुई। आठवीं योजना के दौरान कार्यक्रमों को इस प्रकार निर्मित करना था कि वे इन समुदायों की विशिष्ट आवश्यकताओं की पूर्ति कर सकें।

नवी पंचवर्षीय योजना के अभिगम पत्र में यह प्रस्तुत किया गया कि कमज़ोर वर्गों के लिए सभी कार्यक्रमों को इस प्रकार निर्मित किया जायेगा, जिससे कि वे सशक्त हो सकें और उन्हें दोनों प्रकार की गतिशीलता, सामाजिक एवं आर्थिक, उपलब्ध हो सके।

अनुसूचित जातियों एवं जनजातियों के लाभ के लिए आवण्टित निधि के साथ ही सरकार द्वारा समय-समय पर अनेक अन्य योजनाएँ भी प्रारम्भ की गयीं। उदाहरणार्थ, समन्वित ग्रामीण विकास कार्यक्रम, राष्ट्रीय ग्रामीण रोज़गार कार्यक्रम, स्व-रोज़गार हेतु ग्रामीण युवाओं का प्रशिक्षण (ट्राइसैम), जवाहर रोज़गार योजना, जनजातीय विकास कार्यक्रम, स्पेशल कम्पोनेण्ट योजना एवं जनजातीय विकास कार्पोरेशन।

इनके अतिरिक्त अनेक अन्य अस्थायी योजनाएँ भी हैं जैसे, राष्ट्रीय सफाई कर्मचारी विकास कार्पोरेशन, अनुसूचित जाति एवं अनुसूचित जनजाति के विद्यार्थियों की योग्यता वृद्धि के लिए, उत्तर-मैट्रिक-छात्रवृत्तियाँ, पुस्तक बैंक, लड़के एवं लड़कियों के छात्रावासों के लिए केन्द्र द्वारा प्रबर्तित कार्यक्रम, ऐच्छिक संगठनों एवं डॉ. बी.आर. अम्बेडकर संस्थान की सहायता जिन्हें गैर-पम्परागत व्यवसायों में कमज़ोर वर्गों के विकास को बढ़ाने के लिए आरम्भ किया गया था।

अनुसूचित जातियों एवं जनजातियों में शिक्षा का प्रसार 1950 के दशक के उत्तरार्द्ध से सरकारी कार्यक्रमों का एक प्रमुख भाग रहा है। इसमें स्कूल एवं कॉलेज स्तरों पर छात्रवृत्तियाँ इस समुदाय के छात्रों के लिए छात्रावासों का निर्माण, इन्जीनियरिंग एवं मेडिकल कॉलेजों में आरक्षण एवं अन्य सुविधाओं के रूप में प्रमुख रूप से आर्थिक सहायता सम्मिलित है। जैसा कि पहले कहा जा चुका है, भारत के संविधान का अनुच्छेद 46, अनुसूचित जातियों एवं जनजातियों में शिक्षा के उन्नयन के लिए राज्य द्वारा विशेष ध्यान रखने की चर्चा करता है। सरकारी नीतियों के परिणामस्वरूप शैक्षिक सेवाओं तक दलितों की पहुँच में सुधार हुआ है। इन वर्गों की साक्षरता दर, जैसी कि मानव संसाधन विकास मन्त्रालय की रिपोर्ट "एजूकेशन फॉर ऑफ ऑल-3 सीन द इण्डियन सन्, 1993" में प्रदर्शित है,

में वृद्धि हुई है : अनुसूचित जातियो की 1981 में 21.4 प्रतिशत से बढ़कर 1991 में 37.4 प्रतिशत तथा अनुसूचित जनजातियों की 1981 में 16.4 प्रतिशत से बढ़कर 1991 में 29 प्रतिशत। अनुसूचित जातियों के पुरुषों में साक्षरता दर 1981 में 31.1 प्रतिशत से बढ़कर 1991 में 49.9 प्रतिशत हो गयी तथा अनुसूचित जनजातियों के पुरुषों में 1981 में 21.5 प्रतिशत से बढ़कर 1991 में 40.6 प्रतिशत हो गयी। अनुसूचित जातियों की महिलाओं में साक्षरता दर 1981 में 10.9 प्रतिशत से बढ़कर 1991 में 23.8 प्रतिशत हो गयी एवं अनुसूचित जनजातीय महिलाओं में 1981 में 8 प्रतिशत से बढ़कर 1991 में 18.2 प्रतिशत हो गयी।

जैसा कि इस रिपोर्ट से स्पष्ट होता है कि शैक्षिक मोर्चे पर इन समुदायों की प्रमुख समस्याएँ हैं—निरक्षरता का उच्चस्तर, मध्य एवं हाईस्कूल पर बड़ी मात्रा में शिक्षा से अलग हो जाना एवं उच्च शिक्षा तक सीमित पहुँच (देखें सारिणी 14.9)। हमारे देश में प्रगतिशील शैक्षिक कार्यक्रमों के बावजूद ऐसा हुआ।

अतः इस बात को अस्वीकार नहीं किया जा सकता है कि भारतीय राज्य द्वारा प्रवर्तित संरक्षात्मक भेदभाव की नीति, अन्य नीतियों एवं कार्यक्रमों ने कमज़ोर वर्गों की विभिन्न सरकारी विभागों, सार्वजनिक क्षेत्रों के उपक्रमों, राजनीतिक क्षेत्र एवं शैक्षिक संस्थानों में नौकरी पाने में काफी अधिक सहायता की है। कम-से-कम समष्टि स्तर पर उनका नियोजन उनकी जनसंख्या के अनुपात में हुआ है। समग्रता में इन राजकीय नीतियों ने भारी पुनः वितरक प्रभाव उत्पन्न किया है। आरक्षित सीटें पर्याप्त विधायी उपस्थिति प्रदान करती हैं। नौकरियों में आरक्षण के कारण उनकी आय में काफी वृद्धि हुई है तथा इसने उनको सुरक्षा, सूचना एवं प्रतिष्ठा प्रदान की है।

1991 के पश्चात्, फिर भी नये आर्थिक सुधारों के साथ ही, जिनका उद्देश्य निजीकरण तथा सरकार की भूमिका को कम करना था, अनुसूचित जातियों एवं जनजातियों का रोज़गार सम्पूर्ण संख्याओं एवं अनुपात दोनों में ही कम हुआ है। नये आर्थिक उपायों ने 1956 से आरम्भ सकारात्मक प्रवृत्तियों को उलट दिया है (देखें सारिणी 14.8)। इसके अतिरिक्त, प्रमाण यह बताते हैं कि इस प्रकार का पुनः वितरण सम्पूर्ण लाभार्थी समूहों में समान रूप से वितरित नहीं हुआ है। इसके अतिरिक्त यह भी प्रदर्शित करता है कि अपनी आर्थिक, सामाजिक समस्याओं के सन्दर्भ में कमज़ोर वर्ग एक समरूपतावाले समूह नहीं हैं। किन्तु जहाँ तक उनकी सामाजिक एवं सांस्कृतिक पहचान का प्रश्न है, वे समरूपतावाले समूह हैं। इसीलिए एक माँग यह है कि सरकार की योजना एवं नीतियों को एक क्षेत्र के प्रत्येक खण्ड एवं जाति की अनन्य समस्याओं पर ध्यान केन्द्रित करना चाहिए तथा

विशिष्ट एवं लक्ष्य-उन्मेषित परियोजनाओं को कठोरतापूर्वक लागू किया जाना चाहिए।

यह बात सर्वसम्मति से कही जा सकती है कि अनुसूचित जातियाँ एवं अनुसूचित जनजातियाँ सरकार द्वारा प्रदत्त सुरक्षाओं में निश्चित रूप से लाभान्वित हुई हैं, क्योंकि शिक्षा के लाभों की उन्हें अनुभूति हो चुकी है। वे अपने बच्चों को शिक्षा प्रदान करने तथा अपने परिवारों की सामाजिक-आर्थिक प्रस्थिति को सुधारने में लगे हैं। प्रमाण संकेत करते हैं कि उन्होंने वर्तमान समाज व्यवस्था में सफलता के कुछ उपाय प्राप्त कर लिए हैं। इन सभी नीतियों का सम्पूर्ण प्रभाव, हालाँकि सीमित है, किन्तु इस अर्थ में सकारात्मक है कि अनुसूचित जातियों एवं अनुसूचित जनजातियों का कम-से-कम एक छोटा भाग सरकारी नौकरियों एवं विधायिकाओं तक पहुँच गया है। किन्तु फिर भी, निर्धन एवं दरिद्र,जो बहुसंख्यक हैं, विकास के इस चक्रवात से बाहर ही हैं। यह अनुसूचित जाति एवं अनुसूचित जनजाति के कमीशन की नवीनतम रिपोर्ट में देखा जा सकता है। (भारत सरकार, 2001) इस रिपोर्ट में इन वर्गों की प्रगति की प्रवृत्तियों को मापने की दृष्टि से वस्तुस्थिति को जानने का प्रयास किया गया है। इस कमीशन ने, पिछले 50 वर्षों में अनुसूचित जातियों एवं अनुसूचित जनजातियों के सम्बन्ध में घटित विकास के विषय में आद्योपान्त दृष्टि प्राप्त करने के लिए जनसंख्या साक्षरता, व्यावसायिक पार्श्वचित्र एवं सेवाओं में प्रतिनिधित्व सम्बन्ध में कुछ अर्थपूर्ण आँकड़े एवं संकेतक प्रस्तुत किये हैं। इस रिपोर्ट के अनुसार, भारत के दृष्टिकोण से विकास के इन संकेतकों में अनुसूचित जातियों एवं अनुसूचित जनजातियों का हिस्सा निराशाजनक है। सारे प्रयास केवल सेवाओं में आरक्षण प्रदान करने पर ही केन्द्रित हैं, जो अपनी निर्धारित सीमा तक भी नहीं पहुँच सका है। कमीशन ने अवलोकित किया कि इन समूहों की दृष्टिगोचर प्रगति के लिए जनसंख्या, साक्षरता, व्यावसायिक पार्श्वचित्र और सेवाओं में प्रतिनिधित्व के विषय में सुनिश्चित किया जाना चाहिए। अनुसूचित जाति एवं अनुसूचित जनजातियों में ठेकेदारी एवं उर्ध्वगामी गतिशीलता के उन्नयन पर बल दिया जाना चाहिए।

प्रशिक्षण, शिक्षा, आर्थिक एवं अन्य सुविधाओं की व्यवस्था के माध्यम से, आर्थिक विकास के सभी क्षेत्रों में उन्हें स्वरोज़गार अपनाने के लिए प्रोत्साहित किया जाना चाहिए। अनुसूचित जातियों एवं जनजातियों के विकास के लिए अनेक क्रियाकलापों को आवश्यक समझा जाता है, और इन समूहों को लाभों का एक समुचित भाग सुनिश्चित करने के लिए, अन्तस्थ सुरक्षाओं को नियन्त्रित करनेवाली एक नीति होनी चाहिए। इन सभी सुरक्षाओं की प्रभावशाली गतिविधि को सुनिश्चित करने के लिए, अनुसूचित जातियों एवं जनजातियों के ऐसे प्रतिनिधित्वों को पर्याप्त

भाग एवं भूमिका उपलब्ध कराने का यह अन्तस्थ यन्त्र विन्यास होना चाहिए (भारत सरकार, 1988 : 20) (देखें सारिणी 14.1-14.9)।

इस मुद्दे पर नवीनतम निर्णयों, साथ ही पहले के निर्णयों एवं आरक्षण नीति के विरोधियों द्वारा उत्पन्न किये गये भ्रम को भारित करते समय, यह आवश्यक है कि सम्पूर्ण नौकरी आरक्षण नीति पर पुनर्विचार किया जाये जिससे कि और अधिक मिथ्या वर्णनों एवं भ्रान्त धारणाओं से बचा जा सके।

यह नीति, हालाँकि, पिछली आधी सदी से अपने स्थान पर है, किन्तु न तो इसके लाभार्थी और न ही सामान्य श्रेणी के व्यक्ति इसके परिणामों से प्रसन्न हैं। आरक्षण-विरोधी यह मानते हैं कि उनकी योग्यता की उपेक्षा की जा रही है, जबकि इसके लाभार्थी यह मानते हैं कि यह पैकेज उचित रूप से लागू नहीं किया जा रहा है तथा इसके फलस्वरूप उनकी प्रस्थिति में उतनी वृद्धि नहीं हुई है जितनी अपेक्षित थी। परिणामस्वरूप नौकरी में आरक्षण एक संवेदनशील एवं विवादास्पद मुद्दा बन गया है। उच्चतम न्यायालय के इस तर्क ने कि जहाँ आरक्षण होता है वहाँ योग्यता नहीं होती है। और आरक्षण "राष्ट्रीय हितों के विरुद्ध है" अनुसूचित जातियों एवं अनुसूचित जनजातियों का उत्साह भंग कर दिया। ये तर्क न केवल अपमानजनक थे, वरन् इन तर्कों ने चयन एवं पदोन्नति की प्रक्रिया में जाति पूर्वाग्रह की निष्ठुर वास्तविकता की भी उपेक्षा की थी। आरक्षण के प्रश्न पर उच्चतम न्यायालय के दो निर्णयों ने अत्यधिक चीख-पुकार उत्पन्न की थी। पहला 10 अगस्त, 1999 को दिया गया था जिसमें निर्णय किया गया कि सरकारी तथा सार्वजनिक क्षेत्रों की नौकरियों के लिए होनेवाली प्रतियोगिता-परीक्षाओं में आरक्षित क्षेणी के अभ्यर्थियों (अनुसूचित जाति, अनुसूचित जनजाति एवं अन्य पिछड़े वर्ग) एवं सामान्य श्रेणी के अभ्यर्थियों (अर्थात्, अन्य सभी) के अर्हकारी अंकों में अत्यधिक असमानता नहीं हो सकती है। इसके अतिरिक्त आरक्षित श्रेणी के अभ्यर्थियों के लिए अति विशेषतावाले पाठ्यक्रमों में प्रवेश हेतु (विद्यार्थी के रूप में) कोई विशेष व्यवस्थाएँ अनुमत नहीं होंगी क्योंकि ऐसा करना राष्ट्रीय हितों के विरुद्ध होगा। दूसरा झटका मात्र एक महीने बाद ही लगा, जब उसी न्यायालय ने यह निर्णय दिया कि नौकरी में पदोन्नति के मामलों में आरक्षण लागू नहीं होना चाहिए। उच्चतम न्यायालय के मुख्य न्यायाधीश की अध्यक्षता में पाँच जजों की संविधान पीठ ने यह व्यवस्था दी कि संविधान के अनुच्छेद 16 (4) एवं 16(4a) "ऐसी व्यवस्थाओं का, जो परिस्थितियों द्वारा उचित ठहराये जाने पर आरक्षण प्रदान करने पर विचार करने के लिए राज्य में एक विवेक निहित करें, न तो कोई मौलिक अधिकार देते हैं और न ही कोई संवैधानिक कर्त्तव्यों को लागू करते हैं।"

ये दो अनुच्छेद, अनुसूचित जातियों, अनुसूचित जनजातियों एवं अन्य पिछड़े वर्गों के लिए सार्वजनिक रोज़गार के मामलों में, अवसर की समानता से सम्बन्धित हैं। न्यायालय ने एक पूर्व निर्णय को भी प्रत्यादिष्ट किया, जिसमें यह व्यवस्था दी थी कि आरक्षित श्रेणी के अभ्यर्थियों के लिए आरक्षण प्रदान करने अथवा नियमों को शिथिल करने के लिए सरकारी नियम जारी किया जा सकता है। न्यायालय ने यह भी व्यवस्था दी कि 'रोस्टर बिन्दु' पदोन्नत (आरक्षित श्रेणी), प्रोन्नत श्रेणी में अपनी वरीयता की गणना सामान्य श्रेणी के अभ्यर्थियों की तुलना में जो निम्न श्रेणी में उनसे वरिष्ठ थे और जो बाद में पदोन्नत किये गये, उस तिथि में नहीं कर सकते हैं, जिस तिथि से वे प्रोन्नत पद में निरन्तर कार्यकारी रूप से कार्य करते रहे हैं।

प्रमाण यह प्रदर्शित करता है कि नौकरी में आरक्षण के विषय में व्यक्तियों के मस्तिष्कों में अनेक भ्रान्त धारणाएँ उत्पन्न कर दी गयी हैं। उदाहरणार्थ, सामान्य श्रेणी के व्यक्ति यह महसूस करते हैं कि इस नीति के कारण उनको नौकरी नहीं प्राप्त होती है, अतः जो उनकी बेकारी के लिए उत्तरदायी है, इससे जाति को बल प्राप्त होता है, इसके परिणास्वरूप शैक्षिक संस्थाओं एवं प्रशासन में योग्यता एवं कुशलता लुप्त हो गयी है। वास्तविकता यह है कि बाज़ार में नयी नौकरियाँ उत्पन्न नहीं की जा रही हैं, इसलिए सामान्य रूप से व्यक्तियों में काफ़ी नाराज़गी है। दलितों में भी बेकारी की दर काफी उच्च है। इक्कीसवीं सदी के प्रारम्भ में यह आवश्यक है कि हम यह देखें कि ये भ्रान्त धारणाएँ किसलिए हैं और इसका वास्तविक चित्र प्रस्तुत किया जाये।

हम यह सुनिश्चित रूप से कहते हैं कि आरक्षण-विरोधियों के आरोप तथा उच्चतम न्यायालयों के एक के बाद एक अभिनिर्णय भारतीय संविधान की आत्मा के विरुद्ध जाते हैं। संविधान की स्वीकृति के तत्काल बाद ही आरक्षण को न्यायालयों के माध्यम से चुनौती दी गयी थी। स्वतन्त्र भारत में आरक्षण के सम्पूर्ण इतिहास के अनेक स्तर हैं जहाँ संगीन निर्णयों ने इनके क्रियान्वयन को साँचे में ढाला। अनेक दृष्टान्तों में इस नीति को क़ायम रखने के लिए संविधान में संशोधन किये गये। आरक्षण नीति के पीछे मुख्य उद्देश्य दलितों एवं जनजातियों को सामाजिक न्याय प्रदान कर उन्हें सशक्त करना था। नौकरी में आरक्षण की यह नीति आनुपातिक समानता लाना चाहती है, क्योंकि यह जनसंख्या के अनुपात पर आधारित लाभों के वितरण की एक पद्धति है, अर्थात् 15 प्रतिशत दलितों के लिए एवं 7.5 प्रतिशत अनुसूचित जनजातियों के लिए। यह वितरणात्मक न्याय एवं भूतकालीन असुविधाओं की क्षतिपूर्ति के सिद्धान्तों पर आधारित है। सब मिलाकर, यह भारतीय समाज के कमज़ोर वर्गों में 'क्षमता निर्माण' की एक परियोजना रही

है। सैद्धान्तिक रूप से अवधारणा में ठोस होते हुए भी पिछले पचास वर्षों में इसने कुछ अप्रत्याशित परिणाम प्रदर्शित किये हैं। सारिणियाँ 14.1-14.9 इस आरक्षण नीति के परिणामों एवं इसके क्रियान्वयन की प्रवृत्तियों के सम्बन्ध में आँकड़े प्रस्तुत करती हैं।

सारिणी 14.1

सार्वजनिक क्षेत्र के बैंकों में कर्मचारियों में अनुसूचित जातियों (एस.सी.) एवं अनुसूचित जनजातियों (एस.टी.) का प्रतिनिधित्व, 1986-96
(14 राष्ट्रीयकृत बैंक, स्टेट बैंक ऑफ इण्डिया एवं इसके सम्बद्ध बैंक)

	वर्ष 1986		वर्ष 1996	
	एस.सी.	एस.टी.	एस.सी.	एस.टी.
अधिकारी	7.30	1.84	11.11	3.65
क्लर्क	13.63	3.70	14.69	4.71
अधो-कर्मचारी (झाड़ूकशों को सम्मिलित करते हुए)	24.94	4.93	30.00	5.54

स्रोत : भारत सरकार, 1998

सारिणी 14.2

भारतीय दूतावासों में विभिन्न श्रेणियों के पदों में एस.सी., एस.टी. ओ.बी.सी. एवं अन्य का प्रतिनिधित्व (प्रतिशत में)

श्रेणी	एस.सी.	एस.टी.	ओ.बी.सी.	उच्च जाति
समूह अ	8.00	1.00	0.00	91.00
समूह ब	4.20	0.60	5.00	94.00
समूह स	4.30	1.20	1.50	93.00
समूह द	7.00	1.00	0.20	91.83

स्रोत : भारत सरकार, 1998

सारिणी 14.3

उच्च न्यायालयों में न्यायाधीशों एवं अतिरिक्त न्यायाधीशों के रूप में विभिन्न सामाजिक समूहों का प्रतिनिधित्व

वर्ष	समग्र	एस.सी.	एस.टी.	अन्य
मार्च 1982	325	4 (1.23%)	-	321 (98.77%)
मार्च 1993	547	13 (2.38%)	0.4 (0.73%)	530 (96.69%)

स्रोत : भारत सरकार, 1998

सारिणी 14.4

1 जनवरी 2000 को केन्द्रीय सार्वजनिक उपक्रमों की सेवाओं में एस.सी. एवं एस.टी. का प्रतिनिधित्व

प्रतिनिधित्व समूह	कर्मचारियों की सं.	एस.सी.	प्रतिशत	एस.टी.	प्रतिशत
अ	2,04,127	21,125	10.35	6,057	2.97
ब	1,75,159	19,355	11.05	7,317	4.28
स	10,13,917	1,91,931	18.93	85,744	8.46
द (सफाई कर्मचारियों को छोड़कर)	407,425	91,729	22.51	46,463	11.40
योग	18,00,628	3,24,140	18.00	1,45, 581	8.09
सफाई कर्मचारी	27,903	20,412	73.15	878	3.15
कुल योग	1,828,531	3,44,552	18.84	1,46,459	8.01

स्रोत : भारत सरकार, 2001

सारिणी 14.5

केन्द्रीय मन्त्रालयों, विभागों एवं उनके अधीनस्थ कार्यालयों की सेवाओं में एस.सी. एवं एस.टी. का प्रतिनिधित्व

समूह	कर्मचारियों की कुल सं.	एस.सी.	प्रतिशत	एस.टी.	प्रतिशत
अ	93,520	10,558	11.29	3,172	3.39
ब	1,04,963	13,306	12.68	3,512	3.25
स	2,396,426	3,78,115	15.78	1,45,482	6.07
द (झाडूकशों को छोड़कर)	9,49,353	1,89,761	19.99	66,487	7.00
झाडूकश	96,435	63,233	65.57	5,314	5.51
योग (झाडूकशों को छोड़कर)	3,544,262	5,91740	16.70	2,18,653	6.17
योग (झाडूकशों को मिलाकर)	3,640,697	6,54,973	17.99	2,23,967	6.15

स्रोत : भारत सरकार, 2001

इन सारिणियों में नौकरियों की उन श्रेणियों को देखा जा सकता है, जिनमें अनुसूचित जातियों एवं अनुसूचित जनजातियों का कोटा भरा गया है। निम्न स्तर अर्थात् वर्ग-III एवं वर्ग-IV की नौकरियों में उनका अत्यधिक केन्द्रीयकरण है, जबकि उच्च स्तरों अर्थात् वर्ग-II एवं वर्ग-I की सेवाओं में बहुत बड़ा पिछला बकाया है। प्रायः सभी संस्थाओं में भी बहुत बड़ा पिछला बकाया है। देश में 239

विश्वविद्यालय (12 केन्द्रीय विश्वविद्यालयों को सम्मिलित करके) हैं, जिनमें 23 प्रतिशत नौकरियाँ दलितों एवं अनुसूचित जनजातियों के लिए आरक्षित हैं। तदनुसार, इन विश्वविद्यालयों में 69,000 व्यक्तियों को आरक्षित कोटा में नियुक्त होना चाहिए था तथा 23 प्रतिशत पदों में से मात्र 2 प्रतिशत पद भरे गये हैं। राष्ट्रीय आयोग ने अपनी रिपोर्ट में इस दयनीय परिस्थिति पर व्याकुलता व्यक्त की है। मार्च 1993 में, पूरे देश के उच्च-न्यायालयों में 547 न्यायाधीशों एवं अतिरिक्त न्यायाधीशों में से केवल 13 दलित थे तथा मात्र चार अनुसूचित जनजाति के थे। हालाँकि पिछले वर्षों में उनका अंश बढ़ा है किन्तु फिर भी उनकी जनसंख्या के प्रतिशत के अनुपात

सारिणी 14.6

केन्द्रीय सरकार में एस.सी. एवं एस.टी. के रोज़गार का पार्श्व चित्र

	समूह	योग	एस.सी.	योग का प्रतिशत	एस.टी.	योग का प्रतिशत
	1965	1995	1965	1995	1965	1995
	1965	1995	1965	1995		
वर्ग I	19,379	65,408	318	6,637	1.64	10.12
	52	1,891	0.27	2.89		
वर्ग II	30,631	10,8857	864	13,797	2.82	12.67
	103	2,913	0.34	2.68		
वर्ग III	10,82,278	23,41863	96,114	3,78,172	8.88	16.15
	12,390	1,33,179	1.14	5.69		
वर्ग IV	11,32,517	1041,082	1,01,073	2,21,380	17.75	21.26
	38,444	67,453	3.39	6.48		
(झाड़ूकशों को छोड़कर)						
योग	22,64,795	35,57,210	1,98,369	6,19,986	13.17	17.43
	50,989	2,05,436	2.25	5.78		
झाडूकश	-	1,77,527	-	78,719	-	44.34
	-	12,269	-	6.91		
कुल योग	22,64,795	37,34,737	1,98,369	6,98,705	13.17	18.71
	50,989	2,17,705	2.25	5.83		

स्रोत : भारत सरकार, 1998

टिप्पणी : 1965 में झाडूकशों से सम्बन्धित संख्याएँ वर्ग IV समूह की संख्याओं में सम्मिलित हैं।

सारिणी 14.7

सम्पूर्ण भारत में व्यावसायिक वितरण

श्रमिकों की श्रेणी	सामान्य				एस.सी.				एस.टी.			
	1961	1971	1981	1991	1961	1971	1981	1991	1961	1971	1981	1991
कृषक	52.78	43.38	41.53	39.74	37.76	27.87	28.17	25.44	68.18	57.56	54.43	54.50
कृषि मज़दूर	16.71	26.32	25.16	19.66	34.48	51.74	48.22	49.06	19.71	33.03	32.67	3269
घरेलू उद्योग	06.38	03.55	03.99	02.56	06.56	03.33	03.31	02.41	02.47	01.03	01.42	01.04
अन्य श्रमिक	24.13	26.75	29.32	38.04	21.20	17.06	20.30	23.08	09.64	08.37	11.84	11.76

स्रोत : भारत सरकार, 1991, भारत सरकार, 1998 भी देखें

में यह लगभग कुछ नहीं है। इन संख्याओं से आगे यह भी देखा जा सकता है कि 1961 से 1991 के तीन दशकों में कृषकों की संख्या सभी श्रेणियों में घटी है। किन्तु अनुसूचित जातियों की तुलना में यह कभी सामान्य एवं अनुसूचित जनजाति की श्रेणियों में अधिक तीव्र रही है। हालाँकि कृषि मज़दूरों की संख्या सभी श्रेणियों में बढ़ी है, किन्तु यह वृद्धि अनुसूचित जातियों में अधिक हुई है। घरेलू उद्योगों में सभी समुदायों का अंश कम हुआ है किन्तु सामान्य श्रेणियों एवं अनुसूचित जनजातियों की अपेक्षा अनुसूचित जातियों में यह कमी अधिक हुई है। अन्य श्रमिकों के व्यवसाय के अन्तर्गत उद्योग एवं सेवा के क्षेत्र सम्मिलित होते हैं। अन्य श्रमिकों की संख्या मुख्य श्रमिकों के सभी भागों में बढ़ी है। किन्तु अनुसूचित जाति एवं अनुसूचित जनजाति श्रेणियों की अपेक्षा सामान्य श्रेणी में यह वृद्धि काफ़ी अधिक हुई है। नयी आर्थिक नीतियों एवं सुधारों को ध्यान में रखते हुए, औद्योगिक एवं सेवा क्षेत्रों में रोज़गार देने में अनुसूचित जातियों एवं अनुसूचित जनजातियों की ओर विशेष ध्यान देने की आवश्यकता है।

नेशनल सैम्पल सर्वे के आँकड़ों के अनुसार, दलितों में रोज़गार उत्पादन दर नगण्य है। नयी आर्थिक नीति के लागू होने के साथ ही देश में 'नौकरी रहित विकास' हुआ है। इसके अतिरिक्त सरकार ने हाल ही बीमा संस्थान को असार्वजनिक कर दिया है और अन्य सार्वजनिक क्षेत्र के दायित्वों, जैसे परिवहन एवं बैंक व्यवसाय को वैयक्तिक क्षेत्र में स्थानान्तरित करने पर विचार कर रही है। इस निश्चित दृश्यलेख में यह अनुचित है कि सामान्य श्रेणी के व्यक्तियों की बेरोज़गारी के लिए आरक्षण नीति को उत्तरदायी ठहराया जाये।

सारिणी 14.8, 1977-78, 1983-84, 1993-94 एवं 1999-2000 की अवधि में दूसरों की तुलना में अनुसूचित जातियों की बेरोज़गारी दर को प्रदर्शित करती है :

सारिणी 14.8

बेरोज़गारी दर

वर्ष	अनुसूचित जातियाँ				अन्य			
	अ	ब	ग	द	अ	ब	स	द
1977-78	1.23	NA	2.93	6.73	1.57	NA	2.15	3.90
1983-84	1.10	0.76	3.22	7.16	1.30	1.90	2.15	4.03
1993-94	0.90	0.60	1.79	4.30	1.20	0.90	1.60	2.70
1999-2000	1.20	1.00	2.50	5.00	1.60	1.20	2.50	3.50

स्रोत : नेशनल सैम्पल सर्वे, 1977-78, 1983-84, 1993-94, 1999-2000।

टिप्पणी : अ=सामान्य प्रधान प्रस्थिति, ब=सामान्य प्रधान एवं गौण प्रस्थिति, स=तत्काल साप्ताहिक प्रस्थिति द=तत्काल दैनिक प्रस्थिति

1977-78, 1983-84 एवं 1993-94 में तत्काल साप्ताहिक एवं तत्काल दैनिक प्रस्थितियों पर आधारित अनुसूचित जातियों की बेकारी दर अन्य श्रमिकों की तुलना में काफी अधिक है। दलित श्रमिकों की उच्च बेकारी दर, नौकरी पर रखने में दलितों के विरुद्ध जाति आधारित भेदभाव के सम्भावित अस्तित्व को दिखाती है। इस पर ध्यान देना महत्त्वपूर्ण है कि 1977-78 एवं 1993-94 के मध्य सभी प्रस्थितियों में दोनों, अनुसूचित जाति एवं अन्य की बेकारी दर निरन्तर घटी है। 1993-94 के बाद उदारीकरण की कालावधि में पहली बार बेकारी दर में बढ़ोतरी हुई है। अतः यह स्पष्ट है कि 1990 के दशक में रोज़गार की दर घटी है और तदनुरूप बेकारी दर बढ़ी है। जैसा कि पहले कहा जा चुका है, उदारीकरण से पूर्व की कालावधि में, रोज़गार में जिस सकारात्मक प्रवृत्ति का अनुभव किया गया था, उसे इसने निश्चित रूप से उलट दिया है। एक अनुमान यह दिखाता है कि "1992-99 की कालावधि में सार्वजनिक क्षेत्र के औद्योगिक संस्थानों में समूह अ, ब, स, द (झाडूकशों को छोड़कर) में रोज़गार के अवसर 21,52,650 से सिमटकर 18,00,628 रह गये, अर्थात् 16.35 प्रतिशत ह्रास तथा अनुसूचित जातियों के लिए भी नौकरी के अवसर कम हो गये।"

1950 के दशक के प्रारम्भ से ही कमज़ोर वर्गों में शिक्षा का प्रसार सरकारी कार्यक्रमों का एक प्रमुख भाग रहा है। इसके अन्तर्गत सामान्यतया, स्कूल एवं कॉलेज स्तरों पर छात्रवृत्ति, वृत्तिका, छात्रावासों का निर्माण, इन समुदाय के छात्रों के लिए इन्जीनियरिंग एवं मेडिकल कॉलेजों में आरक्षण एवं अन्य सुविधाओं के रूप में आर्थिक सहायता सम्मिलित है। जैसा कि पहले कहा जा चुका है, भारत के संविधान का अनुच्छेद 46 अनुसूचित जातियों एवं अनुसूचित जनजातियों में शिक्षा के उन्नयन के

लिए राज्य द्वारा विशेष ध्यान देने का उल्लेख करता है। सरकारी नीतियों ने शैक्षिक सेवाओं तक इन वर्गों की पहुँच को सुधारा है। इन वर्गों की साक्षरता दर बढ़ी है जैसा कि मानव संसाधन मन्त्रालय की रिपोर्ट (एजूकेशन फॉर ऑल-द इण्डियन सीन, 1993) प्रदर्शित करती है कि अनुसूचित जातियों में 1981 में 21.4 प्रतिशत से बढ़कर 1991 में 37.4 प्रतिशत हो गयी; एवं अनुसूचित जनजातियों में 1981 में 16.4 प्रतिशत से बढ़कर 1991 में 29.0 प्रतिशत हो गयी। अनुसूचित जाति के पुरुषों में साक्षरता दर 1981 में 31.1 से 1991 में 40.6 प्रतिशत हो गयी तथा अनुसूचित जनजातियों के पुरुषों में 1981 में 21.5 प्रतिशत से 1991 में 40.6 प्रतिशत हो गयी। अनुसूचित जाति की महिलाओं में साक्षरता दर 1981 में 10.9 प्रतिशत से बढ़कर 1991 में 23.8 प्रतिशत हो गयी तथा अनुसूचित जनजातियों की महिलाओं में यह 1981 में 8.0 प्रतिशत से बढ़कर 1991 में 18.2 प्रतिशत हो गयी। जैसा कि इस रिपोर्ट में स्पष्ट होता है, शिक्षा के मोर्चे पर इस समुदाय की प्रमुख समस्याएँ हैं निरक्षरता की उच्च दर मध्य एवं हाईस्कूल स्तरों में शिक्षा त्याग देने की अत्यधिक उच्च दर, एवं उच्च शिक्षा तक सीमित पहुँच। हमारे देश में इन वर्गों के लिए प्रगतिशील कार्यक्रमों के बावजूद यह हुआ है।

आँकड़े यह प्रदर्शित करते हैं कि दलितों की सकल नामांकन दर में महत्त्वपूर्ण सुधार हुआ है। फिर भी चिन्ताजनक बात यह है कि दलित समुदायों के बच्चों में बीच ही में शिक्षा त्याग देने की दर उच्च है (देखें सारिणी 14.9)।

सारिणी 14.9

अनुसूचित जाति एवं अनुसूचित जनजातियों के बच्चों में मध्य में ही शिक्षा छोड़ने की दर

शिक्षा का स्तर	अनुसूचित जाति के बच्चों में त्यागने की दर		अनुसूचित जनजातियों के बच्चों में त्यागने की दर	
	1981-82	1990-91	1981-82	1990-91
प्राथमिक	59.21	49.35	74.00	62.52
मध्य	74.76	67.77	84.99	78.57
माध्यमिक	85.72	77.65	91.65	85.01

स्रोत : नेशनल कमीशन फॉर शिड्यूल्ड कास्ट्स एण्ड शिड्यूल्ड ट्राइब्स की रिपोर्ट, फोर्थ रिपोर्ट वोल्यूम 1, 1996-97 एवं 1997-98 पृष्ठ सं. 47, 50

उपर्युक्त आंकड़ों से यह प्रदर्शित होता है कि 1981-82 से 1990-91 की कालवधि में अनुसूचित जातियों की मध्य में ही शिक्षा त्यागने की दर में प्राथमिक स्तर पर 10 प्रतिशत, मध्य स्तर में 7 प्रतिशत एवं माध्यमिक स्तर पर 8 प्रतिशत की कमी हुई है, जो कि सुधार की धीमी गति को दिखा रहा है।

जहाँ तक अनुसूचित जनजातियों के विद्यार्थियों का सम्बन्ध है, सारिणी 14.9 प्रदर्शित करती है कि 1981-82 से 1990-91 की कालावधि में मध्य में शिक्षा त्यागने की दर में प्राथमिक स्तर पर 11 प्रतिशत, मध्यम स्तर में 8 प्रतिशत एवं माध्यमिक स्तर में 7 प्रतिशत की कमी आयी है।

कुछ विशेष कार्यक्रम, जिनका दलितों की शैक्षिक प्रस्थिति सुधारने में एक महत्त्वपूर्ण प्रभाव रहा है, के अन्तर्गत, प्रारम्भिक शिक्षा, उत्तर-मैट्रिक छात्रवृत्तियाँ पुस्तक बैंक, लड़कियों एवं लड़कों के लिए छात्रावास, जनजातीय क्षेत्रों में आश्रम विद्यालय, राष्ट्रीय विदेशी छात्रवृत्तियाँ, कोचिंग कक्षाएँ एवं सम्बन्धित परियोजनाएँ सम्मिलित हैं। इस विषय में सर्वसम्मति होगी कि इन परियोजनाओं ने दलित विद्यार्थियों की प्रस्थिति को ऊपर करने में महत्त्वपूर्ण योगदान किया है। फिर भी, अनेक कारणों की वजह से अपेक्षित मात्रा में वांछनीय परिणाम नहीं प्राप्त किये जा सके हैं। वैश्वीकरण ने इसमें रुकावट डाली है। इसने एक नये प्रतिमान को स्थापित किया है, जो कल्याणकारी राज्य के आधार-वाक्य को नकारता है, जिसने दलितों की शैक्षिक प्रगति को सम्भव बनाया। यह, शिक्षा का व्यापारीकरण, इसका अभिजातवादी उन्मेष एवं मुक्त बाज़ार का, सर्वव्यापी प्रभाव है जो दलितों के हितों के लिए हानिकारक है।

ऐसा लगता है कि सरकार एवं उसकी लागू करनेवाली संस्थाएँ नौकरी में आरक्षण के मुद्दे पर राजनीति कर रही हैं। यह राजस्थान में जाटों की जाति-राजनीति से स्पष्ट होता है। राजनीतिक व्याख्या प्रदर्शित करती है कि भाजपा ने जाटों को यह आश्वासन देकर कि पिछड़े वर्ग प्रस्थिति की उनकी माँग अनुमत कर ली जायेगी, जाट समुदाय के एक बड़े भाग को जिसकी कांग्रेस (आई) दल के प्रति परम्परागत निष्ठा थी, जीतने में सफलता प्राप्त की। इसी प्रकार की माँगें ब्राह्मणों द्वारा तमिलनाडु, यू.पी. एवं अन्य स्थानों में की जा रही हैं।

चयनित निकायों में आरक्षित सीटों की समय सीमा को जो 2001 में समाप्त होनेवाली थी, सरकार द्वारा और दस वर्ष के लिए बढ़ा दी गयी है। इस समय-सीमा का, शैक्षिक संस्थाओं तथा वैयक्तिक क्षेत्र में नौकरी के लिए आरक्षण से कोई भी सम्बन्ध नहीं है। किसी शक्तिशाली माँग के बिना ही राजनीतिक आरक्षणों की अवधि को बढ़ाना राजनीतिक दलों के लिए उपयोगी है क्योंकि आरक्षित निर्वाचन क्षेत्रों से निर्वाचित प्रतिनिधियों के लिए अपने दलित लोगों के हितों की सेवा करने की अपेक्षा अपने-अपने दलों के हितों की सेवा करना आवश्यक होता है। अतः राजनीतिक आरक्षण दलितों में शक्तिशाली स्पष्ट बोलनेवालों एवं स्वतन्त्र नेताओं की अपेक्षा नमनशील नेताओं की उत्पन्न करने की प्रवृत्ति रखता है। अनारक्षण की विनियमता एवं 'रोस्टर' को उचित रूप से न रखने की अनेक वर्षों तक सामान्य श्रेणी के लोगों को आरक्षित पदों पर नियुक्त करने की, आरक्षण को केवल 'प्रवेश बिन्दु' पर रखने की

एवं रिक्त स्थानों को प्रतिनियुक्ति पर कर्मचारियों से भरने की राजनीति, कुछ ऐसे दाँव पेंच हैं, जिनका उपयोग दलितों एवं जनजातियों को महत्त्वपूर्ण शक्ति एवं उत्तरदायित्ववाले पदों से बाहर रखने के लिए किया जाता है।

यह सब प्रदर्शित करता है कि सारहीन नियमों एवं विनियमों का उपयोग करके संवैधानिक अधिकारों एवं नीति निर्देशक सिद्धान्तों को किस प्रकार बेकार कर दिया जाता है। इसके साथ ही देश के विभिन्न राज्यों में 'कोटा के व्यक्तियों' का आरक्षण के लाभों को आवण्टित करने में कोई एकरूपता नहीं है। इसने व्यक्तियों के मस्तिष्क में काफी भ्रम उत्पन्न कर दिया है। नौकरी में आरक्षण को उचित रूप से लागू करने के लिए किसी भी विभाग में सुस्पष्ट व्यवस्था विकसित नहीं की है। इस विषय पर अभी तक कोई अध्ययन नहीं किया गया है कि एक बहु-स्तरीय प्रशासकीय व्यवस्था में, केवल प्रवेश बिन्दु पर आरक्षण, परवर्ती स्तरों पर भी ऐतिहासिक रूप से वंचित समूहों के सदस्यों के लिए यथोचित प्रतिनिधित्व सुनिश्चित कर सकता है। उच्च जातियों द्वारा किया गया मण्डल विरोधी दंगा प्रदर्शित करता है कि भारत में आरक्षण कार्यक्रमों का किस सीमा तक राजनीतीकरण हो चुका है।

जैसा कि पूर्व में कहा जा चुका है, आरक्षण नीति ने कुछ अनभिप्रेत परिणाम उत्पन्न किये हैं जैसे : प्रशासकीय व्यवस्था के अन्तर्गत दाताओं एवं प्रापकों के बीच संरक्षक एवं आश्रित का सम्बन्ध; दलित लाभार्थियों को महत्त्वपूर्ण मुद्दों पर चुप रखने के लिए आरक्षण नियन्त्रित करने का एक साधन बन गया है क्योंकि सरकारी कर्मचारियों से अपेक्षा की जाती है कि वे अराजनीतिक रहेंगे, इसने एक दलित मध्यम वर्ग को विकसित किया है जिसकी स्वायत्तता कम कर दी गयी है; इन लाभार्थियों को एक अलग एवं कलंकित श्रेणी में रखना; जाति नामों का वैधीकरण है। अब दलितों को यह बोध हो चुका है कि आरक्षण नीति की तुलना में ये विविध व्यवस्थाएँ एक खण्डशः युक्ति हैं। दलितों को विश्वास है कि आरक्षण नीति ने उन्हें राजनीतिक रूप से तटस्थ कर दिया है। इससे अधिक यह भी देखा गया है कि आरक्षण नीति पर उनकी व्यावसायिक आश्रितता उनके राजनीतिक सक्रियतावाद को हतोत्साहित करती है। अतः यह नीति "सामाजिक नियन्त्रण के लिए एक यन्त्रविन्यास" के रूप में कार्य करती है (लेलाह दशकिन, 1972 : 217)। जाति द्वारा प्रदत्त आनुष्ठानिक प्रस्थिति एवं व्यक्ति के सामाजिक वर्ग के बीच का सह सम्बन्ध अभी तक नहीं टूट सका है। नौकरी में आरक्षण की नीति का एक प्रयोजन, निम्न आनुष्ठानिक प्रस्थितिवाले व्यक्तियों के लिए मध्यमवर्गीय एवं व्यावसायिक नौकरियों के अवसर प्रदान कर इस सह सम्बन्ध को तोड़ना था, किन्तु अभी तक यह प्रयोजन पूरा नहीं हुआ है। यह सभी स्वीकार करेंगे कि संरक्षण ने लाभार्थियों में राजनीतिक चेतना उत्पन्न की है। वास्तव में आरक्षण नीति ने वृहद् दलित जनसमुदाय को उनकी स्थिति सुधारने में सहायता नहीं की है,

इसके ठीक विपरीत इसने दलितों में एक सूक्ष्म वर्ग के निर्माण में सहायता की है। यह व्यवस्था मूल रूप से सभी दलित समूहों को उन्नत करने के लिए बनायी गयी थी, किन्तु अपने सर्वोत्तम रूप में भी यह समूह प्रगति रोध की क़ीमत पर वैयक्तिक सामाजिक गतिशीलता में ही सहायक सिद्ध कर पायी (ग्लास, 1882:118)। हालाँकि इन व्यक्तियों की एक प्रगति हुई है, किन्तु यह पथ समस्याओं से भरा हुआ है।

यह नीति अपनी सीमाओं के बावजूद दलितों एवं जनजातियों में कुछ सकारात्मक परिवर्तन लायी है। इनमें एक सकारात्मक परिवर्तन वैयक्तिक गतिशीलता है। इसने लाभार्थियों के परिवारों के सदस्यों को सामाजिक सुरक्षा अथवा वैयक्तिक सुरक्षा भी प्रदान की है। (एक अनुमान यह बताता है कि प्रत्येक लाभार्थी पर छह से सात व्यक्ति आश्रित हैं)। दलितों एवं जनजातियों की प्रस्थिति ऊपर उठी है, हालाँकि उन्होंने इसकी भारी क़ीमत चुकायी है।

आरक्षण नीति ने चूँकि कुछ सकारात्मक परिणाम उत्पन्न किये हैं; अतः इसमें पूँजी लगाना आवश्यक है और इसे उसी रूप में लागू किया जाना चाहिए जिस रूप में यह मूल रूप से अभिप्रेत थी, जिससे कि आनेवाले दिनों में संविधान में निहित लक्ष्यों को अच्छी तरह से पूर्ण किया जा सके। दलित और जनजातियाँ यह चाहती हैं कि उनके विषय में निर्णय उनकी प्राप्त प्रस्थिति के आधार पर लिया जाये, न कि उनकी परम्परागत प्राप्त (जाति) प्रस्थिति के आधार पर। वे यह भी चाहते हैं कि सामान्य श्रेणी के लोग, नौकरी में आरक्षण के लाभार्थियों, के प्रति 'नाम रखने का उपागम' त्याग दें। नौकरियों में निर्धारित कोटा को यदि पूर्ण प्रतिबद्धता के साथ उचित रूप से भरा जाए तो ऐतिहासिक रूप से वंचितों में क्षमता-निर्माण की यह परियोजना एक दूर का सपना नहीं रह जायेगी, वरन् ऐतिहासिक उत्तराधिकार के रूप में प्राप्त जाति भेदभाव की इस समस्या को भविष्य में एक अधिक तार्किक ढंग से सुलझाने में मदद करेगी।

उच्चतम न्यायालय के अभिनव निर्णयों के आलोक में नौकरी में आरक्षण नीति पर परिचर्चा हमें भारत में जाति समस्या के परिणाम को समझने योग्य बनायेगी और व्यक्तियों के मस्तिष्कों में व्याप्त भ्रान्त धारणाओं से वास्तविकताओं का प्रभेद करने में हमारी सहायता करेगी। इस मुद्दे पर राजनीति करना, नौकरी में आरक्षण के लाभार्थियों अथवा इस नीति के विरोधियों, दोनों के लिए ही उचित नहीं है। यदि हम इस दिशा में चलेंगे तो आरक्षण समस्याओं का परिवार्षिक स्रोत बना रहेगा जो निहित स्वार्थों के एक झुण्ड को स्थायी बना देगा, जो भारतीय समाज के लिए बड़ा महँगा सिद्ध होगा।

यह भली-भाँति स्पष्ट है कि एक परिवर्तनशील परिस्थिति में कमज़ोर वर्गों को राज्य से अधिक न कि कम, समर्थन एवं संरक्षण की आवश्यकता होगी। उन्हें, संरक्षात्मक वैधानिक कार्यवाही के अधिक कठोर रूप से लागू किये जाने की, अधिकाधिक

सहायता एवं उनके लिए बनी व्यवस्थाओं के कठोर रूप से लागू करने की आवश्यकता होगी। सबसे अधिक आवश्यकता इस बात की है कि उन्हें अधिकार-चेतन बनाया जाय तथा वंचितों के इस खण्ड का, वैश्वीकरण एवं उदारीकरण के आक्रमण से लड़ने के लिए जो उनके अस्तित्व एवं विकास की आवश्यकता को प्रभावित कर सकता है, राजनीतीकरण किया जाय। फिर भी विकास और सामाजिक न्याय के मुद्दे केवल मात्र राज्य द्वारा प्रवर्तित परियोजनाएँ एवं कार्यक्रम नहीं हैं, उनमें सामाजिक संसाधनों तक पहुँच तथा उन पर नियन्त्रण प्राप्त करने की शक्ति आवश्यक रूप से निहित है। ये सभी योजनाएँ उन्हें अपने जीवन की परिस्थितियों एवं जीवन के अवसरों को सुधारने में सहायता करेंगी। वास्तव में सामाजिक न्याय के साथ विकास की इस प्रक्रिया द्वारा इन वर्गों के सदस्यों को, अपने जीवन का एक अपरिवर्ती आधार पर पुनर्निर्माण करने के लिए स्व-सहायता पर विश्वास तथा सभी उपलब्ध अवसरों का उपयोग करने के लिए प्रोत्साहित करना चाहिए।

किन्तु अन्ततोगत्वा, भारतीय समाज में जहाँ तक कमज़ोर वर्गों का प्रश्न है सशक्तीकरण का क्या अर्थ है? सशक्तीकरण एक वस्तु अथवा एक विषय नहीं है। यह स्वावलम्बन है। यह इस विषय में वंचित व्यक्तियों के स्व-प्रयास एवं मनोवैज्ञानिक संग्रहण पर आधारित है। यह आवश्यक है कि व्यक्ति इस प्रकार अपनी जीवन परिस्थितियों को पुनः रूप प्रदान करने के कार्य को सफलतापूर्वक सम्पन्न करने के लिए सशक्तीकृत महसूस करे जो उनका निराशाजनक निष्क्रियता एवं अपमानजनक जीवन परिस्थितियों से उद्धार कर सके। इस सम्बन्ध में सशक्तीकरण के अन्तर्गत मनोवृत्तिगत परिवर्तन एवं भौतिक संसाधनों की उपलब्धि सम्मिलित है। संक्षेप में सशक्तीकरण कुछ नहीं केवल एक मनोदशा है। यह आत्म-विश्वास, आत्म-निर्भरता तथा अपने अधिकारों एवं हितों के लिए लड़ने के संकल्प को प्रतिबिम्बित करती है। इसे केवल आत्म-संवर्द्धन द्वारा प्राप्त किया जा सकता है और कर्म द्वारा कायम रखा जा सकता है।

इस सन्दर्भ में सशक्तीकरण को लागू न किये जानेवाले अधिकारों की समस्या को दूर करने के लिए उपाय के रूप में देखा गया है। इसे व्यक्तियों, वर्गों एवं समुदायों के बीच में आर्थिक एवं सामाजिक क्षमताओं के निर्माण की एक स्थिति अथवा एक पहलू के रूप में भी देखा गया है। सशक्तीकरण के पीछे विचार हैं : एक संस्तरणात्मक से एक समतावादी समाज की ओर सामाजिक परिवर्तन लाना।

सशक्तीकरण एवं उसके द्वारा भारत में कमज़ोर वर्गों के सामाजिक विकास के पूरे मुद्दे को इस पृष्ठभूमि के विरुद्ध देखने की आवश्यकता है। यह इन वर्गों में बढ़ती हुई चेतना से स्पष्ट है कि उन्होंने समाज के प्रभुत्व खण्ड द्वारा क़ायम रखी गयी संस्तरणात्मक व्यवस्था को परिवर्तित करने की दृष्टि से उग्रता के साथ

दृढ़तापूर्वक अपनी बात को रखना शुरू कर दिया है। अब ये सामाजिक रूपान्तरण तथा उसके द्वारा सशक्तीकरण की प्रक्रिया के प्रवर्तक हैं। सचेतन जातियाँ एवं जनजातियाँ अब आगे आ गयी हैं और उन्होंने उस दमन और बहुविधि वंचनाओं के विरुद्ध, जिनके वे सदियों तक अधीन रहे, विरोध करना प्रारम्भ कर दिया है। एक ओर वे अपने राजनीतिक उपकरणों के माध्यम से राजनीतिक शक्ति प्राप्त करने और दूसरी ओर यह धारणा परिवर्तित करने कि वे "वोट बैंक हैं", का प्रयास कर रहे हैं। वे अपने "मानवाधिकारों" एवं विकास की सम्पूर्ण प्रक्रिया में अपने दातव्य अंश के लिए दृढ़तापूर्वक कह रहे हैं। इस नयी जागरूकता ने उन्हें, न केवल आत्म-सम्मान, स्व-निर्धारणवाद एवं सम्मान स्थापित करने के लिए एक आधार प्रदान किया है, वरन् भारतीय समाज में उच्च-जातियों एवं वर्गों के प्रभुत्व के विरुद्ध दृढ़तापूर्वक बोलने की ओर अग्रसर भी किया है। अपने लेखनों एवं सामाजिक-सांस्कृतिक संगठनों के माध्यम से समाज के ये खण्ड लोगों को अपने प्रजातान्त्रिक अधिकारों, हितों तथा उसके द्वारा अपनी क्षमताओं के विकास के लिए लड़ने हेतु संगठित कर रहे हैं।

अतः इस प्रसंग में सशक्तीकरण को, उनकी अपमानजनक सामाजिक प्रस्थिति, विकट निर्धनता एवं वंचना से उनको बाहर लाने के निबन्धों में समझना चाहिए। दूसरे शब्दों में, कमज़ोर वर्गों के सशक्तीकरण का अर्थ है : उनकी समग्र सामाजिक-आर्थिक परिस्थितियों में प्रगति तथा उनकी प्रस्थिति में ऊर्ध्वगामी वृद्धि। संक्षेप में, सशक्त होने के लिए कमज़ोर वर्गों को स्पष्ट रूप से बोलना होगा और अपने यथार्थ मुद्दों को अधिक संगठित रूप में प्रस्तुत करना होगा तथा भविष्य में उसके प्रभावशाली हस्तक्षेप के लिए सरकार पर दबाव डालना होगा। किन्तु इन खण्डों के सशक्तीकरण को प्रजातान्त्रिक राजनीति वे ढाँचे के अन्दर ही खोजना होगा। अतः राज्य का एक विशेष उत्तरदायित्व है कि वह कमज़ोर वर्गों द्वारा निर्धारित इस कार्यावली में सतर्कतापूर्वक जुट जाय और उनमें क्षमता निर्माण सुरिश्चित करे।

आरक्षण का समाधान (डॉ. राजेश्वरी)

आरक्षण शब्द पूरी तरह से ग़लत है जिसकी कोई अवधारणा नहीं है। बुद्धिजीवियों ने सामाजिक सहभागिता को आरक्षण का नाम दिया है जो पूरी तरह से तर्कपूर्ण एवं विवेकसंगत है।

आरक्षण या सामाजिक सहभागिता जाति-व्यवस्था से उपजा ऐसा अपराध है जिसे तब तक समाप्त नहीं किया जा सकता जब तक कि जाति-व्यवस्था का अन्त नहीं हो जाता। सामाजिक सहभागिता विरोधी मानसिकतावाले वुद्धिजीवियों और चिन्तकों को सामाजिक सहभागिता (आरक्षण) पर पुनर्विचार करने की नसीहत देने के वजाय स्वयं

अपने आपसे पूछने की आवश्यकता है कि आख़िर उन्होंने अपने स्वयं की जातिवादी मानसिकता पर कितना संयम पाया है?

क्या उन्हें इस पर आत्मचिन्तन, आत्मविश्लेषण या पुनर्विचार की आवश्यकता नजर नहीं आती? सामाजिक सहभागिता जिसे मूर्खों ने आरक्षण का नाम दे दिया है उन आरक्षण विरोधी बुद्धिजीवियों, नायकों को क्या यह पता नहीं है कि वर्ण और जाति-व्यवस्था के जनक उनके अपने पूर्वज ही थे और उनके इस आपराधिक कृत्य को वे आज भी बड़े गर्व से बखान और गुणगान करने से भी नहीं थकते जिसने हिन्दू जिसका कि कोई अस्तित्व ही नहीं है, कहे जानेवाले वर्ग को भी बड़े बेरहमी से चार टुकड़े या हिस्से में कर दिये और जब इससे भी इनका जी नहीं भरा तो इस झूठे हिन्दू नामक टुकड़ों के भी न जाने कितने टुकड़े जातियों के रूप में करते चले गये उन्हीं टुकड़े में से दो ऐसे बड़े टुकड़े जिन्हें दलित और पिछड़ा का नाम दिया गया जो सदियों से इन्हीं तथाकथित बुद्धिजीवियों का हजारों वर्षों से शिकार रहे हैं परन्तु इनकी बुद्धि बहुत ही क्षीण है जो इतिहास का हवाला देने से तो नहीं चूकते परन्तु इतिहास के नाम पर सदियों सदियों से ठगते चले आये हैं इस क्रम में दलित और पिछड़ा कहा जानेवाला टुकड़ा जब भी कुछ कहने-लिखने-बोलने का कभी भी प्रयास किया तो इन बुद्धि- जीवियों ने उसकी जुबान काट ली जब भी लिखने का प्रयास किया तो उसके हाथ काट लिए जब भी बोलने का प्रयत्न किया पुनः उसकी जुबान काट ली।

यह तथाकथित बुद्धिजीवी वर्ग, कबीर, कार्ल मार्क्स, मार्टिन किंग लूथर, बाबा साहब भीमराव अम्बेडकर के विचारों की अवहेलना करते हुए तथाकथित काल्पनिक समाज को बाँटनेवाली बुद्धिहीन विचारधाराओं पर अपने क़दम को बढ़ाता चला गया जिसे स्वंय भले ही अपने आप का बोध न हो, महिमामण्डन, पाखण्ड, धूर्तई, पोंगापन्थी... न जाने कितनी ऐसी कल्पना कर डाली जिनका कि हकीकत और वास्तविकता में कोई सरोकार नहीं है। अपने आपको महान्, योग्य, शासन सत्ता का अधिकारी बुद्धिविवेक पर एकनिधित्व करने का अनर्थक प्रयास सतत और निरन्तर करते रहे... दुर्भाग्यवश इन पुरोधाओं को शायद इतना भी नहीं पता कि परिवर्तन प्रकृति का नियम है जिसके अनुरूप क्या सामाजिक परिवर्तन नहीं होना चाहिए? यदि इसी सामाजिक सहभागिता के सहारे आज समाज में थोड़ा-बहुत परिवर्तन हुआ है और हो रहा है, शायद, आगे भी होगा फिर आख़िर इनके पेट में इतना अधिक दर्द क्यों शुरू हो गया।

आर्थिक आधार पर सामाजिक सहभागिता की वकालत करनेवालों को क्या अपना सामान्य ज्ञान ठीक करने की आवश्यकता नहीं है? आज भी भारत के किसी शहर या गाँव में दलित और पिछड़ों की स्थिति आर्थिक रूप से अभी भी उस तथाकथित

सामान्य वर्ग की तुलना में वद् से बदतर है। मीडिया में अनर्गल बयानबाज़ी करने के बजाय उन्हें ज़मीनी हक़ीक़त क्यों नहीं दिखायी देती? क्या कभी इन्होंने यह देखने और जानने की कोशिश की कि वह जिस हवेली, महल या भवन में रहते हैं उसको निर्मित करनेवाले कामगार मज़दूरों में उनकी कितनी सह भागिता है। क्यों नहीं कभी वह किसी रेलवे स्टेशन पर जाकर स्वयं पूछ लेते कि आख़िर इन रिक्शाचालकों की भारी भीड़ में दलितों, पिछड़ों के साथ उनके जाति के कितने लोग हैं? दूसरी तरफ इन्हें आख़िर क्यों नहीं दिखायी देता कि आज भी शायद ही किसी दलित, पिछड़े का... थियेटर, Multiplax shopping complex, Multispeciality Hospital, Cinemahall या फिर अन्य लघु या भारी उद्योग या फिर अन्य व्यवसाय हैं।

आज भी 80 से 90% संसाधनों पर इन्हीं तथाकथित अभिजात बुद्धिजीवियों का एकनिधित्व साम्राज्य है। आज भी शिक्षण संस्थान जो कि कुकुरमुत्ते की तरह फैलते जा रहे हैं जिन्हें सामाजिक और आर्थिक विकास की धुरी कह सकते हैं पर इन्हीं अभिजात या सामन्ती वर्ग का क़ब्ज़ा है।

भ्रमवश अपने आपको सबसे योग्य बुद्धिजीवी कहनेवाला वर्ग पहले स्वयं सुनिश्चित कर ले कि जातिगत आरक्षण समस्या है या फिर समाधान यदि आरक्षण व्यवस्था आज उन्हें समस्या लग रही है तो स्वयं विचार करें कि इस समस्या का जन्मदाता कौन है? दलित, पिछड़ा या फिर भ्रमवश अपने आपको बुद्धिजीवी समझनेवाला यही तबका।

इन्हें अब भी आख़िर क्यों नहीं समझ में आता कि जातिगत आरक्षण की उत्पत्ति शायद जाति से ही हुई है न कि जातिगत व्यवस्था जातिगत आरक्षण से, जिसके जनक शायद उनके पूर्वज और वह स्वयं भी हैं।

जातिगत आरक्षण को आज समस्या बतानेवाला अभिजात और सामन्ती वर्ग क्या कभी जातिगत व्यवस्था को लेकर अपने मुख से कभी एक शब्द भी बोला हो या फिर इसे खत्म करने की दिशा में एक भी क़दम आगे बढ़ाया हो। बात करना या क़दम बढ़ाना तो दूर की बात उल्टा अपने नाम तक को जाति नामक दानव के चंगुल से मुक्त न कर सके, नाम के आगे-पीछे जब तक सिंह, सियार, भेड़िया, दरिन्दा, चौधरी, दिनकर, दिवाकर, मिश्र, द्विवेदी, त्रिवेदी, चतुर्वेदी और न जाने क्या क्या लिखा, कहा या सुना न जाये तो शायद अपनी तौहीन समझते हैं...

आरक्षण विरोधियों से मेरा विनम्र निवेदन है कि अपने नाम के आगे-पीछे से जाति-सूचक उपनामों को हटा लें और सब मिलकर जातियों को इस भारत भूमि की पावन धरती से ख़त्म कर दें। आरक्षण मैं रमुआ-कलुआ और बुधिया के साथ मिलकर खत्म कर दूँगी।

डॉ. राजेश्वरी

भारत में आज की राजनीतिक झाँकी को दलित ओ.बी.सी. स्वचेतना की लहर की घटना को ध्यान में रखे बिना नहीं समझा जा सकता है, जो कि दक्षिण एवं पश्चिम से उत्तर की ओर फैल गयी है उत्तरी राज्यों में 1980 के दशक से बहुजन समाज पार्टी का उल्कापात की तरह उठना लगभग अभूतपूर्व है। हाल में बी.एस.पी. ने पंजाब, राजस्थान, मध्यप्रदेश एवं छत्तीसगढ़ में भी महत्त्वपूर्ण स्थान बना लिया है। दलित चेतना ने एक राजनीतिक दावा कर दिया है। सर्वाधिक आश्चर्यजनक विशेषता है, दलित सेना एवं बैकवर्ड एण्ड माइनोरिटी कम्यूनिटीज इम्प्लाइज फैडरेशन (बामसैफ) जैसे राजनीतिक समूहों का उद्‌भव जो स्वयं दलितों द्वारा नियन्त्रित राजनीतिक दलों के साथ प्रत्यक्ष रूप से जुड़े हैं। जावेद आलम यह मानते हैं कि दलित जातियों ने अपनी शक्ति को महसूस करना शुरू कर दिया है। (2001: 105), दलितों में स्वतन्त्रता का यह नया उत्साह भारत के आर्थिक रूप से विकसित पश्चिमी राज्यों तक ही सीमित नहीं, वरन् यह एक देशव्यापी घटना है। इसने राजनीतिक दलों के अभिनव पुनः सम्मिलन के तर्क के साथ मिलकर दलितों को भारतीय राजनीति में नया खिलाड़ी बना दिया है। दलितों एवं पिछड़ी जातियों के पास अत्यधिक राजनीतिक क्षमता है, यदि उन्हें किसी भी प्रकार से एक साथ लाया जा सके। समानता एवं न्याय के लिए एक सच्ची सामाजिक क्रान्ति लाने के लिए वे सक्षम होंगे।

दलित स्वयं को पहले की अपेक्षा अधिक तार्किक एवं दृढ़तापूर्वक प्रस्तुत, कर रहे हैं (विनायंक, 1997 : 323-26)। उन्होंने यह निश्चित किया है कि वे स्वयं को केवल 'हरिजन' इसलिए नहीं कहेंगे क्योंकि यह एक पितृवादी अभिव्यक्ति है। पूरे देश में दलितों के अनेक छोटे एवं बड़े संगठन हैं जैसे कि कर्नाटक में दलित संघर्ष समिति, केरल में इण्डियन दलित फैडरेशन, आन्ध्रप्रदेश में दलित महासभा, उत्तर प्रदेश, बिहार एवं अन्य उत्तरी राज्यों में बी.एस.पी. अनेक राज्यों के दलितों की सम्मिलित दलित सेना आदि। एक सम्पूर्ण भारतीय संगठन एवं एक सम्पूर्ण भारतीय नेतृत्व के साथ दलित अपने को एक सु-समन्वित राजनीतिक आन्दोलन के रूप में संगठित करने का प्रयास कर रहे हैं, जो स्थापित सामाजिक, राजनीतिक व्यवस्था को चुनौती दे सके। प्रजाति पर डरबन सम्मेलन की कार्यसूची में जाति को सम्मिलित करवाने के दलितों के प्रयास की पद्धति से यह सुस्पष्ट हुआ। यह उद्देश्य विद्यमान सामाजिक व्यवस्था के विरुद्ध उनकी अप्रसन्नता से उत्प्रेरित था, जो आन्दोलन तथा संघर्ष के विभिन्न स्वरूपों के माध्यम से स्वयं को अभिव्यक्त करता है, और आनेवाले वर्षों में यह एक राष्ट्रीय आन्दोलन की गति को निश्चित ही प्राप्त कर लेगा (अमरुकोझेल 1990 : 14-23)

तथापि इस आन्दोलन का बाह्य एवं कभी आन्तरिक ताकतों द्वारा सदैव विरोध हुआ। (दलित संघटन की प्रत्येक चेष्टा के तत्काल बाद एक प्रतिघाती उच्च जाति

संग्रहण वस्तुतः घटित हुआ अम्बेडकर एवं उनके निन्दकों के चारों ओर केन्द्रित चल रहा विवाद इस प्रकार का एक है (शौरी, 1997)। जहाँ एक ओर ज्योतिबा फुले एवं अम्बेडकर को 'हिन्दू सुधारवादियों' के रूप में सहयोजित करने का ब्राह्मणवादी ताक़तों द्वारा एक सम्मिलित प्रयास किया गया, वहीं इन महान्-बहुजन नायकों को बुरा एवं बदनाम करने के लिए अरुण शौरी द्वारा समान हिन्दुत्व ब्राह्मणवाद के सिद्धान्तकारों द्वारा एक सम्पोषित आरम्भ किया गया। वास्तविकता में अम्बेडकर एवं उनके निन्दकों के चारों ओर केन्द्रित इस विवाद की व्याख्या देश में उभरती हुई सामाजिक राजनीतिक प्रवृत्तियाँ के व्यापक परिप्रेक्ष्य में की जानी चाहिए।

सामाजिक-न्याय आन्दोलन आधुनिक भारत के सर्वाधिक विलक्षण एवं प्रासंगिक सामाजिक राजनीतिक आन्दोलन में से एक है, जिसे आज का छद्म राष्ट्रवाद निगल जाना चाहता है। जबकि वास्तव में यह ब्राह्मणवादी सामाजिक व्यवस्था के विरुद्ध एक प्रजातान्त्रिक शक्तिदायी एवं निश्चयात्मक जन आन्दोलन के रूप में विकसित होकर राष्ट्र और राष्ट्रवाद के परिप्रेक्ष्य में परिलक्षित हो रहा है,जिसमें रमुआ-कलुआ और बुधिया भी बुद्धवाद एवं हिन्दूवाद के मध्य सुस्पष्ट विभिन्नीकरण को समझने के लिए प्रयत्नशील है। उनकी यह सुस्पष्ट समझ ही हमें राजनीतिक राष्ट्रवाद के संकट से निकालकर राष्ट्र और राष्ट्रवाद की तरफ ले जायेगी।

8

क्षेत्रीय राष्ट्रवाद

(Regional Natioalism)

भौगोलिक दृष्टि से भारत का विशाल क्षेत्रफल, कई क्षेत्रों-राज्यों में बँटे होने के कारण, राष्ट्र और राष्ट्रवाद के लिए और भी महत्त्वपूर्ण हो जाता है, कि आख़िर इसे राष्ट्र बनाने के लिए कई अन्य चुनौतियों के साथ-साथ क्षेत्रीय राष्ट्रवाद की चुनौतियों से भी दो-चार होना पड़ता है।

प्राचीनकाल में आर्यों की भरत नाम की शाखा द्वारा हिमालय पर्वत के दक्षिणी भाग के अनार्यों अथवा आर्यों को पराजित करके उस भूभाग का नाम भरतशाखा के नाम पर ही भारतवर्ष रखा गया और इसके उत्तर-पश्चिम में प्रवाहित होनेवाली नदी को सिन्धु नाम दिया गया। कालान्तर में ईरानियों द्वारा 'स' को 'ह' पढ़ा जाने के कारण सिन्धु को हिन्दू और देश को हिन्दुस्तान कहा गया, जबकि यूनानियों ने सिन्धु नदी को इण्ड्स तथा उस देश को, जहाँ यह नदी प्रवाहित होती है, इण्डिया नाम दिया। वर्तमान समय में यही देश विश्व में भारत, हिन्दुस्तान एवं इण्डिया तीनों नामों से जाना जाता है।

इससे यह और अधिक स्पष्ट हो जाता है कि जिस देश का भौगोलिक ढाँचा ही विषम हो अर्थात् हिमालय पर्वत का दक्षिण भाग भारत एवं उत्तर-पश्चिम भाग हिन्दुस्तान या फिर इण्डिया उसमें एक राष्ट्रवाद की कल्पना दिवास्वप्न नहीं तो फिर क्या है?

क्षेत्रफल की दृष्टि से भारत विश्व का सातवाँ बड़ा देश है। पूर्व से पश्चिम तक लम्बाई 3214 किमी. स्थानीय सीमा की लम्बाई 15,200 किमी. तथा द्वीप सहित जलीय सीमा की लम्बाई 75166 किमी.। क्षेत्रफल में इससे छह बड़े देश हैं, रूस, कनाडा, चीन, संयुक्तराज्य अमेरिका, ब्राजील तथा आस्ट्रेलिया। जबकि भारत पाकिस्तान से चार गुना, फ्रान्स से छह गुना, जर्मनी से नौ गुना और बाँग्लादेश से 23 गुना बड़ा देश है।

विश्व में क्षेत्रफल एवं जनसंख्या की दृष्टि से सबसे बड़े महाद्वीप एशिया में स्थित भारत की आकृति पूर्णतः त्रिभुजाकार न होकर चतुष्कोणीय है, एवं यह भूमध्य रेखा

के उत्तर में स्थित है। देश सम्प्रति 29 राज्यों एवं 7 केन्द्र शासित प्रदेशों का एक संघ है। यद्यपि देश का क्षेत्रफल विश्व के कुल क्षेत्रफल का मात्र 2.42 प्रतिशत ही है, किन्तु यहाँ पर विश्व की लगभग 17 प्रतिशत जनसंख्या निवास करती है। यहाँ की प्राकृतिक बनावट, संसाधन क्षमता से प्रभावित होकर जार्ज वी. क्रैंसी ने अपनी भौगोलिक पुस्तक 'एशिया की भूमि एवं निवासी' में लिखा है, कि 'भारत को महाद्वीप कहलाने का उतना ही अधिकार है जितना कि यूरोप को।'

देश की सीमाएँ—देश की सीमाएँ प्राकृतिक एवं मानव निर्मित दोनों प्रकार की हैं। भारत की स्थलीय सीमाएँ उत्तर में तज़ाकिस्तान, चीन व नेपाल, उत्तर-पश्चिम में, अफ़गानिस्तान, पश्चिम में, पाकिस्तान और पूर्व में बाँग्लादेश के साथ भारत की सीमाएँ कृत्रिम अथवा मानव निर्मित हैं। जबकि अन्य छह देशों, अफ़गानिस्तान, तज़ाकिस्तान, चीन, नेपाल, भूटान तथा म्याँमार के साथ भारत की सीमाएँ प्राकृतिक हैं। ये प्राकृतिक सीमाएँ सामान्यतः ऊँची पर्वत शृंखलाओं के रूप में हैं। उत्तर में हिमालय पर्वत हमारी सीमा बनाता है। इसकी मुस्ताघ, अगोल, कुनलुन तथा काराकोरम श्रेणियाँ जम्मू-कश्मीर की सीमा पर हैं। यहाँ पर एशिया के चार देशों की सीमाएँ आकर मिलती हैं—1. चीन 2. भारत 3. अफ़गानिस्तान 4. पाकिस्तान।

जम्मू-कश्मीर क्षेत्र (राज्य) आज़ादी के बाद से ही, दोनों मुल्कों भारत और पाकिस्तान के लिए राष्ट्र और राष्ट्रवाद का मुद्दा का बना हुआ है। इस सन्दर्भ में मुझे राष्ट्रवाद के प्रति सहानुभूति रखनेवाले राष्ट्रवाद के अनुयायी 'टॉम नेयर्न' की विवशता दिखायी पड़ती है—जो यह कहने के लिए विवश हो जाते हैं कि—"राष्ट्रवाद आधुनिक प्रगतिशील इतिहास की रुग्णता है, इसकी तुलना उस मानसिक विक्षिप्तता से की जा सकती है, जो व्यक्ति की सोचने-समझने की शक्ति को अपरिहार्य रूप से दुर्बल कर देती है, और धीरे-धीरे व्यक्ति, मतिभ्रम का शिकार हो जाता है। यह स्थिति मुख्यतः उस धर्म संकट से जन्म लेती है जो आज समूचे विश्व में लोगों द्वारा स्वयं को निरुपाय समझने से उत्पन्न हो गयी है। इसकी तुलना आप इन्फैण्टिलिस्म समाज के मानसिक व बौद्धिक विकास में अवरोध से कर सकते हैं। और इस बीमारी का फिलहाल कोई इलाज़ नहीं दिखता।"

यह कैसा, राष्ट्रवाद है जहाँ हम यह तो कहते हैं कि कश्मीर हमारा है,
लेकिन कश्मीरी हमारे नहीं?

नागालैण्ड हमारा है, नागा हमारे नहीं?

यह विडम्बना नहीं तो और क्या है? कि जहाँ भारत में यह माना जा रहा है कि कश्मीर और नागालैण्ड की ज़मीन भारत में पहले से सम्मिलित है, लेकिन भारत के लोग बाद में आये हैं। राष्ट्र और राष्ट्रवाद को हर एक दृष्टि से देखा जाना चाहिए सिर्फ़ भावना से राष्ट्र या राष्ट्रवाद नहीं चलता। हमें यह तय करना ही होगा कि पहले राष्ट्र

या फिर राष्ट्र के लोग? जो लोग राष्ट्र को सिर्फ़ ज़मीन का टुकड़ा मानते हैं, उन्हें चन्द्रलोक को राष्ट्र के रूप में स्वीकार कर लेना चाहिए।

'हिमाल' एक पत्रिका है, जिसमें भारत का एक नक्शा बनाया गया है, जो देखने पर उल्टा दिखायी देता है। जिसमें श्रीलंका ऊपर है और कश्मीर नीचे। हास्यस्पद यह है कि जो लोग कहते हैं कि पृथ्वी गोल है वह भी कहते हैं कि नक़्शा उल्टा है। उल्टा लगने का कारण नहीं जानना चाहते, किसी भी नक़्शे को बनाने के लिए कुछ कनवेन्शन्स होते हैं। उत्तर ऊपर, दक्षिण नीचे पूर्व आगे, पश्चिम पीछे (या दायें बायें)। वास्तव में विचार किया जाये तो उत्तर को नीचे कर देने से तस्वीर ग़लत नहीं हो जाती, सिर्फ़ अलग दिखायी सी देती है। जो हमें दूसरे पहलुओं पर विचार करने की ओर इशारा करती है। लेकिन जब वही लोग जिन्हें नक़्शा उल्टा दिखायी पड़ता है, अपनी पत्रिका ऑर्गनाइज़र में भारत का नक्शा ही गलत छाप देते हैं, कश्मीर के कुछ भाग को पाकिस्तान के अन्दर दिखाते हैं। जिसके लिए उन्हें अपनी पत्रिका ऑगनाज़र के अगले ही अंक में खेद के साथ यह कहते हुए कि दक्षिण एशिया का नक्शा किसी वेवसाइट से उतारा गया था, जम्मू-कश्मीर को भारत का अटूट अंग मानने का हवाला देती नज़र आती है।

इतना ही नहीं, आज भी भारत माता की तस्वीरों के हाथ में, तिरंगे झण्डे के बजाये, भगवा झण्डे को आसानी से कहीं भी देखा जा सकता है। इससे एक बात तो स्पष्ट है कि दरअसल इन्हें न तो तिरंगे पर भरोसा है और न ही भगवा पर।

यदि गहराई में जाकर महसूस करें कि भारत माता के नक़्शे में मानव शरीर की ही भाँति क्षेत्र (राज्य) रूपी अंग हैं। इससे एक बात तो स्पष्ट है, कि जिसने या फिर जिन सबने इस नक़्शे को बनाया होगा, लोकतान्त्रिक परिकल्पना से ओत-प्रोत रहा होगा। निश्चित ही, मनुष्य, मनुष्यता और मानव-मूल्य इसकी परिधि के केन्द्र में रहे होंगे। बिल्कुल प्रकृति की तरह जो सबको, समेटते हुए अपने में समाहित कर ले। कश्मीर को सिर की तरह गुजरात, बंगाल बाँहों के जैसे इत्यादि। इतना ही क्यों प्रकृति की ही तरह राष्ट्र को एक माता के शरीर जैसे दिखाने का प्रयास। अद्‌भुत और बेमिसाल है। लेकिन हम आज भी क्या इन संकेतों को सही तरह से समझ पा रहे हैं? या फिर इस बात की अभी भी आवश्यकता है, कि वह हम सबकी माता है। यानी देश का हर भाग हर क्षेत्र उसका अटूट अंग है। शरीर के किसी अंग को काटकर क्या उस शरीर की सम्पूर्णता पर कायम रहा जा सकता है? क्या होगा आख़िर उस भारत माता का? जब उसके ही तथाकथित चाहने या फिर नारा लगानेवाले लोग उसी के शरीर के विभिन्न अंगों को क्षत-विक्षत करने में लग जायें। राष्ट्र के नक़्शे को सीधा देखना या उल्टा देखना महत्त्वपूर्ण नहीं है, महत्त्वपूर्ण है, सीधा और उल्टा देखनेवालों का दृष्टि कोण।

वास्तव में देखा जाये तो राष्ट्र कोई प्राकृतिक शरीर नहीं है, यह इन्सानों द्वारा निर्मित एक ढाँचा है। राष्ट्र न तो आलोचना की चीज़ है और न ही गर्व करने की वस्तु। राष्ट्र है, विवेचना की चीज़, राष्ट्र है जनतन्त्र का नज़रिया और जनतन्त्र है, सहमति, असहमति के बीच से उत्पन्न होकर निकली एक व्यवस्था। राष्ट्र का सही मायने में मतलब तो सिर्फ़ एक ही है कि वह प्रकृति की ही तरह, लोगों के द्वारा बाँटने पर भी नहीं बँटता है। राष्ट्र समावेशी के साथ ही सार्वभौमिक भी है। राष्ट्रवाद के सन्दर्भ में बना छोटा-सा कन्नड़ भाषा का नारा याद आता है, जो एक विश्वविद्यालय में विश्वविद्यालय के छात्रों द्वारा अपने विश्वविद्यालय के रेक्टर के सम्बोधन के रूप में है—"रेक्टर अवरे, मनुष्यार आगी" अर्थात् 'रेक्टर साहब मनुष्य बनो।' मूल रूप से नारा भले कन्नड़ में हो लेकिन राष्ट्रवाद के परिवेश में इससे बेहतर नारा आज शायद ही हो!

किसी की सभ्यता के लिए राष्ट्र का निर्माण एक बहुत बड़ी चुनौती होती है। यह चुनौती भारत के सन्दर्भ में और भी बड़ी हो जाती है। भारत बीते चार-पाँच हज़ार सालों में साम्राज्यवादी व्यवस्था के अन्तर्गत पराजित, अपमानित, विघटित और विभाजित हुआ है। आर्यों से लेकर अंग्रेज़ों तक ने अपनी साम्राज्यवादी संरचना के तहत, आदिवासियों, अस्पृश्यों एवं महिलाओं का जितना शोषण इस देश में किया शायद ही किसी देश में कभी हुआ हो। भारत आज लोकतन्त्र की प्रक्रिया के अन्तर्गत न सिर्फ़ अपने भागों (टुकड़ों) को एकत्र करने का प्रयास कर रहा है, अपितु मानवता के मूल्यों की दृष्टि से भी राष्ट्र निर्माण की ओर उतार-चढ़ाव के साथ अग्रसर हो रहा है।

राष्ट्र और राष्ट्रवाद के निर्माण में क्षेत्रीय असमानताओं को दरकिनार नहीं किया जा सकता। यदि ऐसा होता है, तो इसके परिणाम हमारे, आपके या फिर राष्ट्र किसी के लिए भी हितकर नहीं होंगे।

क्षेत्रीय असमानता से पीड़ित क्षेत्र-राज्य ख़ासकर, उड़ीसा, तेलंगाना, झारखण्ड, छत्तीसगढ़ को नक्सल प्रभावित और वहाँ के वासियों को नक्सली कहकर ख़ारिज़ नहीं किया जा सकता, जैसा कि दशकों से देश की सरकारें करती चली आ रही हैं। ये सभी राज्य, खनिज-सम्पदाओं से सम्पन्न राज्य हैं। राष्ट्र निर्माण में यदि राष्ट्र के नुमाइन्दे इनकी ज़र, जंगल, ज़मीन का दोहन करते हैं तो फिर यहाँ के मूलनिवासियों को नक्सली घोषित करके इन आदिवासियों के हक़ अधिकार को समाप्त करना भला यह कैसा राष्ट्र और राष्ट्रवाद है?

राष्ट्रवाद में मदमस्त तथाकथित राष्ट्रवादी सरकारों को इन राज्यों की अपार खनिज सम्पदाओं के दोहन के बदले में, उन्हें उनका हिसाब हर हाल में आज नहीं तो कल देना ही होगा। क्षेत्रीय विषमता राष्ट्र निर्माण में एक बहुत बड़ी बाधा है। इतना ही क्यों देश की आर्थिक राजधानी कही जानेवाली मुम्बई (महाराष्ट्र) में बिहार और उत्तर-प्रदेश

के लोग आख़िर कब तक अपमानित होकर सड़कों पर पिटते रहेंगे? या फिर पूर्वोत्तर के लोग देश की राजधानी दिल्ली सहित बैंगलोर में कब तक डर-डरकर जीने के लिए विवश होते रहेंगे? यदि एक अलग क्षेत्र राज्य होने के कारण एक ही देश के दूसरे राज्य में डर-डर जीना पड़े तो फिर राष्ट्र और राष्ट्रवाद के क्या मायने हैं? इस पर हमें अवश्य ही विचार करना होगा।

मुझे लगता है कि क्षेत्रीय लिहाज़ से राजनीति करने के लिए सबसे मुफ़ीद (बेहतर) कोई जगह है, तो निश्चित रूप से यह जगह जम्मू-कश्मीर है। यहाँ से एक ही नहीं बल्कि दोनों देशों (भारत एवं पाकिस्तान) की राजनीतिक रोटियाँ सिकती हैं। दोनों ही देश के राजनेता दरअसल कभी चाहते ही नहीं हैं कि कश्मीर का मुद्दा सुलझे। वह अच्छी तरह से जान चुके हैं कि यहाँ मुद्दा हल करने का मतलब ही है, कि दोनों देशों की राजनीति में अकाल का आ जाना।

वास्तव में देखा जाये तो, आज का पूरा राष्ट्रवाद इसी के इर्द-गिर्द घूमता है। चाहे फिर इधर का हो या उधर का। कुल मिलाकर देखें तो हिन्दू मुसलमान के सहारे आज भी राष्ट्रवाद का सारा दर्शन यहीं से जन्म लेकर यहीं पर दम तोड़ता नज़र आता है।

इस सन्दर्भ में, मुझे दुष्यन्त की दो पंक्तियाँ याद आती हैं—

आप बचकर चल सकें, ऐसी कोई सूरत नहीं,
रहगुज़र घेरे हुए मुरदे खड़े हैं बेशुमार।

रहगुज़र का अर्थ होता है, राजमार्ग या फिर आम रास्ता। यहाँ रहगुज़र के रूप में आप कश्मीर को ले सकते हैं, भारत और पाकिस्तान के राजनेताओं के लिए कश्मीर से अच्छा राजमार्ग कोई हो ही नहीं सकता। सोचिये, यदि दोनों देश के राजनेता इस क्षेत्रीय मुद्दे को छोड़ दें यानी सुलझा लें या समाप्त कर लें, ऐसी फ़िलहाल कोई सूरत बनती नहीं दिखती। दोनों तरफ की भावना इस मुद्दे से प्रभावित हुए बिना बचकर निकल सके इसकी भी शायद कम ही गुंजाइश दिखती है। दरअसल राष्ट्रवाद की भावना को मफ़ाद (प्रयोजन, मक़सद) बनाने के लिए दोनों ही देशों को शायद ही कोई दूसरी मुनासिब जगह मिल सके।

इससे अधिक शर्म की बात भला और क्या हो सकती है, किसी राष्ट्र और तथाकथित राष्ट्रवादियों के लिए कि ऐसे किसी बेरहम क़ानून की आवश्यकता पड़ रही हो जहाँ ऐसा कोई अधिकारी या फिर जवान बिना किसी कारण को जाने-समझे-गोली बारी कर सकता है। किसी एक राज्य के लिए यह ज़रूरी हो सकता है, जैसे कि कश्मीर के लिए। लेकिन देश की लगभग 30 प्रतिशत आबादी के साथ इसे कैसे जायज़ ठहराया जा सकता है?

31 मार्च, 2012 को संयुक्त राष्ट्र को भारत जैसे लोकतान्त्रिक देश में 'अफस्पा' (AFSPA) जैसे क़ानून को अनौचित्य करार देना पड़ा। और ह्यूमैन राइट्स वॉच जैसी

संस्थाओं को यह कहकर कि यह अधिनियम भेदभाव, दमन और दुरुपयोग से भरा पड़ा है, आलोचना करना पड़े'' तो फिर ऐसी स्थिति में भारतीय राष्ट्र राज्य के ऊपर यह सवाल क्यों नहीं उठना चाहिए कि जब देश की लगभग एक चौथाई से भी अधिक आबादी पर 'अफस्पा' जैसे नृशंस क़ानून की आज भी आवश्यकता क्यों पड़ रही है? आख़िर क्यों न इसे एक राष्ट्रवादी शस्त्र के रूप में, सामाजिक व्यवस्था को कुचलने का उपक्रम समझा जाये? क्या अन्तर है इन राज्यों के लिए अंग्रेज़ी साम्राज्यवाद और आज के पूँजीवादी साम्राज्य में क्या फर्जी राष्ट्रवाद से इनका पेट भर जायेगा या फिर राष्ट्र का निर्माण बन्दूक के बल पर किया जाना चाहिए? हमारे लिए आज़ादी लेकिन इनके लिए तथाकथित आज़ादी के 70-72 वर्षों में आख़िर इन राष्ट्रवादी सरकारों ने किया क्या है? नक्सली कौन हैं? क्या ये दूसरे ग्रह से आये प्राणी हैं? आख़िर इन्हें मुख्यधारा में लाने में क्यों बिफल रहीं सरकारें?

'अफस्पा' (AFSPA) Armed Forces (Special Powers) Acts are acts of the Parliament of India that grant Special Powers to the Indian Armed Forces in what each act tern "Disturbed areas".

यह एक फ़ौज़ी क़ानून है, जिसे आज़ादी के कुछ ही सालों बाद 1958 में भारतीय संसद् ने निर्मित किया है। जिसका प्रयोग 'डिस्टर्ब' क्षेत्रों में लागू किया जाता है। यह क़ानून सुरक्षा बलों और सेना को कुछ विशेष अधिकार देता है। 'अफस्पा' को 1 सितम्बर, 1958 को असम, मणिपुर, त्रिपुरा, मेघालय, अरुणाचल प्रदेश, मिजोरम और नागालैण्ड सहित भारत के उत्तर पूर्व में लागू किया गया था। इन राज्यों को 'सात बहनों' के नाम से जाना जाता है। इसे भारतीय संघ से अलग पूर्वोत्तर राज्यों में हिंसा रोकने के लिए लागू किया गया था। बाद में पंजाब और चण्डीगढ़ भी इस अधिनियम के दायरे में आये और 1997 में इस क़ानून को वहाँ पर समाप्त किया गया। अफस्पा 1990 में, जम्मू और कश्मीर राज्य के लिए भी लागू किया गया था और तब से यह कार्यान्वित है। जबकि त्रिपुरा में अभी हाल में ही इस अधिनियम को हटाया गया है। इसका आधार एक क्षेत्र का 'डिस्टर्ब' (अशान्त) होना माना जाता है। जैसे कि, धार्मिक, नस्लीय, भाषा, क्षेत्रीय, समूहों, जातियों, समुदायों के बीच मतभेद या विवादों के कारण राज्य या केन्द्र सरकार एक क्षेत्र या एक से अधिक क्षेत्र को 'डिस्टर्ब' घोषित कर सकती है।

आख़िर कौन पूछेगा इन तथाकथित राष्ट्रवादियों और राष्ट्रवादी सरकारों से कि देश का वह कौन सा ऐसा भाग क्षेत्रराज्य है जहाँ इन मुद्दों पर मतभेद या विवाद नहीं है! मुझे लगता है कि देश में शायद ही कोई ऐसा क्षेत्र हो! फिर इन सात बहनों के साथ ही राष्ट्र द्वारा राष्ट्रवादी बलात्कार 'अफस्पा' को झेलना पड़ रहा है। पूर्वोत्तर राज्यों को क्या राष्ट्र से अलग माना जाये? या फिर ये राज्य इनके राष्ट्रवादी ढांचे में फिट नहीं बैठते।

इन राज्यों की समस्याएँ क्या हैं? इनका निवारण क्या है? और कौन करेगा इन समस्याओं का निवारण? क्या इन समस्याओं के समाधान के लिए राष्ट्र निर्माण और राष्ट्रवाद की कल्पना खोखली या बेबुनियाद नहीं लगती?

हर क्षेत्र राज्य की अपनी समस्याएँ हैं, जिसके ही कारण क्षेत्रवाद की अवधारणा का जन्म होता है। जो राजनीतिक, सामाजिक, आर्थिक सांस्कृतिक, वैचारिक या अन्य किसी भी रूप में हो सकती हैं। इन समस्याओं के निस्तारण के बिना राष्ट्र और राष्ट्रवाद की कल्पना भी बेमानी है। भारत में क्षेत्रवाद के मुख्यतः एक नहीं बल्कि कई कारक हैं, जो इसके लिए उत्तरदायी हैं। जैसे की पृथक् भाषा, नृजातीय पहचान, विकास में असमानता, अलग संस्कृति, अलग भौगोलिक पहचान आदि। प्रत्येक राज्य क्षेत्र की अपनी ज़रूरतें होती है, उन्हीं ज़रूरतों के अनुरूप, भारत में क्षेत्रवाद की अभिव्यक्ति की आवाज़ें समय-समय पर उठना स्वाभाविक है। यह आवाज़ें कितनी जायज़ हैं या फिर जायज़ नहीं हैं, आपसी विचार-विमर्श के बिना तय करना सम्भव नहीं है। क्षेत्रवाद की अभिव्यक्ति को कुचला नहीं जा सकता। जिन्हें लगता है कि राष्ट्र और राष्ट्रवाद सबसे बड़ा है, दरअसल वह स्वयं भी इसी क्षेत्रवाद की पैदाइश हैं। जो कभी पृथक् राज्य की माँग तो कभी विशेष राज्य या पूर्ण राज्य की माँग के साथ भारत संघ से अलग होने के रूप में खड़े होते हैं। भारत में क्षेत्रवाद की जड़े भाषा के साथ काफी गहरे रूप से जुड़ी हैं। भाषायी विविधता भारत की एक विशिष्ट पहचान है। दक्षिण भारत से लेकर महाराष्ट्र और गुजराज तक भी इससे अछूते नहीं हैं। आन्ध्रप्रदेश का गठन, महाराष्ट्र और गुजरात का विघटन या फिर तमिलनाडु का भाषायी आन्दोलन इसके ज्वलन्त उदाहरण हैं। राष्ट्र के सब हैं, तो राष्ट्र भी सबका है, फिर विकास भी सभी राज्यों का कमोवेशी समान होना चाहिए। लेकिन भारत में विकास प्रक्रिया के क्रम में विभिन्न राज्यों की स्थिति किसी से छिपी नहीं है। इसमें घोर असमानता देखी जा सकती है। इसलिए क्षेत्रीय राष्ट्रवाद के रूप में इसकी अपनी भूमिका को नकारा या फिर झुठलाया नहीं जा सकता। इतना ही नहीं, कई राज्य क्षेत्र अपनी नृजातीय पहचान जो कि पारिस्थितिकी आधारित हैं और क्षेत्र आधारित जातीयता को लेकर भी प्रयासरत हैं।

भारत का उत्तर-पूर्व क्षेत्र इसका साक्षी है, जो लगातार बोडोलैण्ड और गोरखालैण्ड की माँग कर रहे हैं। साथ-ही-साथ हर राज्य क्षेत्र की अपनी भौगोलिक विशेषताएँ एवं सांस्कृतिक विरासत हैं, जो उन्हें सुरक्षित रखने के क्रम में क्षेत्रीय राष्ट्रवाद की ओर अग्रसर करती हैं।

वस्तुतः भारत को राष्ट्र निर्माण में, विविधता से भरे इन राज्य क्षेत्रों में राष्ट्रवाद की अलख-जगानी है, तो इनकी समस्याओं पर परदा नहीं डाला जा सकता है। तभी भारत का सशक्त लोकतन्त्र, प्रगतिशील संवैधानिक तन्त्र एवं मज़बूत संघीय ढाँचा सुदृढ़ हो पायेगा।

सन् 1946 में डॉ. अम्बेडकर ने 'ऑल इण्डिया डिप्रेस्ड क्लासेज़ एसोसिएशन' की ओर से संविधान सभा के सामने एक ज्ञापन पेश किया था। इस ज्ञापन में उन्होंने कहा था कि आज़ाद भारत के लिए ज़रूरी है कि देश की खेती-योग्य तमाम ज़मीन को उसको जोतनेवालों के बीच बराबरी से बँटवारा कर दिया जाये। आगे उन्होंने लिखा कि अगर ऐसा करना है तो केवल नीति बनाकर काम नहीं चलेगा चूँकि नीति तो पूँजीपतियों के दबाव में आसानी से बदली जा सकती है, इसलिए इस प्रावधान को संविधान में ही डाल देना चाहिए ताकि उसको पूँजीवादी ताक़तें चुनौती न दे सकें। जैसा कि अपेक्षित था उस प्रस्ताव को नहीं माना गया और ज़मीन का विषमता मूल्य वितरण आज तक बना हुआ है। इतना ही नहीं, इन सब बातों को भूलकर राष्ट्रवाद के नाम पर आदिवासियों की ज़र-जंगल, ज़मीन जीविका को बिना उनकी सहमति के जबरन छीना जा रहा है।

राष्ट्रवाद के मायने क्या हैं? टाटा, बिड़ला, अम्बानी, अदाणी, रामदेव आदि कुछ चन्द पूँजीपतियों की खुशहाली या फिर दुनिया की तमाम बड़ी विदेशी कम्पनियों का एफ.डी.आई. के माध्यम से किया गया पूँजी निवेश। बुलेट ट्रेन एवं स्मार्टसिटी का फ़रेब या फिर भारत की स्किल इण्डिया, डिजिटल इण्डिया, मेक इन इण्डिया की ब्राण्डिग? या फिर रमुआ-कलुआ और बुधिया जो दूर-दराज़ गाँव, गली-मुहल्लों में दो जून की रोटी के लिए तरसते हैं?

9

लैंगिक राष्ट्रवाद
(Genital Nationalism)

लैंगिक राष्ट्रवाद की शुरूआत जनगणमन के रचनाकार रवीन्द्रनाथ टैगोर से शुरू करने की कोशिश करते हैं—टैगोर कहते हैं—

Come ye Aryans, Come non-Aryans,
Hindu, Muslim, Come all;
Come ye English, Come ye Christian,
Come Brahmin, Cleanse your mind
and hold others by the hand,
Come ye outcaste, come ye lowly ones,
fling away your load of shame!
Come, one and all, to the Mother's crowning
come,
fill the sacred bowl and let all unite
and consecrate the waters
on the shore of vast humanity
that is India.

Ravindra Nath Tagore :
Mainstream, Vol LVI No. 35, August 18, 2018,

ऐ आर्य तुम आओ, अनार्य आओ
हिन्दू-मुस्लिम सब आओ।
ऐ अंग्रेज़ तुम आओ, ऐ ईसाई आओ
ब्राह्मण आओ, अपने मन (मस्तिष्क) को
शुद्ध करके और दूसरों का हाथ थामकर आओ।

ऐ जातिविहीन (अछूत) तुम आओ, ऐ दबे-कुचले (निचले) तुम आओ। यह शर्म का बोझ फेंककर तुम आओ, आओ तुम सब आओ।

'माता' का अभिषेक करने तुम सब आओ।

पवित्र पात्र को जल से भरो और सब एकत्रित होओ, उस मानवता के विस्तृत तट पर जो भारत है। *—"रवीन्द्रनाथ टैगोर"*

"पितृसत्तात्मकता, सामाजिक संरचना की ऐसी प्रक्रिया और व्यवस्था है जिसमें आदमी औरत पर अपना प्रभुत्व जमाता है और फिर उसका दमन एवं शोषण करता है।"

महिलाओं का शोषण भारतीय समाज की सदियों पुरानी सांस्कृतिक घटना है। पितृसत्तात्मक व्यवस्था ने अपनी वैधता और स्वीकृति हमारे धार्मिक विश्वासों, चाहे फिर वह हिन्दू, मुसलमान, सिक्ख, ईसाई, जैन-बौद्ध या अन्य तथाकथित धर्म से क्यों न हों, से प्राप्त की है।

"पुरुष का अधिकार एक स्वीकार्य सिद्धान्त बन चुका है, परन्तु दुर्भाग्यवश विश्व के विशेष दृष्टिकोण में वह मात्र पुरुषों का अधिकार है। जो सिर्फ़ पुरुषों तक ही सीमित रहना चाहिए था। लेकिन अब तक भी यह अधिकार लैंगिक अधिकार तक ही सिमटकर रह गया जबकि इसे मानवीय अधिकार होना चाहिए था। जब तक यह मानवीय अधिकार नहीं बनता तब तक समाज एक औचित्यपूर्ण सुरक्षित नींव पर कदापि खड़ा नहीं हो सकता।" लैंगिक राष्ट्रवाद को समझने के लिए हमें कुछ प्रश्न क्यों नहीं खड़े करने चाहिए?

मानवता का विस्तृत तट भारत ही क्यों? यदि भारत तो फिर 'वसुधैव कुटुम्बकम्' का प्रलाप क्यों? भारत आख़िर माता ही क्यों? पिता क्यों नहीं? 'माता' का अभिषेक करने हेतु पुरुष ही क्यों? क्या 'माता' का अभिषेक माता नहीं कर सकती? आदि आदि।

काफी जद्दोजहद करने के पश्चात् पता चला कि वास्तविकता इससे बिल्कुल परे है।

1870 के दशक के शुरूआती वर्षों में वन्दना के रूप में लिखे गये 'वन्दे मातरम' को राष्ट्रगीत के रूप में स्वीकृति मिली परन्तु इसमें प्रयुक्त छवियों, शब्दावली और प्रच्छन्न मूर्तिपूजा के कारण, यह कई तरह के विवादों से अछूता न रह सका।

सव्य साँची भट्टाचार्य 'वन्दे मातरम्'; बायोग्राफी ऑफ सोंग (2013)

सन् 1881 में बंकिमचन्द्र चटर्जी ने अपनी पुस्तक 'आनन्द मठ' में इसे सम्मिलित किया। बंकिमचन्द्र ने भारत माता को एक पवित्र प्रतीक के रूप में चित्रित किया, जो राष्ट्र की छवि थी और दैवीय शक्तियों से युक्त थी।

गीती सेन, 'आइकोनासिंग द नेशनल, पॉलिटिकल एसेंडास' इण्डिया, इण्टनेशनल सेण्टर क्वार्टरली, खण्ड 29, नम्बर 314 इण्डिया, ए नेशनल, कल्चर? (विण्टर 2002-स्प्रिंग...2003, पृष्ठ 748

राष्ट्र-राज्य को देवी और माँ के रूप में देखने पर जोर देते हुए सुमथि रामास्वामी ने रवीन्द्रनाथ टैगोर को उद्धृत करते हुए कहा, "क्या मैंने तुम्हें नहीं बताया कि तुममें (महिलाओं), मैं हमारे देश की शक्ति देखता हूँ?"

सुमथि रामास्वामी, "मैप्स एण्ड गाडेसस इन मॉर्डन इण्डिया"
इमागोमुण्डी, खण्ड 53 (2001), पृष्ठ 106

सन् 1915-1916 में, जब रवीन्द्रनाथ टैगोर ने ये पंक्तियाँ लिखीं तब तक देशप्रेमी भारतवासियों के बीच भारत को एक महिला एक देवी और भारत माता के रूप में देखना आम हो गया था।

शायद इन सबके पीछे सदियों से लेकर चली आ रही पितृसत्तात्मक व्यवस्था जिसे हम विशुद्ध रूप से ब्राह्मणवादी व्यवस्था कह सकते हैं का षड्यन्त्र के लबादे में लिपटा हुआ उदारता रूपी पाखण्डवाद ही है—

उदाहरण के तौर पर ऋग्वेद के इस मन्त्र को ही देखने का प्रयास करें—

इमां त्वमिन्द्र मीढ्वः सुपुत्रां शुभगां कृणु।
दशास्याँ पुत्रवा धेहि पतिमेकादशं कृधि।।

ऋग्वेद 10/85/45।।

भावार्थ—"वीर्य-सिंचन करनेवाले इन्द्र के समान हे बलवान् पुरुष तू इस वधू को अच्छे पुत्रोंवाली सौभाग्यवती बना। इससे दस पुत्र पैदा कर और ग्यारहवें में तू पति स्वयं है।"

कुल मिलाकर स्त्री को बच्चा पैदा करने की फैक्ट्री बनाकर रख दिया गया। ऐसी फैक्ट्री जिसका उत्पाद (Product) मात्र और मात्र पुत्र हो, पुत्री कदापि नहीं।

सेक्स शब्द 'पुरुष' और 'स्त्री' को परिभाषित करता है जबकि 'लिंग' सामाजिक और सांस्कृतिक शब्द है, जो सामाजिक परिवेश को परिभाषित करते हुए समाज में पुरुषों और स्त्रियों के आचरण कार्य और व्यवहारों के जानने-समझने का प्रयत्न करता है। वेदों में पुत्र पैदा करने की बात बार-बार आती है, पुत्री पैदा करने की नहीं! क्या यह पितृसत्तात्मक सत्ता से ग्रसित मानसिकता की परिचायक नहीं है? या फिर इसे ब्राह्मणवादी पितृसत्तात्मक व्यवस्था का षड्यन्त्र क्यों न समझा जाये?

अगले ही मन्त्र में ऋषि अपनी उदारता का पाखण्ड करते हुए स्त्रियों को सम्राज्ञी अर्थात् महारानी की उपाधि देकर उसके दमन और शोषण की स्वीकृति के लिए उसे बहलाता-फुसलाता नज़र आता है—

साम्राज्ञी श्वशुरे भव सम्राज्ञी श्वश्रवाम्भव।
ननान्दरि सम्राज्ञी भव साम्राज्ञी अधि देवृषु।।

ऋग्वेद 10/85/46।।

भावार्थ—"हे वधू! तू अपने पति गृह में श्वसुर (ससुर), सास, ननन्द, देवर की सम्राज्ञी, (महारानी) बन।"

आख़िर क्यों कोई परशुराम अपनी कोख से जन्म देनेवाली माता रेणुका की गर्दन काटने के लिए ब्राह्मणवादी पितृसत्तात्मकता से उत्प्रेरित होकर निर्दयता एवं क्रूरता की सारी पराकाष्ठा पार करते हुए तनिक भी संकोच नहीं करता।

समता, समानता का पर्याय बन चुके तथागत बुद्ध को पालने-पोषनेवाली प्रजापति माँ गौतमी, राजा शुद्धोधन की मृत्यु के उपरान्त तथागत बुद्ध से जब भिक्षुणी बनने की इच्छा प्रकट करते हुए दीक्षा चाही। तथागत ने उन्हें समझाया कि नारियों को घर में ही रहकर साधना करनी चाहिए। उनका भिक्षुणी होना आवश्यक नहीं है। और न यह भिक्षुओं के लिए हितकर होगा। माँ गौतमी आग्रह करती रहीं। बुद्ध के श्रेष्ठ शिष्यों में से आनन्द ने माँ गौतमी के लिए ज़ोर दिया कि उन्हें भिक्षुणी की दीक्षा मिलनी चाहिए। महात्मा बुद्ध ने अन्दर से न चाहकर भी आनन्द के अति आग्रहवश माँ गौतमी को दीक्षा दी; और फिर तो ख़ुले आम स्त्रियाँ भिक्षुणी बनने लगीं।

बड़े अफसोस के साथ कहना पड़ रहा है कि आख़िर नारियों की सीमा रेखा, घर या फिर तथाकथित लक्ष्मण रेखा ही क्यों है? क्या तथागत बुद्ध को स्त्रियों की समता, समानता और अधिकार से अधिक चिन्ता अपने पुरुष भिक्षुओं के लिए मात्र नहीं थी? या फिर तथागत बुद्ध भी मनुस्मृति की रचना से पूर्व ही मनुस्मृति से प्रभावित थे? जिसमें स्त्रियों की रक्षा का स्वाँग भरकर उन्हें सामाजिक संरचना एवं राष्ट्र निर्माण की प्रक्रिया से वंचित करना था?

पिता रक्षति कौमारे भर्ता रक्षति यौवने।
रक्षन्ति स्थविरे पुत्रा न स्त्री स्वातन्त्र्यमर्हति।।

'मनुस्मृति' 9/3।।

जिसमें मनुस्मृति कहती है "नारी की रक्षा कौमार्य में पिता, जवानी में पति और बुढ़ापा में पुत्र करता है। नारी स्वतन्त्र रहने योग्य नहीं है।

तथागत ने माँ गौतमी को दीक्षा देने से पहले कहा था—'आनन्द! यदि नारियों को संघ में न मिला लिया जाता तो संघ हज़ार वर्ष चलता; परन्तु यह जो नारियों को संघ में मिला लिया गया है, संघ का पाँच सौ वर्ष ही चलना बहुत है।'

इसे लैंगिक राष्ट्रवाद के रूप में राष्ट्र की विवशता के साथ विडम्बना ही कहेंगे कि आधे राष्ट्र को तथाकथित उदारवादियों ने लकवाग्रस्त कर दिया है।

दमनकारी धार्मिक पितृसत्ता ने स्त्रियों के साथ कुछ ऐसा ही बर्ताव किया है और यह उपक्रम बदस्तूर अब तक जारी है। फिर चाहे वह तथाकथित कोई भी धर्म या धार्मिक व्यवस्था क्यों न हो! इसे समझने के लिए मुझे खलील जिब्रान के 'पवित्र नगर' की एक घटना याद आती है। खलील जिब्रान कहते हैं—

मैं अपने यौवनकाल में सुना करता था कि एक ऐसा शहर है, जिसके... निवासी ईश्वरीय पुस्तकों के अनुसार धार्मिक जीवन व्यतीत करते हैं। मैंने कहा, "मैं इस शहर की ज़रूर खोज करूँगा और उससे कल्याण-साधन करूँगा।"

यह शहर बहुत दूर था। मैंने अपने सफर के लिए बहुत-सा सामान जमा किया। चालीस दिन के बाद उस शहर को देख लिया और इकतालीसवें दिन उस शहर में दाखिल हुआ।

मुझे यह देखकर बड़ा आश्चर्य हुआ कि नगर के सब निवासियों के केवल एक हाथ और एक आँख थी।

मैंने यह भी अनुभव किया कि वे स्वयं भी आश्चर्य में डूबे हुए हैं। मेरे दो हाथों और दो आँखों ने उन्हें आश्चर्य में डाल दिया था। इसलिए जब वे मेरे सम्बन्ध में आपस में बातचीत कर रहे थे तो मैंने एक से पूछा, "क्या यह वही पवित्र नगर है, जिसका प्रत्येक निवासी धार्मिक जीवन व्यतीत करता है?" उन्होंने उत्तर दिया, हाँ यह वही नगर है।"

मैंने पूछा, "तुम्हारी यह दशा क्योंकर हुई? तुम्हारी दाहिनी आँख और दाहिना हाथ क्या हुए?"

वह मेरी बात से बहुत प्रभावित हुआ और बोला, "आओ और देखो।"

वे मुझे देवालय में ले गये, जो शहर के बीच में स्थित था। मैंने उस देवालय के चौक में हाथों और आँखों का एक बड़ा ढेर लगा देखा। वे सब गल-सड़ रहे थे। यह देखकर मैंने कहा, "अफ़सोस, किसी निर्दयी विजेता ने तुम्हारे साथ यह अत्याचार किया है।"

इतना सुनकर उन्होंने आपस में धीरे-धीरे बातचीत करनी शुरू की और एक वृद्ध आदमी ने आगे बढ़कर मुझसे कहा, "यह हमारा काम है। किसी विजेता ने हमारी आँख और हाथ नहीं काटे। ईश्वर ने हमें अपनी बुराइयों पर विजय प्रदान की है।"

यह कहकर वह मुझे एक ऊँचे स्थान पर ले गया। बाक़ी सब लोग हमारे पीछे थे। वहाँ पहुँचकर मन्दिर के ऊपर एक लेख दिखाया, जिसके शब्द थे :

"यदि तुम्हारी दाहिनी आँख तुम्हें ठोकर खिलाये तो उसे बाहर निकाल फेंको क्योंकि सारे शरीर के नरक में पड़े रहने की अपेक्षा एक अंग का नष्ट होना अच्छा है, और यदि तुम्हारा दाहिना हाथ तुम्हें बुराई के लिए विवश करे तो उसे भी काटकर फेंक दो, ताकि तुम्हारा केवल एक अंग नष्ट हो जाय तो सारा शरीर नरक में न पड़ने पाये।"

यह लेख पढ़कर मुझे सारा रहस्य मालूम हो गया। मैंने मुँह फेरकर सब लोगों को सम्बोधित किया, "क्या तुममें कोई पुरुष या स्त्री ऐसा नहीं, जिसके दो हाथ और दो आँखें हों?"

सबने उत्तर दिया, "नहीं, कोई नहीं। यहाँ बालकों के जो कम उम्र होने के कारण इस लेख को पढ़ने और इसकी आज्ञाओं के अनुसार कार्य करने में असमर्थ हैं, वही बचे हैं, कोई "मनुष्य" नहीं।"

जब हम देवालय से बाहर आये तो मैं तुरन्त इस पवित्र नगर से भाग निकला क्योंकि मैं बच्चा नहीं था और उस शिलालेख, को अच्छी तरह पढ़ सकता था।

मेरी नजर में यह दाहिना हाथ स्त्री और दाहिनी आँख स्त्रीत्व (स्त्री की वैचारिकी) ही है जिसे देवालयों में सड़ते-गलते कोई भी आसानी से देख सकता है। या फिर यूं समझे वह दाहिना हाथ और दाहिनी आँख कुछ और नहीं अपितु मनुष्य के ही हाथ और दो आँखें हैं, जिनमें से एक नारी तो दूसरी पुरुष है।

मगर अफ़सोस एक आँख और एक हाथ पितृवादी ब्राह्मणी सत्ता ने पूरी तरह से प्रतीकात्मक यानी पत्थर के रूप में तब्दील कर दिया है।

राष्ट्र में राष्ट्रवाद के नाम पर शायद उतना अधिक तनाव नहीं होगा जितना कि तथाकथित राष्ट्रवादियों के घर में लैंगिक असमानता को लेकर स्त्री और पुरुष के बीच में है।

एक कहावत है "दीपक तले अँधेरा" भारतीय समाज में जहाँ दलितों, पद-दलितों, पिछड़े-आदिवासियों के प्रति भारतीय एवं अन्तरराष्ट्रीय विद्वत्ता ने जितनी रुचि दिखायी है, उतनी विद्वत्ता शायद ही महिलाओं के अधिकारों को लेकर दिखायी गयी हो! परिणामस्वरूप स्त्री-विमर्श पर जो भी कार्य किये गये हैं वह या तो स्वयं स्त्रियों के द्वारा या फिर उदारवादी पाखण्डता की चादर ओढ़े अविवाहित पितृसत्तात्मक मानसिकता से ग्रसित छद्म ब्रह्मचर्य के पैरों तले रौंदे जाने का उपक्रम मात्र बनकर रह गया है। इसे देश का दुर्भाग्य ही कहेंगे कि यहाँ किसी भी शब्द का बलात्कार करके अर्थ का अनर्थ करने की प्रवृत्ति सदियों से प्रगतिशील रही है। "ब्रह्म" यानी बड़ा और "चर्य" अर्थात् आचरण। इस तरह ब्रह्मचर्य कुछ और नहीं अपितु श्रेष्ठ आचरण ही है। फिर चाहे वह स्त्री के लिए हो या पुरुष के लिए। यह श्रेष्ठ आचरण बड़ी खतरनाक चीज़ है, जो पुरुषों के लिए अलग और स्त्रियों के लिए अलग होता है। और मजेदार बात यह कि इसका निर्धारण भी "अनेक उच्च जाति हिन्दू निम्न व्यवस्था के लोगों के प्रति अपने मन में कुछ निश्चित विचार रखते हैं, जैसे कि वे लोग गन्दे, अकर्मण्य, लड़ाकू, अविश्वसनीय, महिलाएँ ग्रामीण उच्च जाति की महिलाओं की तुलना में अधिक स्वतन्त्र होती हैं और सर्वोच्च रूप से यह कि—

"उनमें (महिलाएँ) कोई आचार (आचरण) नहीं होता है अतः वे बलात्कार योग्य हैं।"

(उदाहरणार्थ) पवाड़े, 1995 : 145)

अपने समकालीनों के विपरीत डॉ. आम्बेडकर ने भारत माता की अवधारणा को ख़ारिज किया। उन्होंने 'बहिष्कृत भारत' का विचार दिया, जो टुकड़ों में बँटे इस देश के यथार्थ को प्रतिबिम्बित करता था। भारत, विभिन्न समुदायों और पहचानों का देश था, लेकिन उन सभी को ब्राह्मणवादी पितृसत्तात्मकता का वर्चस्व मज़बूरी में स्वीकार करना पड़ता था। ब्राह्मणवादी पितृसत्तात्मकता ने सामाजिक और धार्मिक जीवन को ही नहीं, वरन् राजनीति को भी प्रभावित किया। तिलक और उनके जैसे लोगों ने राष्ट्र को एक करने के लिए 'भारत

माता की जय' और 'वन्दे मातरम्' जैसे नारों का उद्घोष किया। इन राष्ट्रवादियों को ब्राह्मणवाद से कोई तकलीफ़ नहीं थी और वे साम्राज्यवादी ब्राह्मणी सत्ता द्वारा महिलाओं की स्थिति में सुधार के हर प्रयास का पुरजोर विरोध करते थे। तिलक ने भारतीय संस्कृति की रक्षा के नाम पर "ऐज ऑफ़ कन्सेण्ट" (वह आयु जिसके बाद किसी व्यक्ति द्वारा किसी लड़की से यौन सम्बन्ध स्थापित करने की स्वीकृति को क़ानूनी वैधता प्राप्त होती है) अधिनियम का कड़ा विरोध किया था। इस प्रकार राजनीतिक क्षेत्र में भी लैंगिक श्रेणीक्रम का बोलबाला था। महिलाओं के हित में किये जा रहे किसी भी सुधार को भारत की समृद्ध संस्कृति पर हमला बताकर उसका कड़ा विरोध किया जाता था।

इस तरह देश में हिन्दू सांस्कृतिक और धार्मिक वर्चस्व तो क़ायम रहा, जाति व्यवस्था भी क़ायम रही। हालाँकि अंग्रेज़ों के आने के बाद भारतीय समाज को मज़बूर होकर राष्ट्र और नागरिकता जैसी अवधारणाओं को स्वीकार करना पड़ा।

सर हर्बट हॉप रिसले के अनुसार, "इतिहास यह मानने का कोई कारण नहीं देता, कि स्याह और पतित परिस्थितियों में राष्ट्रवाद का अलख जगाया जा सकता है। जो समाज अपनी नारियों को मूलतः बौद्धिक दृष्टि से शून्य और नैतिक दृष्टि से अकर्मण्य मानता है वह साहस, निष्ठा और आत्मोत्सर्ग जैसे गुणों जो राष्ट्र निर्माण में अहम् भूमिका निभाते हैं के विकास की आशा नहीं कर सकता।"

सर हर्बट हॉप रिसले, "द पीपल ऑफ इण्डिया"
(1969) डब्ल्यू क्रूक (सम्पादित) ओरियण्टल बुक्स रीप्रिंट कारपोरेशन, दिल्ली,
पृष्ठ 171

किसी भी देश में जहाँ आधी आबादी (नारी) को लकवाग्रस्त (Paralised) करके प्रतीकात्मक रूप से उसका गुणगान मात्र किया जाये तो फिर ऐसे राष्ट्र और राष्ट्रवाद पर प्रश्नचिह्न तो खड़ा ही होता है।

आधी दुनिया जहाँ
क़ैद-ख़ाने में बसती
क्यों कर हमको
समझ न आता।
'के है रे? आख़िर
ई भारत माता!
फटा सुथन्ना बुधिया पहने
'भारत माता की जय' बोले
अरथ 'बताओ,
काले अंग्रेज़ों तुम
के है रे? आख़िर

ई भारत माता!
कलुआ, रमुआ फटे हाल में
'वन्दे मातरम्' गायें
लूट खजाना सब पूँजीपति
अमरीका भग जायें
अरे सयानो केऊ तौ बोलो
के है रे? आख़िर
ई भारत माता!

राष्ट्र का विचार कैसे उभरा, इसका अध्ययन करते हुए, अम्बेडकर ने राष्ट्रीयता के एक सैद्धान्तिक ढाँचे का विकास किया उन्होंने भारतीय समाज में महिलाओं की भूमिका पर गहन मनन किया और इस पर भी कि कैसे उनके दमन और निर्णय प्रक्रिया से उनको बाहर करने के परिणामस्वरूप अन्तर्विवाह, बालविवाह, कन्या भ्रूणहत्या और सती जैसी घातक प्रथाओं का जन्म हुआ। इन बुराइयों के सामाजिक ही नहीं बल्कि राजनीतिक दुष्परिणाम भी हुए और देश की लगभग आधी आबादी के लिए राजनीति में प्रवेश निषेध हो गया। अम्बेडकर ने कहा था कि "महिला जिस तरह से राष्ट्रवाद की जन्मदात्री और पोषक रही है, उस तरह पुरुष कभी नहीं हो सकते। राष्ट्रवाद को गति देने में महिलाओं की भूमिका को पर्याप्त तव्बजो नहीं दी गयी।"

बी. आर. अम्बेडकर "पाकिस्तान ऑर
पार्टीशन ऑफ इण्डिया"
डॉ. बाबा साहेब आम्बेडकर राइटिंग्स एण्ड स्पीचेज, खण्ड 8, गर्वनमेण्ट ऑफ महाराष्ट्र, (1990) बम्बई, पृष्ठ, 243

महिलाओं को कैसे पिंजरे में बन्द कर दिया गया? उनका दमन कैसे किया गया? अम्बेडकर कहते हैं कि

"महिलाओं की तुलना में पुरुष हमेशा से ही अधिक शक्ति सम्पन्न रहे हैं। हर समूह में उनका बोलबाला रहा है और दोनों लिंगों में से हमेशा उनकी अधिक प्रतिष्ठा रही है। महिलाओं पर पुरुषों की इसी उच्चता के चलते, हमेशा पुरुषों की इच्छाओं को तवज्जो दी जाती रही। दूसरी तरफ महिलाएँ हमेशा हर तरह के अन्यायपूर्ण धार्मिक, सामाजिक और आर्थिक प्रतिबन्धों का शिकार बनती रहीं।"

बी.आर. अम्बेडकर, "कास्ट इन इण्डिया : देयर जेनेसिज, मैकेनिज्म एण्ड डेवेलपमेण्ट" (2013), किटिकल क्वेस्ट नयी दिल्ली,

महिलाओं को नियन्त्रित करने की प्रथा सदियों पुरानी है, यदि हम इसके मूल में जायें तो इसकी शुरूआत निश्चित रूप से अपने घर से ही आरम्भ होती है—

उनका मानना था कि, भारत में पितृसत्तात्मकता की शुरूआत पुरुषों द्वारा अपने परिवार की महिलाओं को नियन्त्रित करने से हुई होगी, परन्तु कालान्तर में उसने जाति व्यवस्था को पुष्ट और चिरस्थायी बनाया। अब पितृसत्तात्मकता को बनाये रखने के लिए जाति व्यवस्था का बना रहना ज़रूरी बन गया है।"

वन्दना सोनलकर "एन एजेण्डा फॉर जेण्डर पॉलिटिक्स"
इकॉनोमिक एण्ड पॉलिटिकल वीकली, खण्ड 34,
नम्बर 1/2 (2-15 जनवरी, 1999) पृष्ठ 24

पुरुषप्रधान समाज ने पितृसत्तात्मक व्यवस्था को इस कदर चरम सीमा तक पहुँचाया कि उसे धार्मिक जामा पहनाते हुए न सिर्फ़ चिरस्थायी बनाया बल्कि अपनी बुद्धि को भी कुन्द कर डाला। फिर चाहे वह हाजी अली की दरग़ाह में महिलाओं का प्रवेश हो या सबरीमाला मन्दिर में सर्वोच्च न्यायालय के आदेश के बाद भी महिलाओं के मन्दिर प्रवेश का मामला। इसे तथाकथित पुरुषत्व (पुरुष वैचारिकी) का मानसिक दीवालियापन न कहा जाय तो फिर और क्या कहा जायेगा कि जिस स्त्री जाति के गर्भ से जन्म लेकर वह काल्पनिक मन्दिर के गर्भगृह में महिलाओं के प्रवेश पर प्रतिबन्ध लगाता है। ऐसे पुरुषप्रधान समाज से महिलाओं के प्रति समता, समानता और न्याय की उम्मीद भी कैसे की जा सकती है?

जातिगत और लैंगिक सामाजिक सम्बन्धों को बल प्रयोग से जस का तस बनाये रखा गया। इस बल के कई आयाम हो सकते हैं—वह प्रत्यक्ष और सीधे आदेशों के रूप में भी हो सकता है और इस अर्थ में भी कि वह महिलाओं को उनके लिए निर्धारित दायरे के बाहर के मुद्दों को उठाने की अनुमति ही न दें।

वसन्त कन्नाबिरन एवं कल्पना कन्नाबिरन, "कास्ट एण्ड जेंडर :
अण्डर स्टैण्डिग डायनामिक्स ऑफ़ पावर एण्ड, वायलेन्स", इकॉनोमिक एण्ड
पॉलिटिकल वीकली, सितम्बर (1991) पृष्ठ 253

उदाहरण के लिए, गाँधी ने सत्याग्रह और असहयोग आन्दोलन जैसे कई राजनीतिक और राष्ट्रीय आन्दोलनों में महिलाओं को शामिल कर उनके लिए सार्वजनिक जीवन में स्थान बनाया। गाँधी ने महिलाओं की स्थिति पर भी बहुत-कुछ बोला और लिखा। उन्होंने पर्दा-प्रथा जैसे उन हिन्दू रीति-रिवाजों पर सवाल उठाये, जिनकी वजह से महिलाएँ राष्ट्रीय जागरण का हिस्सा नहीं बन पा रही थीं। गाँधी ने यह स्थापित किया कि महिलाएँ राष्ट्रीय आन्दोलन में विशिष्ट और अहम् भूमिका निभा सकती हैं। यह एक धीमी प्रक्रिया थी, जिसमें महिलाओं को चरखे के माध्यम से राष्ट्रीय आन्दोलन से जोड़ा गया। इस प्रक्रिया में गाँधी कभी एक क़दम आगे चलते तो, कभी एक क़दम पीछे। सन् 1920 आते-आते इस सम्बन्ध में उनके विचारों ने ठोस रूप ले लिया। हालाँकि गाँधी पुरुष-महिला के बीच भेद करते रहे। वे वर्णाश्रम धर्म के समर्थक थे। जिसने सती प्रथा, दहेज, बाल-विवाह आदि

जैसी कुप्रथाओं को संरक्षण और प्रोत्साहन दिया। उनके लिए महिलाओं की राष्ट्रीय जागरण में भागीदारी का अर्थ था घर में चरखे पर सूत कातना।

सुजाता पटेल "कन्स्ट्रक्शन एण्ड रिकन्स्ट्रकशन ऑफ वुमन इन गाँधी",
इकॉनाममिक एण्ड पॉलिटिकल वीकली, खण्ड 23, नम्बर 8
(फरवरी 20, 1988) पृष्ठ 378

इस तरह जिन लोगों ने महिलाओं को राष्ट्रीय आन्दोलन का हिस्सा बनाया उन्होंने भी, उनके लिए लक्ष्मण रेखाएँ निर्धारित कर दीं और उन्हें उनके घर की चहारदीवारी में क़ैद कर दिया। इसलिए सफ़ेद साड़ी पहने हाथों में झण्डा लिए 'भारत माता' को आदर्श महिला के रूप में परिभाषित करना एक प्रहसन है क्योंकि, जैसे कि अम्बेडकर मानते थे, जब तक महिलाओं को एक व्यक्ति के रूप में उनके अधिकार और सुरक्षा नहीं मिलेगी तब तक भारत लोकतांत्रिक राष्ट्र नहीं बन सकेगा। उनके अनुसार, राज्य, समाजवाद, देश में सामाजिक आर्थिक समानता और एकता के लिए अनिवार्य है। उनका मानना था कि व्यक्तियों का कोई समूह राष्ट्र तभी बन सकता है, जब वह स्वतन्त्रता, समानता, बन्धुत्व और न्याय के आदर्शों की स्थापना के लिए संघर्ष करे। सभी नागरिकों को यह महसूस होना चाहिए कि दूसरे लोग उन्हें सामाजिक लाभों से वंचित कर रहे हैं। इस तरह का समाज ही विभिन्न भाषाओं, धर्म और आदतों के होते हुए भी एक राष्ट्र का निर्माण कर सकता है।"

उन्होंने इस बात पर ज़ोर दिया कि, "इस भूमि को मातृभूमि या पितृभूमि कहने या हिन्दू-हिन्दू, बन्धु-बन्धु के नारों से कुछ नहीं होगा। भारत को राष्ट्र बनाने के लिए उसके सामाजिक ढाँचे और सामाजिक मूल्यों में बदलाव ज़रूरी है।

डॉ. प्रदीप अग्लावे, "डॉ. अम्बेडकर
ऑन नेशन एण्ड नेशनलिज़्म"
डॉ अम्बेडकर चेयर, राष्ट्र सन्त तुकडोजी
महाराज यूनिवर्सिटी, विश्वविद्यालय द्वारा
प्रकाशित (2014), नागपुर, पृष्ठ 12 और 25

मुझे लगता है लैंगिक राष्ट्रवाद के सापेक्ष राष्ट्रवाद एक भ्रामक प्रचार (मिथक) बनता जा रहा है—जिससे रमुआ-कलुआ और बुधिया व्यथित ही नहीं अत्यधिक भयभीत भी हैं—

एक दिन राष्ट्र ने कहा "मैं इन धार्मिक धुन्ध से धूल-धूसरित मनुष्यता को देख रहा हूँ। क्या वह खूबसूरत नहीं है?

बुधिया ने ध्यान से सुना और थोड़ी देर बाद कहा,

"लेकिन मनुष्यता है कहाँ? मुझे तो वह दिखायी नहीं देती।"

तब रमुआ ने कहा, मैं इसे महसूस करने और अमल में लाने का व्यर्थ प्रयास कर

रहा हूँ। मुझे भी कोई मनुष्यता जैसी अनुभूति का एहसास नहीं।'' कलुआ ने कहा, यहाँ मनुष्यता जैसी कोई चीज़ नहीं, क्योंकि मुझे उसकी गन्ध भी नहीं आती।'' तब राष्ट्र दूसरे तरफ देखने लगा और वे तीनों, 'बुधिया-रमुआ और कलुआ आश्चर्यजनक अनुभव की चर्चा करने लगे।

उन्होंने कहा, मालूम होता है, कि राष्ट्र को अवश्य ही कुछ भ्रम हो गया है, जो चोर और उचक्कों के झुण्ड से राष्ट्रवाद की चर्चा और परिचर्चा करवाता फिर रहा है।'' लैंगिक राष्ट्रवाद के सन्दर्भ में स्त्रियों की व्यथा कुछ इस प्रकार भी देखी जा सकती है—

एक जगह पर तीन बहने अपने तीन भाइयों के साथ प्रेमपूर्वक रह रही थीं। उनका काम ईश्वर-अल्ला, गॉड-खुदा, नमो बुद्धाय, वाहे गुरु को याद करते हुए प्रेमपूर्वक रहने के अतिरिक्त और कुछ न था। उनके पास मनुष्यता की मिट्टी का बना एक क़ीमती प्याला था। एक दिन भाइयों के दिमाग में बदनीयति की आत्मा प्रविष्ट हो गयी। वह बहनों के पास गये और उनसे कहा, ''हम भाई लोग तुम बहनों के साथ रहते हुए बहुत समय बिताया और अब अलग होने का वक्त आ गया है। इसलिए आओ, हम आपसी सहमति से अपनी सम्पत्ति बाँट लें।'' बहनों ने कहा, ''तुम्हारा वियोग हमारे लिए असहनीय है, लेकिन यदि तुम लोग जाना ही चाहते हो तो अच्छी बात है।''

यह कहकर बहनों ने प्याला भाइयों के सामने लाकर रख दिया और कहा, ''हम इसे आपस में बाँट नहीं सकते, इसलिए यह प्याला आप लोग ही ले लें।''

भाइयों ने जवाब दिया, नहीं हमें ख़ैरात नहीं चाहिए हम अपने हिस्से के सिवा और कुछ नहीं लेंगे। हम सबको इसे आपस में बाँटना ही पड़ेगा।''

बहनों ने कहा, ''यदि यह टूट गया तो हमारे किस काम का रहेगा? भाइयों यदि आप लोगों को मंजूर हो तो आओ, सिक्का उछालकर इसका फ़ैसला कर लें।''

लेकिन भाइयों ने चीखकर एक स्वर में कहा, हम केवल वही चीज़, स्वीकार्य करेंगे जो इन्साफ से हमारे हिस्से में आयेगी और हम यह पसन्द नहीं करते कि न्याय को भाग्य के भरोसे छोड़ दिया जाय। हमें यह प्याला अवश्य ही बाँटना पड़ेगा।''

इस पर महान् बहनें निरुत्तर हो गयीं, और उन्होंने कहा ''यदि तुम सबकी यही इच्छा है तो ठीक, लाओ इस प्याले को तोड़ डालें।''

यह सुनकर भाइयों का चेहरा गुस्से से तमतमाकर लाल भभूका हो गया और वह चिल्लाकर बोले वो बुज़दिल, और कायर स्त्रियों! क्या तुम इस प्याले की ख़ातिर हमसे लड़ोगी भी नहीं?''

यही हुआ है आजतक इस धरती पर, महान् स्त्रियों के साथ! फिर चाहे वह रामचन्द्र जी की बहन कुन्ता हो या फिर सूत पुत्र कर्ण की माँ कुन्ती!... सीता हो या द्रौपदी!

जहाँ तक मैं समझता हूँ कि ''विचारधारा के आधार पर राष्ट्रवाद को समावेशी कदापि नहीं कहा जा सकता, क्योंकि यह पुरुषत्व (पुरुष वैचारिकी) पर आधारित राष्ट्रीय प्रतीकों

एवं सांस्कृतिक सीमाओं से बँधा है। इस राष्ट्रीय पहचान में सभी लोगों रमुआ, कलुआ और बुधिया को बराबर का हक़, अधिकार, न्याय एवं प्रतिनिधित्व हरगिज़ नहीं मिलता। दर असल राष्ट्रीय पहचान सदियों से राजाओं, सामन्तों के अधीन ब्राह्मणवाद की परिक्रमा करती रही है। राष्ट्र और राष्ट्रवाद ने प्रतीकों के सहारे सब समय ही लैंगिक समानता को अपने पैरों तले रौंदा है। राष्ट्र और राष्ट्रवाद के लिए सबसे दुःखद यह है कि यह सब हिंसक प्रवृत्ति के परिचायक हैं। राष्ट्र और राष्ट्रवाद वास्तविकता से परे अपने आपकी कमज़ोरी को ढकने के सिवाय कुछ भी नहीं। खासतौर पर जब किसी भी समाज की आधी आबादी (नारी) को अपंग करके उसकी चेतना, संवेदना एवं निर्णायक क्षमता की हत्या करके उसे ही प्रतीकात्मक ढाँचे के रूप में पूजने या सज़दा करने की प्रवृत्ति को एक विनाशकारी हथियार के रूप में इस्तेमाल किया जाए तथा कथित स्वघोषित राष्ट्रवादी आज भले ही, दलित-पिछड़े एवं अल्पसंख्यकों को राष्ट्रवाद की परिचर्चा में उनको नकारात्मक भूमिका में खींचने का प्रयास करते हुए अपनी सम्पूर्ण ऊर्जा का क्षय करने में व्यस्त हों, परन्तु अन्ततः उन्हें मुंह की ही खानी पड़ी। दुर्भाग्य यह कि समाज की आधी आबादी (नारी) को भारत में राष्ट्रवाद के विमर्श से वंचित ही रखा जा रहा है। मुझे आशा ही नहीं पूर्ण विश्वास है कि एक न एक दिन हमारी आधी आबादी (नारी) को भी प्रतीकात्मक ढाँचे से निकलकर समाज की मुख्य धारा में सम्मिलित होते हुए राष्ट्र और राष्ट्र निर्माण में सहभागी बनकर राष्ट्रवाद के परिप्रेक्ष्य में अपने विमर्श को आयाम तक पहुँचाना ही होगा। वरना विना नारी विमर्श राष्ट्रवाद की वैचारिकी अधूरी ही नहीं अपितु अन्याय पूर्ण भी मानी जायेगी।

10

औपनिवेशिक राष्ट्रवाद

(Colonial Nationalism)

एक सशक्त अर्थव्यवस्था की शुरूआत मज़बूत और शिक्षित कार्यबल से होती है...'बिल ओवेन्स'

हिन्दू-मुस्लिम, सिक्ख-इसाई, जैन-बौद्ध यह तो लगभग थोड़े उतार-चढ़ाव के साथ सब समय ही रहा है। इतिहास उठाकर देख लीजिये। इन सबकी अपनी दुकाने हैं और दुकानदार ज़्यादा देर आपस में लड़-झगड़ नहीं सकते, क्योंकि आपस में झगड़ने का मतलब वह अच्छी तरह से जानते हैं कि धन्धा चौपट! औपनिवेशिक दृष्टि से देखेंगे तो आप पायेंगे इन सबकी अपनी-अपनी दुकानें हैं, और जब दुकान हैं तो फिर दुकानों में सौदा यानी सामान (माल) भी होगा। किसी के पास सनातन-पुरातन से लेकर वेद, पुराण, गीता, रामायण, स्मृतियाँ, हिन्दुत्व जैसे उत्पाद तो किसी के पास कुरान हदीस और इस्लाम जैसे मुद्दे। किसी के पास गुरुग्रन्थ साहिब तो किसी के पास बाइबिल। कहना ग़लत न होगा कि संस्कृति ने ही आगे चलकर धर्म का रूप धारण किया और धर्म ने पूँजीवाद का फिर इसी पूँजीवाद से राष्ट्र और राष्ट्रवाद का उदय हुआ।

राष्ट्रवाद और आधुनिक राज्य के बीच, एक संरचनात्मक सम्बन्ध है। सोलहवीं एवं सत्रहवीं सदी के आस-पास में आधुनिक राज्य का उदय हुआ, जिसने राष्ट्रवाद के उभार में महत्त्वपूर्ण भूमिका निभायी। राज्य का यह रूप अपने पहले के रूपों से काफी भिन्न था। इसकी सत्ता केन्द्रीकृत सम्प्रभु और अविभाजित थी। इसके विपरीत मध्ययुगीन यूरोप में राजसत्ता किसी एक सम्प्रभु या सरकार के पास रहने के बजाय बँटी हुई थी। आधुनिक राज्य में सत्ता का यह बटवारा खत्म कर दिया जिसके आधार पर राष्ट्रवाद का विचार पनप सका।

इस राष्ट्रवाद की वैचारिकी को समझना अत्यन्त आवश्यक है, जिसने आधुनिक राजसत्ता के जन्म के हालात बनाये। किसी भी देश के परिप्रेक्ष्य में इसे देखा और पाया जा सकता है कि मध्ययुग में सम्राटों और राजवंशों का अस्तित्त्व था, लेकिन उन्हें क्षैतिज रूप से चर्च, मन्दिरों, मस्जिदों के जाल और स्तम्भनीय रूप से सामन्तों और सूबेदारों के

साथ सत्ता में साझेदारी करनी पड़ती थी। चर्चों, मन्दिरों और मस्जिदों में इतनी अपार शक्ति होती थी कि वह हुक्मरानों जितना या फिर कभी-कभी उनसे भी अधिक ताक़तवर हुआ करते थे। इसे यूरोप के सन्दर्भ में इस प्रकार से देखा जा सकता है—चौथी सदी में रोमन सम्राट् कॉन्स्टेटाइन द्वारा ईसाई धर्म अपना लेने के बाद चर्च की शक्ति में लगातार बढ़ोत्तरी होती चली गयी थी। राजकीय धर्म हो जाने के कारण ईसाइयों का प्रचार-प्रसार न केवल यूरोप के कोने-कोने में हुआ बल्कि पॅर्व तुर्की और रूस तक फैलता चला गया। छठी सदी तक यूरोप में जगह-जगह कैथालिक चर्च और हुक्मरानों के बीच परस्पर आपसी सत्ता की संरचनाएँ विकसित हो गयी।

राजाओं का दावा यह था कि वह ईश्वरी आदेश से शासन कर रहे हैं और दूसरी तरफ चर्च गैर धार्मिक अर्थों में एक हद तक राजनीतिक बागडोर अपने हाथ में रखता था। यहाँ तक कि चर्च के पास कर (टैक्स) लगाने तक के अधिकार थे। चर्च और राज्य के बीच का यह असहज सम्बन्ध एक सर्वशक्तिमान् किस्म की राजसत्ता की, राजसत्ता के उदय में बाधक था। दूसरी तरफ सम्राट् को श्रेणी क्रम के आधार पर संचालित प्रणाली के आधार पर ताक़तवर कुलीनी और सामन्तों के साथ भी सत्ता में भागीदारी करनी पड़ती थी। राजनीतिक और आर्थिक स्तरों पर कार्य करनेवाली यह जटिल प्रणाली जनसाधारण और मालिक वर्ग का लॉर्ड्स और भू-दासों में बाँट देती थी। स्थानीय स्तर पर लॉर्ड अपने जागीरदार पर और जागीरदार अपने अधीनस्थ जागीरदार पर हुक्म चलाता था।

ऐसी ही स्थिति भारत के परिप्रेक्ष्य में भी मन्दिरों के साथ देखी जा सकती है। मन्दिरों की भी कार्य प्रणालियाँ कमो-बेशी कुछ इसी आधार पर चलायमान थी। भिन्नता सिर्फ़ इतनी थी कि जहाँ यूरोप में सत्ता का केन्द्रीकरण का आधार सिर्फ़ और सिर्फ़ आर्थिक था, तो वहीं भारत में यह आधार आर्थिक के साथ-साथ सामाजिक एवं जातीय था।

औपनिवेशिक राष्ट्रवाद को गहराई से समझने के लिए हमें उपनिवेशवाद (Colonialism) को समझना होगा। जो इस प्रकार समझा जा सकता है किसी समृद्ध एवं शक्तिशाली राष्ट्र द्वारा अपने विभिन्न हितों को साधने के लिए प्राकृतिक संसाधनों से परिपूर्ण परन्तु निर्बल राष्ट्र के विभिन्न संसाधनों का शक्ति के बल पर उपयोग करना।

आर्गेन्सकी के अनुसार,

"वे सभी क्षेत्र उपनिवेशों के तहत आते हैं जो विदेशी सत्ता द्वारा शासित हैं एवं जिनके निवासियों को पूरे राजनीतिक अधिकार प्राप्त नहीं हैं।"

कहने का तात्पर्य किसी शक्तिशाली राष्ट्र द्वारा निहित स्वार्थवश किसी निर्बल या दुर्बल राष्ट्र के शोषण को उपनिवेशवाद कहा जा सकता है।

'कोलोनिया' (Colonia) एक लैटिन भाषा का शब्द है, जिसका अर्थ होता है एक ऐसी सम्पत्ति या जायजाद जिसे योजनाबद्ध तरीके से एक देश के द्वारा दूसरे देश पर कायम किया गया हो। जिसकी शुरूआत कोलम्बस और बास्कोडिगामा की यात्राओं को भी माना

जा सकता है। पन्द्रहवीं सदी में इसकी शुरूआत माना जा सकता है, जिसे साम्राज्यवादी विस्तार के परिप्रेक्ष्य में अट्ठारहवीं और उन्नीसवीं सदी में 'उपनिवेशवाद' के रूप में देखा या जाना जा सकता है। 'औद्योगिक क्रान्ति' से पैदा हुए हालात ने उपनिवेशवादी दोहन को अपने चरम पर पहुँचाया। यह उपक्रम 20वीं सदी के मध्य तक चला, जबकि उपनिवेशीकरण की प्रक्रिया के तहत मुक्ति संग्रामों और क्रान्तियों की लहर ने इसका लगभग राष्ट्रीय अन्त कर दिया। जिसके परिणामस्वरूप उपनिवेशवाद नव-उपनिवेशवाद में परिवर्तित हुआ नव-उपनिवेशवाद यानी विकसित देशों द्वारा विकासशील देशों के आन्तरिक मामलों में प्रत्यक्ष या परोक्ष रूप से किये जानेवाले हस्तक्षेप को नव-उपनिवेशवाद (Neocolonialism) कहा जा सकता है। यह कुछ और नहीं बल्कि एक नये प्रकार का साम्राज्यवाद ही है, डॉलर साम्राज्यवाद या नया साम्राज्यवाद या फिर जिसे आर्थिक साम्राज्यवाद समझा जा सकता है।

द्वितीय विश्वयुद्ध के बाद अधिकतर पराधीन राष्ट्र राजनीतिक रूप से कहने को तो स्वतन्त्र हो गये लेकिन फिर भी अप्रत्यक्ष रूप से किसी-न-किसी तरह नव-उपनिवेशवाद की दासता के चंगुल से मुक्त होने में असफल रहे। कहने का तात्पर्य तथाकथित स्वतन्त्रता के बाद भी नवोदित राष्ट्र इस स्थिति में नहीं रहे कि वे अपना स्वतन्त्र आर्थिक विकास कर सकें। वास्तव में उनके आर्थिक विकास में सहायता के नाम पर विकसित साम्राज्यवादी देशों ने 'डॉलर डिप्लोमैसी' (डॉलर की कूटनीति) का प्रयोग करके उनकी अर्थव्यवस्थाओं पर अपना नियन्त्रण स्थापित कर लिया और धीरे-धीरे वे नये साम्राज्यवाद के जाल में इस क़दर फँस गये कि आज भी कहने को तो वे आज़ाद हैं, लेकिन वास्तव में, अब तक भी वे विकसित देशों के ही पराधीन हैं।

यूरोप के विकसित देशों द्वारा एशिया और अफ्रीका के देशों, बहुराष्ट्रीय निगम के माध्यम से आर्थिक या उपग्रह उपनिवेश इसके उदाहरण हैं। आर्थिक साम्राज्यवाद या नव-उपनिवेशवाद से तात्पर्य ऐसे नियन्त्रण से है, जिसमें कोई देश प्रत्यक्ष रूप से साम्राज्यवादी शक्तियों से मुक्त प्रतीत होने पर भी परोक्ष रूप से उनके निर्देशों का पालन करने पर बाध्य होता है।

राष्ट्रपति सुकार्नो ने बाण्डुंग सम्मेलन 1955 में कहा था कि राष्ट्र के अन्दर छोटे - से विदेशी समुदाय द्वारा आर्थिक नियन्त्रण, बौद्धिक नियन्त्रण एवं वास्तविक भौतिक नियन्त्रण के रूप में यह एक नये लिबास में उपनिवेशवाद है। जिसका इशारा बहुराष्ट्रीय निगमों की बढ़ती भूमिका की तरफ था।

विकसित देश, आज भी अपना वर्चस्व कायम रखने के लिए इस साम्राज्यवादी व्यवस्था का सहारा लेकर आगे बढ़ रहे हैं। इनके द्वारा निर्धन (विकासशील) देशों के कच्चे माल को औने-पौने दामों पर लेकर इसका नियन्त्रण पूँजी-निर्यात एवं आसान विनियम दरों के नाम पर दीमक की तरह चाट कर खोखला कर रहे हैं। इस प्रकार विकसित देश,

विकासशील देशों को जहाँ कच्चा माल देने के लिए उत्प्रेरित करते हैं तो वहीं अपने द्वारा तैयार माल की बिक्री हेतु इन विकासशील देशों को अपना केन्द्र भी बनाते हैं। इस तरह हम देख सकते हैं कि नव-उपनिवेशवाद, साम्राज्यवादी नियन्त्रण की एक ऐसी प्रक्रिया है, जिसका प्रयोग विकसित राष्ट्र नये अल्पविकसित राष्ट्रों का आर्थिक शोषण करने के लिए करते हैं। ये राष्ट्र राजनीतिक रूप से देखने में तो स्वतन्त्र दिखते हैं, लेकिन तकनीकी ज्ञान, आर्थिक सहायता, सैनिक सहायता, शस्त्रों की सहायता एवं उत्पादन क्षेत्र में विकसित देशों के ऊपर ही आश्रित होते हैं। कहना गलत न होगा कि इनकी, विकसित देशों पर निर्भरता इतना अधिक बढ़ जाती है कि ये अप्रत्यक्ष रूप से राजनीतिक परिदृश्य में भी स्वतन्त्र नहीं रह जाते।

'आर्गेन्सकी' ने उपनिवेशवाद के तीन रूपों का वर्णन किया है जो इस प्रकार हैं—

राजनीतिक उपनिवेशवाद, आर्थिक दृष्टि से पराधीन देश तथा पिछलग्गू देश।

आधुनिक युग में राजनीतिक दृष्टि से तो लगभग सभी देश स्वतन्त्र दिखते हैं। हो चुके हैं, परन्तु मैं ऐसा नहीं मानता क्योंकि राजनीति आज भी उपनिवेशवाद से पूरी तरह प्रभावित है भले ही इसका महत्त्व थोड़ा कम हुआ हो। निश्चित तौर पर अन्तिम दो रूप नव-उपनिवेशवाद के महत्त्वपूर्ण घटक हैं।

भारत एक विकासशील देश है, यहाँ भी विकसित देशों द्वारा आर्थिक एवं औद्योगिक इकाइयों को नियन्त्रित करने के लिए बहुराष्ट्रीय निगमों का जाल बिछाया गया है। भारत में भी बहुराष्ट्रीय कम्पनियाँ प्रत्यक्ष पूँजी निवेश के सहारे पूँजीवादी देशों के लिए कच्चामाल तथा प्राथमिक उत्पादन की पूर्ति की गारण्टी लेकर स्थापित हुईं। जिनका सर्वाधिक निवेश मूलभूत आवश्यकताओं की वस्तुओं के रूप में, निवेश कर अधिक-से-अधिक मुनाफा कमाना है।

भारत जैसे विकासशील देशों में सस्ते श्रम, कच्चे माल और शोषण की तीव्रता के कारण पूँजी निवेश करनेवाली कम्पनियों ने न सिर्फ़ अत्यधिक मुनाफा कमाया, अपितु उनका यह उपक्रम आज भी सतत जारी है। इतना ही नहीं, इन कम्पनियों का अपनी पूँजी की सुरक्षा के लिए, इनके नियन्त्रणवाले विकसित देशों के आन्तरिक मामलों में भी हस्तक्षेप (दख़लन्दाज़ी) है। ये कम्पनियाँ विदेशों में अन्तरराष्ट्रीय पूँजी, व्यापार, वाणिज्य तथा उत्पादन एवं वितरण पर अपना एकाधिकार करने के लिए कार्य कर रही हैं। भारत सहित एशिया के अन्य देशों, अफ्रीका तथा लैटिन अमेरिका के देशों पर इनका पूरा नियन्त्रण है। और तो और ये कम्पनियाँ अपने मुनाफे की दर को अधिक-से-अधिक ऊँचाई के स्तर पर ले जाने के लिए अपने अधीन राष्ट्रों के राजनीतिक मामलों में हस्तक्षेप करने से भी नहीं चूकते। और इन्हें विकसित राष्ट्रों का पूरा समर्थन प्राप्त होता है।

भारत जैसे नवोदित राष्ट्र आज भी अपने आर्थिक विकास के लिए पूर्ण रूप से विदेशी सहायता प्राप्त साम्राज्यवादी क़र्ज़ पर निर्भर हैं। अपने दिये हुए क़र्ज़ की आड़ में, एवं

विदेशी सहायता के नाम पर विकसित राष्ट्र अपनी, मनमानी शर्तें मानने के लिए वाध्य कर देते हैं। विकासशील देशों को क़र्ज़ लेते समय इनकी अनेक कठोर शर्तें भी माननी पड़ती हैं। इन देशों का क़र्ज़ दिन-प्रतिदिन बढ़ता ही जा रहा है। निर्यात से प्राप्त आय का अधिकतर हिस्सा साम्राज्यवादी क़र्ज़ का ब्याज चुकाने में चला जाता है और भुगतान सन्तुलन का घाटा निरन्तर बढ़ता ही जाता है। यहाँ तक कि विकासशील देशों को क़र्ज़ की राशि का प्रयोग बहुराष्ट्रीय कम्पनियों से ही सामान खरीदने के लिए करना पड़ता है। व्यापार अवरोधों को समाप्त करने की उनकी अपनी शर्तों को मानने के लिए विवश होना पड़ता है। सभी शर्तें पूँजी निवेश करनेवाले देशों के हितों की पोषक होती हैं। विदेशी सहायता प्राप्त करनेवाले देश के हितों में वृद्धि करने के लिए अपनी अर्थव्यवस्था में मूलभूत परिवर्तन करने पड़ते हैं। इस तरह धीरे-धीरे साम्राज्यवादी क़र्ज़ और विदेशी सहायता पर विकासशील देशों की निर्भरता बढ़ती ही जाती है। कुल मिलाकर कहा जा सकता है कि विदेशी सहायता तथा साम्राज्यवादी क़र्ज़ की होड़ में विकसित देश नव-उपनिवेशवाद का ही पोषण कर रहे हैं।

आज के आणविक युग में प्रत्येक राष्ट्र अपने आपको सैनिक एवं सामरिक दृष्टि से सुरक्षित देखना चाहता है। इसके लिए उन्हें विकसित देशों से हथियार ख़रीदने पड़ते हैं। फिर कोई भी देश आर्थिक रूप से भले ही कितना कमज़ोर ही क्यों न हो? वास्तव में आज अमेरिका, एशिया ही नहीं, बल्कि विश्व के अधिकतर देशों पर अपना दबदबा इन्हीं उपनिवेशिक शक्तियों के कारण बनाये हुए है। हम अमेरिका के हाथ में फँसते ही चले जा रहे हैं। ठीक वैसे ही जैसे कि किसी साहूकार के चंगुल में क़र्ज़ लेनेवाला। साहूकार न सिर्फ़ धनी है, बल्कि शातिर और ख़तरनाक भी। उसने एशियाई देशों में कुछ को अपना पिछलग्गू बनाया है तो कुछ को आश्रित। उपनिवेश का उसका अपना खेल है, जो हम एशियाई देश बड़े शौक से उसे खेल रहे हैं। इस तरह अफ़गानिस्तान एवं पाकिस्तान जैसे देश जहाँ अमेरिका के पिछलग्गू हैं तो वहीं भारत, श्रीलंका जैसे देश अमेरिका पर आश्रित देश हैं। अफ़गानिस्तान और पाकिस्तान जैसे देशों पर जहाँ अमेरिका अपने सैनिक बेस बनाकर उनकी नीति निर्धारण तक में हस्ताक्षेप करता है। तो वहीं भारत को अपनी डॉलर डिप्लोमैसी के सहारे नियन्त्रित भी। ऐसी ही स्थिति एशिया के लगभग सभी देशों की है, कोई अमेरिका का पिछलग्गू है तो कोई अमेरिका पर आश्रित। चीन की स्थिति कुछ बेहतर है, जो अब स्वयं एक महाशक्ति के रूप में उभर रहा है। एशियाई देशों के अतिरिक्त विश्व के अन्य देशों पर भी अमेरिका की दादागीरी किसी से छिपी नहीं। तकनीकी रूप से जापान भले ही मजबूत हो लेकिन वह भी अमेरिका का पिछलग्गू ही है। सोवियत संघ रूस फिर से अपनी खोयी हुई शक्ति को वापस पाने की तरफ बढ़ रहा है। जर्मनी की स्थिति आर्थिक रूप से निश्चित ही काफी मजबूत हुई है, लेकिन सैनिक एवं सामरिक दृष्टि से अमेरिका का सामना करने की क्षमता उसमें भी नहीं है।

इस प्रकार भले ही यूरोप की साम्राज्यवादी ताक़तों को दो विश्वयुद्धों ने भारी हानि पहुँचायी हो, लेकिन यह मान लेना की इन विश्वयुद्धों से यूरोप की साम्राज्यवादी ताक़तें नष्ट हो गयीं, भारी भूल होगी। अन्तर सिर्फ़ इतना है कि जहाँ पहले इंग्लैण्ड की प्रत्यक्ष दख़लन्दाज़ी थी, अब वहीं इसे अमेरिका की अप्रत्यक्ष रूप से दख़लन्दाज़ी के रूप में देखा जा सकता है। नव-उपनिवेश के रूप में! फिर चाहे वह पर्याप्त पूँजी के रूप में हो या फिर तकनीकी ज्ञान के।

उपनिवेशवाद का दूसरा सबसे बड़ा कारण द्वितीय विश्वयुद्ध के बाद अमेरिका और सोवियत संघ में शीत युद्ध रहा। दोनों शक्तियों ने जहाँ अपनी-अपनी स्थिति को मजबूत करने के लिए नये राष्ट्रों को अपने-अपने खेमों में शामिल करने का निर्णय लिया। विदेशी सहायता, हथियारों की आपूर्ति, बहुराष्ट्रीय निगमों पर नियन्त्रण आदि साधनों द्वारा इन महाशक्तियों ने नवोदित स्वतन्त्र राष्ट्रों को आर्थिक रूप से अपने नियन्त्रण में ले लिया। उनकी सभी आर्थिक नीतियाँ एक एक करके नव-उपनिवेशवाद को मज़बूत आधार प्रदान करने के नियमों के माध्यम से अपने नव-उपनिवेशवादी नियन्त्रण को सुदृढ़ बना रहे हैं। इसके लिए इनके अपने कई हथकण्ड़े हैं। उदाहरण स्वरूप यदि 1979 में दोनों महाशक्तियों का आपसी टकराव के बहाने किया जानेवाला शक्ति प्रदर्शन एवं शस्त्र प्रतिस्पर्द्धा, विश्व के अन्य भागों में संचार माध्यम के सहारे पहुँचकर इनके लिए लाभकारी सिद्ध हुआ। वास्तव में इन महाशक्तियों द्वारा द्वितीय विश्वयुद्ध के बाद हथियारों की खरीद पर आयी मन्दी को कम करने में सहायक सिद्ध हुई। आज तीसरी दुनिया के अधिकतर देश अमेरिका, फ्रांस, ब्रिटेन, सोवियत संघ से ही हथियार खरीदते हैं। अपनी औपनिवेशिक स्थिति को मज़बूत करने के लिए साम्राज्यवादी देशों ने तीसरी दुनिया के देशों में अपने सैनिक अड्डे खोल रखे हैं। हथियारों की पूर्ति में ये नव-उपनिवेशवाद को ही बढ़ावा देते हैं।

अन्तरराष्ट्रीय आर्थिक संस्थाएँ जैसे कि विश्व बैंक (world Bank) अन्तरराष्ट्रीय मुद्राकोष, अर्थव्यवस्था का संचालन कर रही हैं। ये संस्थाएँ ऋण देते समय कठोर शर्ते लगाकर नव-उपनिवेशवाद का ही पोषण करती हैं। देशों को दिया जानेवाला ऋण हमेशा राजनीतिक प्रतिबन्धों पर, वह विकसित राष्ट्रों के हितों का पोषक होता है। इसलिए तृतीय विश्व के देश नयी अन्तरराष्ट्रीय अर्थव्यवस्था की पुरज़ोर माँग करते रहते हैं।

राष्ट्र और राष्ट्रवाद को जानने से पहले हमें राष्ट्रीय हितों के बारे में जानना आवश्यक है। राष्ट्र और राष्ट्रवाद मेरे लिए सच मायने में आज भी एक तलाश है। ऐसा राष्ट्र जो हिन्दू-मुस्लिम, सिक्ख-ईसाई से परे हो। जहाँ न कोई बौद्ध हो न कोई जैन न कोई ब्राह्मण न कोई चमार। जहाँ गाँधी से गोडसे समझौता करते दिखे तो तुलसी और पेरियार का संवाद हो। अम्बेडकर और सावरकर सुबह सैर-सपाटे पर जायें। गोलवलकर और जिन्ना की आपसी रिश्तेदारी हो तो राय-मशविरा के लिए कलुआ, बुधिया और रमुआ हों। क्या यह

सम्भव है? यदि हाँ, तो हम राष्ट्र और राष्ट्रवाद की नींव रख सकते हैं। यदि नहीं तो राष्ट्र और राष्ट्रवाद दिल बहलाने के लिए, अच्छा ख़याल है। ख़याली पुलाव पकाना वैसे भी कोई बुरी बात नहीं। मतलब हमारा राष्ट्रवाद उपनिवेशवाद से अधिक कुछ भी नहीं।

"राष्ट्रवाद एक खेल है, जो अपने ही देश में अंग्रेज़ी, शराब पीकर अंग्रेज़ी शराब निर्माताओं की वफ़ादारी के एवज़ में, हमें कभी भारत माता की जय बोलकर तो कभी वन्दे मातरम् का नारा लगाकर अपनी खुशफ़हमी का पर्याय बनता जा रहा है।"

हम कैसे राष्ट्रवादी हैं? देश में इतनी अपार प्राकृतिक सम्पदा होने के बाद भी, आर्थिक और तकनीकी रूप से आज भी अमरीका, जर्मनी और अमरीका के पिछलग्गू देश जापान तक के ग़ुलाम हैं। कहने के लिए हम लोकतान्त्रिक देश हैं, लेकिन हमारे लोकतन्त्र की लगाम आज भी वाशिंगटन डी.सी. (अमेरिका) के हाथ में है। यानी, वैश्विक पूँजीवाद के सहारे। यह कैसा तमाशा है? हमारे ही कच्चे-माल को औने-पौने दाम में ख़रीदकर बहुराष्ट्रीय कम्पनियों के सहारे हमें ही सर्वाधिक मूल्य पर हमारे ही मज़दूरों द्वारा निर्मित समान हमें ही बेचा जा रहा है।"

क्या? कभी हमने सोचा है कि जहाँ एक तरफ यूरोपीय यूनियन, चीन और रूस जैसी अन्य पूँजीवादी ताक़ते बढ़ते उम्र में अपने-अपने हितों के पक्ष में अपनी उपस्थिति दर्ज कर रही हैं तो वहीं हम अपने ही घर में किसी को देशद्रोही तो किसी को देशभक्त की उपाधि बाँटने में मस्त हैं। फिर भला यह कौन-सी आज़ादी? और कौन-सा राष्ट्रवाद है कि जहाँ निज़ाम भले ही कितने बदल जायें हालात बद-से-बदतर होते ही जा रहे हैं। यहाँ तक कि हमारी शिक्षा, स्वास्थ्य, ज़र, ज़ामीन, जंगल, रोज़गार, यातायात और दैनिक जीवन की वस्तुएँ भी वाशिंगटन डी.सी. (अमेरिका) के इशारे पर ही तय होती हों।

वास्तव में हम राष्ट्रवादी नहीं, डरपोक हैं। डरपोक के साथ-साथ बुज़दिल और निकम्मे भी। दरअसल हममें न तो सोचने-समझने की शक्ति है और न ही, राष्ट्र निर्माण का ज़ज्बा। हम आज़ादी की गफ़लत में जीने के साथ-साथ छद्म राष्ट्रवाद के शिकार हैं। इतना ही नहीं हमने अपने विचारकों की हत्या कर दी है, और जो बच गये हैं, उन्हें राष्ट्रद्रोही, ग़द्दार, नीच, जाहिल जैसी उपाधियों से नवाज रहे हैं। राष्ट्रवाद आज के परिवेश में एक प्रायोजित षड्यन्त्र है, जो लोगों द्वारा अपने ही अधिकारों की माँग करनेवालों की आवाज को देशभक्ति के झूठे शोर-शराबे के नीचे दबा देने का तरीका बन गया है। यदि आप तथाकथित देशभक्तों का प्रतिकार करेंगे तो आपको ये लोग देशद्रोही करार कर देंगे। जिन्हें वास्तव में न तो देश के बारे में और न ही देश के निर्माण के बारे में जरा-सी भी जानकारी है!

हमें याद रखना चाहिए कि देश के भीतर राष्ट्रवाद कभी वास्तविक मुद्दों की राजनीति नहीं करता, अपितु काल्पनिक प्रतीक खड़े करके जैसे कि राष्ट्र का गौरव, राष्ट्र-सम्मान, राष्ट्र की भावना, राष्ट्र को ताक़तवर बनाना आदि-आदि। लेकिन अपने

पड़ोसी को धूल चटाकर अपने से अलग तथाकथित जाति-धर्म के लोगों को सबक सिखाकर।

भारत न तो पहले कभी राष्ट्र था और न ही अभी राष्ट्र है। राष्ट्र हो सकता है राष्ट्र-निर्माण में हम सबका सहयोग अपेक्षित है, क्योंकि भारत राष्ट्र निर्माण की प्रक्रिया से गुजर रहा है। इसको ऐसे भी देखा जा सकता है कि भारत तथाकथित आज़ादी के पहले छोटी-छोटी रियासतों में बटा हुआ था। "वास्तव में उपनिवेशवाद के बिना राष्ट्रवाद की कल्पना करना भी बेमानी ही नहीं, अपितु मूर्खता का पर्याय है।"

राष्ट्र के लिए सबसे अधिक महत्त्वपूर्ण है, कि राष्ट्र की सबसे सूक्ष्म इकाई यानी प्रत्येक व्यक्ति! फिर चाहे वह, महिला हो या पुरुष किसी भी क्षेत्र, समाज, जाति, धर्म-मजहब, सम्प्रदाय से क्यों न हो, उसकी सुरक्षा, आर्थिक विकास, समता जैसे कारकों का होना आवश्यक है। भारत में राष्ट्र और राष्ट्रवाद की ठेकेदारी करनेवाले लोग आज भी ग़फ़लत में हैं, सबसे मज़ेदार बात यह कि उन्हें गर्व करने से फुरसत ही नहीं है, कभी भारत को सोने की चिड़िया होने का गर्व तो कभी, सनातन संस्कृति के नाम पर गर्व जबकि वास्तव में आज अब भारत आर्थिक रूप से पराश्रित देश यानी विकासशील देश है, जो अपने आर्थिक विकास के लिए, विकसित देशों पर पूरी तरह से आश्रित है। और निश्चित रूप से ही डॉलर डिप्लोमेसी (डॉलर कूटनीति) पर आधारित है।

भारत को यदि राष्ट्र बनना है तो सबसे पहला काम, गर्व करने जैसी ग़फ़लतवाली चीज़ों का त्याग करना होगा और आर्थिक दृष्टि से हर हाल में मज़बूत होते हुए, संस्कृति, सभ्यता एवं मनुष्यता की ओर अपने क़दम बढ़ाने होंगे। हमें इस वास्तविक तथ्य को हर हाल में जानना होगा कि आख़िर हमारी प्रति व्यक्ति आय एवं राष्ट्रीय आय कितनी है? प्रति व्यक्ति आय का पुराना फ़ार्मूला छोड़कर नया फार्मूला तैयार करना होगा। दस प्रतिशत लोगों (पूँजीपतियों, नेताओं, धर्मगुरुओं) के पास धन-सम्पदा का 90% और 90% भारतीय अवाम के पास 10% धन-सम्पदा को जोड़कर प्रति व्यक्ति आय को तय करना बेमानी ही नहीं देश या फिर राष्ट्र के साथ धोखा है। हमें यदि भारत को सोने की चिड़िया होने पर गर्व करना ही है तो इस बात को भी हर हाल में स्वीकार करना ही होगा, कि वह काल (समय) न तो रामराज्य का था और न ही, महाभारत का बल्कि वह समय था औरंगजेब का। 1700 ई. में, एनगस विल्सन (Angus Wilson) के अनुसार अन्तरराष्ट्रीय मुद्राकोष में अकेले भारत की हिस्सेदारी 22.6% थी जबकि यूरोपीय संघों (यूरोप के कई देशों) को मिलाकर कुल हिस्सेदारी 23.3% थी। जबकि आज़ादी के बाद भारत की यह हिस्सेदारी 1952 में घटकर मात्र 2.3% से आज 2017-18 में 0.62% रह गयी है। जबकि दिल बहलाने के लिए आज भी हमारे पास फिल्म 'सिकन्दर-ए-आज़म' का यह गीत, जहाँ डाल-डाल पर सोने की चिड़िया करती रैन बसेरा वह भारत देश है मेरा, अच्छा है। ठीक वैसे ही जैसे कि हम अपनी जी.डी.पी. की गणना अपने दोहरी नागरिकतावाले पूँजीपतियों की

सम्पत्तियों को जोड़कर रमुआ-कलुआ और बुधिया की सम्पत्ति मिलाकर उसका प्रतिशत निकाल लेते हैं, जिसे यह पूँजीपति कभी भी लेकर, देश से फ़रार हो सकते हैं।

हमें अपने पड़ोसी देश चीन से यह सीखना होगा कि उसने कैसे आज अपनी, आर्थिक स्थिति को अन्य एशियाई देशों की तुलना में मज़बूत किया है। भारत में प्राकृतिक सम्पदाओं से लेकर श्रमिक सम्पदाओं का अभाव आज भी नहीं है, अभाव है हमारी नीति, नीयत और नीति निर्धारण की दिशाओं में! आख़िर आज भी हम क्यों अमेरिका के जाल में फंसते ही जा रहे हैं? क्या हमारे भाग्य में यही लिखा है कि हम आज़ादी का खोखला जश्न मनाते-मनाते आनेवाली अपनी पीढ़ियों को फिर से आर्थिक गुलामी के साथ-साथ तकनीकी ग़ुलामी के लिए अंग्रेज़ों के हवाले कर दें?

शहीदे आज़म 'भगतसिंह' की जेल डायरी के पन्नों से मुझे यह पंक्तियाँ याद आती हैं, जो इस प्रकार हैं—पूँजीवादी जनतन्त्र, सामन्तवाद की तुलना में एक महान् ऐतिहासिक प्रगति होने के बावज़ूद, एक बहुत ही सीमित, बहुत ही पाखण्डपूर्ण संस्था धनियों के लिए स्वर्ग और शोषितों, ग़रीबों के लिए एक जाल और छलावे के अलावा न तो कुछ है, और न ही हो सकता है।

वह दिन दूर नहीं, जब हमारे तथाकथित आर्थिक राष्ट्रवादियों की नीतियों पर तरस खाते हुए, देश के आम-इन्सान, रमुआ-कलुआ और बुधिया को विवश होकर यह कहना पड़े कि उपनिवेशवाद 'उग्र उदारीकरण' की पराकाष्ठा है। जो देश को आर्थिक गुलामी की बेडियों में जकड़ कर रख देगी। फिर वह, चाहे अप्रत्यक्ष विदेशी निवेश हो या फिर प्रत्यक्ष विदेशी निवेश (एफ.डी. आई.) कहना ग़लत न होगा कि जहाँ एक तरफ राष्ट्र के नाम पर अंग्रेज़ी शराब पीकर, राष्ट्रवाद का नारा लगानेवाले राष्ट्रवादी पूँजीपति हैं, तो वहीं गाय और साम्यवाद के सहारे देश को तबाह करनेवाले तथाकथित स्वदेशी और स्वराज्य की बाँग लगानेवाले बाबा। हमारी निरीह सरकारें इनके हाथों की कठपुतली मात्र हैं, फिर चाहे वह यू.पी.ए. हो या एन.डी.ए. (कांग्रेस हो या बीजेपी)।

वाशिंगटन डी.सी. की आवाज़ के रूप में भारतीय रिजर्व बैंक के पूर्व गर्वनर रघुराम राजन का यह बयान जहाँ देश के प्रधानमन्त्री के लिए दिल बहलाकर यू.पी.ए. सरकार को कठघरे में खड़ा करने के लिए, भले ही पर्याप्त लग रहा हो, लेकिन मोदी सरकार को नाकाम साबित करने के लिए भी स्पष्ट है।

वैसे कहने को तो हमारे पास आर्थिक सलाहकार और पूँजीपति हैं, लेकिन वास्तव में अर्थशास्त्री और पूँजीपति हमारे हैं ही नहीं। यह सब पालतू तोते हैं, अमेरिका स्थित वाशिंगटन डी.सी. हाउस के। कहने को ये बोलते हैं, लेकिन वास्तव में देखा जाये तो इनसे बुलवाया जाता है।

इसकी बानगी अमर उजाला दैनिक समाचार-पत्र के 12 सितम्बर, 2018 के एक लेख से समझने के प्रयास में देखा जा सकता है—जो कुछ इस प्रकार है—

फँसे क़र्ज़ का इलाज

फँसे क़र्ज़ यानी एन. पी. ए. के बढ़ते बोझ के लिए प्रधानमन्त्री मोदी यू.पी.ए. सरकार की नीतियों को जिम्मेदार ठहराते रहे हैं, जिसकी पुष्टि रिजर्व बैंक के पूर्व गवर्नर रघुराम राजन ने भी की है। डॉ. मुरली मनोहर जोशी की अगुवाईवाली संसद की प्राक्कलन समिति को भेजे गये अपने जवाब में राजन ने माना है कि 2006 से 2008 के दौरान जब अर्थव्यवस्था की स्थिति मजबूत थी, पुराना ढाँचागत परियोजनाएँ समय पर और बजट के भीतर पूरी की जा रही थीं, बैंकों ने कारपोरेट जगत् के प्रति उदारता दिखाकर बड़ी चूक की। ज़ाहिर है ऐसा सिर्फ़ बैंकों ने अपनी मर्ज़ी से तो नहीं ही किया था। हालत यह हो गयी थी कि प्रमोटर्स से कई बैंक तो सिर्फ़ यह जानना चाहते थे कि उन्हें कितना क़र्ज़ चाहिए। मगर 2008 में जब वैश्विक अर्थव्यवस्था डगमगाने लगी थी, तब बैंकों के लाभ कमाने के सारे अनुमान ध्वस्त हो गये। वास्तव में एन.पी.ए. का यह बोझ संस्थागत और संरचनागत गड़बड़ियों का नतीजा है, जिसमें बैंकों की हालत खस्ता होती चली गयी।

बैंकों ने इस भय में कि बड़े क़र्ज़दारों के ख़िलाफ़ कार्रवाई से स्थिति न बिगड़ जाये, उल्टे उन्हें और क़र्ज़ दिए। राजन के मुताबिक़ बिजली संयन्त्रों के लिए कोयला खदानों के सन्दिग्ध आवण्टन और जांच की आशंका ने सरकार के निर्णय लेने की प्रक्रिया को प्रभावित किया। सितम्बर 2013 से सितम्बर 2016 तक रिजर्व बैंक के गवर्नर रहे राजन का कहना है कि बैंकिंग घोटाले से जुड़े किसी एक बड़े मामले में धोखाधड़ी करनेवाले के ख़िलाफ़ कार्रवाई कर ली जाती तो इससे दूसरे डिफाल्टर हतोत्साहित होते। ज़ाहिर है एन.डी.ए. ने सत्ता में आने के बाद इसका बोझ कम करने के लिए कोई कारगर क़दम नहीं उठाया। यदि ऐसा होता तो एन.पी.ए. का बोझ बढ़कर दस लाख करोड़ रुपये तक नहीं पहुँच जाता।

राजन की इन बातों का भी संज्ञान लिया जाना चाहिए : (वाशिंगटन डी.सी. के लिए)

पहली, एन.पी.ए. की नयी चुनौतियों से बचने के लिए मुद्रा लोन और किसान क्रेडिट कार्ड से सम्बन्धित क़र्ज़ों पर नज़र रखने की ज़रूरत है। इसलिए कि राजनैतिक दलों को कृषि क्षेत्र में क़र्ज़माफ़ी जैसे क़दम से बचना चाहिए। इस चुनावी मौसम में क्या कोई राजनीतिक दल इसके लिए तैयार है? या होगा।

कुल मिलाकर राजनैतिक दलों को कृषि क्षेत्र में क़र्ज़माफ़ी जैसे क़दम से बचना चाहिए का स्पष्ट सन्देश है जो वाशिंगटन डी.सी. हाउस द्वारा पूर्व गवर्नर के द्वारा उवाच कराया गया है। जिसका मकसद भारत जैसे कृषिप्रधान देश की कृषि रूपी कमर को तोड़कर एफ.डी.आई. या फिर बाबाओं की झाड़फूँक के सहारे छोड़कर तबाह किया जा सके।

11

सार्वभौमिक राष्ट्रवाद
(Universal Nationalism)

किसी भी राष्ट्र की परिकल्पना तभी सम्भव है, जब हम आस्तिकता और नास्तिकता के बन्धन से मुक्त होकर, उसमें रहनेवाले लोगों फिर चाहे वह स्त्री हो या पुरुष, आदिवासी हो या शहरी, दलित हो या ब्राह्मण, अगडा हो या पिछड़ा, ईसाई हो या फिर मुसलमान के लिए रोटी, कपड़ा और मकान की प्राथमिक व्यवस्था को सुनिश्चित करते हुए शिक्षा स्वास्थ्य एवं रोज़गार की व्यवस्था मुहैया करते हुए अपनी भूमिका को राष्ट्र निर्माण में तय करें अन्यथा राष्ट्र और राष्ट्रवाद की कल्पना भी बेमानी है। राष्ट्र न तो शरीर है और न ही आत्मा, राष्ट्र शरीर और आत्मा से निर्मित प्राणियों का संगठन है, जिसे संस्कृति, सभ्यता, भाषा, क्षेत्र, जाति, धर्म, समाज, राजनीति, विचार और व्यापार में परिवर्तन के साथ-साथ भौगोलिक एवं प्राकृतिक बदलाव जैसे कि आपदा, त्रासदी, सम्पदा आदि महत्त्वपूर्ण अवयव समय-समय पर प्रभावित करते रहते हैं।

प्राणी के बिना किसी की राष्ट्र की परिकल्पना मुश्किल ही नहीं असम्भव है। वर्ना मंगल ग्रह भी अब तक एक राष्ट्र होता।

राष्ट्रवाद का विचार निश्चित तौर पर, सामाजिक, समावेशीकरण का एक बड़ा माध्यम बन सकता है, जो जाति, रंगभेद, क्षेत्रीयता आदि से ऊपर उठकर समरसता की बात करता है। प्रत्येक व्यक्ति की यह प्राथमिक आवश्यकता होती है कि एक ऐसी व्यवस्था के अन्तर्गत जिसमें वह अपने जीवन-मूल्यों के साथ आगे बढ़ सके और स्वतन्त्र महसूस कर सके। इस दशा में हम यदि राष्ट्र को ऐसी संस्था मान भी लें तो क्या यह प्रश्न नहीं उठता कि आख़िर हमने इस लक्ष्य को कितना और कहाँ तक पूरा किया है? और आगे पूरा करने के लिए कितना प्रयासरत हैं। हमें अन्तिम पंक्ति में सबसे आख़िर में खड़ी आदिवासी बुधिया के लिए रोटी, कपड़ा और मकान के साथ-साथ न्याय हेतु एक राष्ट्र रूपी व्यवस्था तैयार करनी ही होगी। रमुआ, कलुआ के साथ हमें ऐसे विचारों की ओर अग्रसर होना होगा जो सामाजिक-आर्थिक जीवन में समानता

के साथ-साथ समता और बन्धुत्व से भी परिपूर्ण हो। वरना राष्ट्र और राष्ट्रवाद फ़क़त खोखले नारे के सिवाय कुछ भी नहीं।

हमारे संविधान की प्रस्तावना की शुरूआत, 'हम भारत के लोग...से होती है। इसका तात्पर्य है राष्ट्रवाद एकलवादी न होकर बहुलवादी है। संविधान के पहले ही अनुच्छेद में कहा गया है कि भारत 'राज्यों का संघ' है। यदि हम इसे राष्ट्र मानने की भूल कर भी लें तो कम-से-कम जर्मनी के राष्ट्रवाद की तरह तो कदापि नहीं, एक राष्ट्र, एक दल, एक आत्मा, एक नेता, या फिर एक ईश्वर की तर्ज़ पर। ऐसा करना न तो भारत 'राज्य संघ' के लिए हितकर होगा और न ही ऐसा माननेवाले के लिए यदि भारत के राष्ट्र होने की कल्पना के साथ राष्ट्रवाद की वैचारिकी पर बात करते हैं, तो वह निश्चित तौर पर ही, यहाँ की भौगोलिक सीमा में रहनेवाली हर भाषा, संस्कृति, पहचान में जाति धर्म, आस्तिक-नास्तिक के साथ देश की लगभग 130 करोड़ लोगों की बात करनी होगी। विविधता में एकता देखने से पहले हमें एकता में विविधता देखना ही होगा।

बुनियादी, ज़रूरतें मसलन शिक्षा, स्वास्थ्य, रोज़गार, न्याय और अधिकार के बिना राष्ट्रवाद की अवधारणा न सिर्फ़ वाहियात है, बल्कि बेबुनियाद भी।

देश में राष्ट्रवाद जैसी वैचारिकी से भी बड़े मुद्दे हैं, जिनसे मुँह नहीं मोड़ा जा सकता है, जैसे कि आदिवासियों की शिक्षा, महिलाओं की सुरक्षा, किसानों की आत्महत्या, खेती की दुर्दशा, रोज़गार में गिरावट, मज़दूरों और छोटे व्यवसायियों का शोषण आदि आदि। बड़े अफ़सोस के साथ कहना पड़ रहा है, पाश्चात्य संस्कृति का विरोध करनेवाले धनकुबेर लोग आज पाश्चात्य राष्ट्रवाद को अपना बाप बना चुके हैं। जबकि भारत में राष्ट्रवाद पश्चिमी राष्ट्रवाद से कई मायने में भिन्न है।

पश्चिमी देशों में राष्ट्रवाद का आधार सीमित है, कारण स्पष्ट है उनकी एक भाषा, एक पहचान, एक नस्ल, एक धर्म आदि। जबकि भारत में राष्ट्रवाद की अभी ठीक से शुरूआत भी नहीं हो पायी। कारण अशिक्षा, भिन्न सांस्कृतिक परिवेश, विभिन्न भाषाएँ, अलग-अलग जातियाँ, तरह-तरह के समाज और कुकुरमुत्ते की तरह तथाकथित धर्म, मज़हब, पन्थ और सम्प्रदाय इत्यादि।

कुछ लोग आज भी भारत को एक राष्ट्र मानकर अपना दिल बहला लेते हैं, ख़याल बुरा नहीं। शायद उनका राष्ट्र वैदिक ऋषियों के सिद्धान्त पर टिका है, जो एक तरफ 'वसुधैव कुटुम्बकम्' की बांग तो लगाता है; लेकिन राष्ट्र के मायने में उनकी सोच ब्राह्मणवादी साम्राज्यवाद तक ही सिमट कर रह जाती है। रमुआ, कलुआ और बुधिया की सोच से उनका रंचमात्र रिश्ता नहीं। इसका अन्दाज़ा इसी बात से लगाया जा सकता है कि पश्चिमी विद्वानों द्वारा दी गयी राष्ट्रवाद की परिभाषा से तो उन्हें चिढ़ है लेकिन उसको अमल में लाकर वह अपने आपको धन्य मानते हैं। यह वही भ्रमित लोग हैं।

जो कभी 'मेरा राष्ट्र' मेरा धर्म और मेरी संस्कृति के समर्थक हुआ करते थे!

इनकी अपनी ख़ुद की वैचारिकी भी बड़ी अजीबो-ग़रीब है—"मेरा राष्ट्र सभी राष्ट्रों से ऊपर है तथा मेरा राष्ट्र मानव मूल्यों से भी ऊपर है, जो भावुकता के सहारे तर्क-वितर्क को भी नहीं मानता। यानी कुल मिलाकर एक धर्म, एक संस्कृति, एक भाषा, और एक राष्ट्र!

आज राष्ट्र और राष्ट्रवाद के नाम पर लोगों को ठीक वैसे ही बरगलाया जा रहा है, जैसे कभी गाँधी ने अम्बेडकर को बरगलाने का प्रयास किया था—

गाँधी कहते हैं—"मैं स्वयं को इस सम्पूर्ण देश के दलितों का प्रतिनिधित्व करते हुए और उनका प्रतिनिधि मानते हुए उनके विषय में बोलूँगा।"

यह बात द्वितीय गोल-मेज सम्मेलन में जाने के पूर्व गाँधी द्वारा अम्बेडकर को कही गयी थी। इतना ही नहीं उन्होंने लोगों को समझाना चाहा कि अस्पृश्यों को अम्बेडकर की आवश्यकता ही नहीं है। और अपील किया कि दलित अपनी शिकायतों को भूलकर राष्ट्र एवं राष्ट्रीय आन्दोलन की सेवा करें।

ज्योतिबाराव फुले आधुनिक भारत में पहले ऐसे भारतीय थे, जिन्होंने सामान्य व्यक्ति, रमुआ-कलुआ और बुधिया के लिए एक नये युग की घोषणा की। उनका यह लक्ष्य था कि सामाजिक समानता, न्याय एवं तर्क के आधार पर सामाजिक व्यवस्था का पुनर्निर्माण करते हुए राष्ट्र निर्माण की ओर बढ़ा जाये।

भारतीय संस्कृति विभिन्न सांस्कृतिक, धार्मिक, भाषायी एवं नृजातीय परम्पराओं के सम्मिश्रण का परिणाम है। वर्षों के उर्वरीकरण, संवाद एवं चुनौती ने, संस्कृति, धर्म, भाषा, प्रजाति एवं जातीय समूहों की विविधता को भारतीय सभ्यता की विशेषता बना दिया है। कोठारी के मतानुसार एक केन्द्रीकृत राजनीतिक सत्ता के अभाव में यह भारतीय सभ्यता उद्यम" ही था, जिसने "सदियों तक उच्च अंशीय सम्बद्धता को प्राप्त किया तथा एक महाद्वीपीय आकार के समान की विभिन्न उप व्यवस्थाओं को एकता के सूत्र में बाँधे रखा" (कोठारी 1988 : 2233) अतः भारतीय सभ्यता को एकता में बाँधनेवाली शक्ति, अनुशासन की एक राजनीतिक वैचारिकी न होकर बहुल संस्कृतिवाद एवं भाषायी विविधता की स्वीकृति थी।

राष्ट्रवाद के परिप्रेक्ष्य में अमरीकी संसद् में फ्रांसीसी राष्ट्रपति इमैनुअल मैक्रो का जोरदार भाषण दुनिया के तथाकथित राष्ट्रवादियों के लिए एक तमाचे से कम नहीं है। जो कुछ इस प्रकार से है—

"यदि आप मेरी निजी राय पूछें तो मैं नयी मज़बूत शक्तियों के प्रति दीवानगी का पक्षधर नहीं हूँ...मैं स्वतन्त्रता के परित्याग और राष्ट्रवाद की मृगतृष्णा के प्रति भी कोई दीवानगी की भावना नहीं रखता... इस सम्बन्ध में अमरीका और यूरोप की भूमिका ऐतिहासिक है क्योंकि अपने सार्वभौमिक जीवन-मूल्यों को बढ़ावा देने और यह मत

व्यक्त करने के मानवाधिकार अल्पसंख्यकों के अधिकार तथा आज़ादी की हिस्सेदारी ही दुनिया की व्याधियों का सही समाधान है—जैसे विचारों का समर्थन करने का यही एकमात्र तरीक़ा है। मैं इन अधिकारों और जीवन-मूल्यों में आस्था रखता हूँ।''

राष्ट्रवाद के मुद्दे पर मैक्रो ने अपने विचार विशेष रूप में ज़ोरदार ढंग से प्रस्तुत करते हुए कहा—

''हम अलहदगीवाद, आत्मविस्मृतिवाद तथा राष्ट्रवाद में से चयन कर सकते हैं। हमारे पास विकल्प मौज़ूद हैं। हमारे अन्दर छिपे विभिन्न प्रकार के भय का निवारण करने के लिए यह एक अस्थायी ओषधि है। लेकिन यदि हम दुनिया के प्रति अपने दरवाज़े बन्द कर लेते हैं तो इससे दुनिया का क्रमिक विकास रुकेगा नहीं। इसकी ज्वाला बुझने के बजाय हमारे नागरिकों के अन्दर डर को और भी प्रज्वलित करेगी। हमारी आँखों के ऐन सामने जो नये-नये जोख़िम प्रकट हो सकते हैं हमें उनके प्रति अपनी आखें खुली रखनी होगी। मैं पूरे विश्वास से कह सकता हूँ कि यदि हम अपनी आँखें अच्छी तरह खोलकर रखने का फ़ैसला लेते हैं तो हम और भी मज़बूत बनेंगे तथा दरपेश ख़तरों पर हावी हो जायेंगे। हम चरम राष्ट्रवाद की विनाशक शक्तियों को व्यापक ख़ुशहाली की अपनी उम्मीदों पर हावी नहीं होने देंगे।''

क्या आपको याद है कि आपने इस तरह के विचार इससे पहले किस नेता के मुँह से सुने थे? वैश्वीकरण के बारे में हमारी समझ केवल यहाँ तक सीमित है कि हमें दुनिया भर से आउटसोर्सिंग काम मिलना चाहिए और हमें एच-1 बीजा तथा आई-फ़ोन का अधिकार है, लेकिन हम शरणार्थियों को नहीं चाहते।

राष्ट्रवाद को एक मृगतृष्णा (जो कि वास्तव में यह है ही) तथा एक प्रकार का खतरा करार देना एक ऐसी चुनौती है जिसकी हमारे देश को सर्वाधिक ज़रूरत है। यह हमारे लिए दुःखद के साथ-साथ दुर्भाग्यपूर्ण भी है कि हमें राष्ट्रवाद की घुट्टी अधिक-से-अधिक मिल रही है। जो हमारे सोचने-समझने, जाँचने-परखने की क्षमता को क्षीण-करती जा रही है। 'भारत माता की जय' या फिर 'वन्दे मातरम्' के रूप में! विडम्बना यह है कि इस सम्बन्ध में हमें उस देश के नेता से सबक सीखना पड़ रहा है जिसने 1789 में राष्ट्रवाद को ईज़ाद किया था। क्या हमारा राष्ट्रवाद उस राष्ट्रवाद से कहीं अधिक भयावह नहीं है, जिसके सन्दर्भ में मैक्रो अपनी प्रतिक्रिया व्यक्त कर रहे थे। हमारा राष्ट्रवाद भयावह इसलिए भी है कि यह भितरघात से प्रेरित होकर हमारे अपने ही लोगों को लक्ष्य बनाता है।

लेकिन मैक्रों का एक अन्य उल्लेख मुझे हास्यस्पद भी लगा, जिसमें वह तथाकथित मानवाधिकार की वकालत करते नज़र आये—मैक्रो कहते हैं ''हमाारे मध्य सबसे शक्तिशाली और सबसे अधिक स्पष्ट बन्धन वह है जो हमारे लोगों को अब्राहि

लिंकन के शब्दों में 'लोकतन्त्र' के अधूरे एजेण्डे को पूरा करने की दिशा में आगे बढ़ने के लिए एक सूत्र पिरोता है।'' आख़िर लोकतन्त्र का यह अधूरा एजेण्डा है क्या? मैक्रो उसकी व्याख्या 'सभी के लिए मानवाधिकार' के रूप में करते हैं। जबकि वास्तव में हमारे देश में मानवाधिकारों की सकारात्मकता सन्दिग्ध, ही नहीं अपितु डरावनी भी है। 'सैकुलर' और 'उदारवादी' शब्दों की तरह भारतीय मज़हबी राष्ट्रवाद की वानर सेनाओं ने 'मानवाधिकारों' को आम जनता, रमुआ-कलुआ और बुधिया के लिए एक डरावनी चीज़ बनाकर रख दिया है। अतः हम कह सकते हैं कि अब यह उनके अस्तित्व की गारण्टी बिल्कुल नहीं रह गया है।

साभार आकार पटेल
द्वारा लिखित लेख नवोदय टाइम्स का कुछ भाग

राष्ट्रवाद के सम्बन्ध में मुझे ये चार पंक्तियाँ, लिखने पर विवश करती दिखती हैं।

''सोयी कौमें जब जगती हैं
मिथक टूटने लगते हैं
राष्ट्रवाद की चादर में
कुछ साँप विषैले लिपटे हैं।''

कई बार मुझे लगता है कि राष्ट्र की आत्मा राष्ट्र की संस्कृति न होकर लोकतन्त्र है। हम भारत के लोग यानी रमुआ-कलुआ और बुधिया भारत को एक सम्पूर्ण प्रभुत्व-संपन्न, समाजवादी, पन्थनिरपेक्ष, लोकतन्त्रात्मक गणराज्य बनाने के लिए तथा उसके समस्त नागरिकों को सामाजिक, आर्थिक, राजनैतिक न्याय, विचार, अभिव्यक्ति, विश्वास, धर्म और उपासना की स्वन्त्रत, प्रतिष्ठा और अवसर की समता, प्राप्त करने के लिए तथा उन सबमें व्यक्ति की गरिमा और राष्ट्र की एकता और अखण्डता सुनिश्चित करनेवाली बन्धुता बढ़ाने के लिए, दृढ़ संकल्प होकर अपनी इस संविधान सभा में आज तारीख 26 नवम्बर, 1949 ई. को एतद्द्वारा इस संविधान को अंगीकृत अधिनियमित और आत्मार्पित करते हैं।

भारत के संविधान की उद्देशिका से

'पन्थनिरपेक्षता' शब्द पर बल देने का उद्देश्य राष्ट्र की पन्थनिरपेक्षता और अखण्डता के उच्च विचार को अभिव्यक्ति रूप से इस आधार पर स्पष्ट करना है कि धार्मिक संस्थान व्यापक निर्बन्धिनों के अधीन रखे गये हैं—

एम.जी. गोपाल कृष्णानन नायर बनाम स्टेट ऑफ केरल, ए.आई.आर. 2005 एस.सी. 3053 : (2005)। एस.सी. 45।

संस्कृतियाँ और सभ्यताएँ समय के साथ-साथ परिवर्तित होती रहती हैं, लेकिन लोकतान्त्रिक मूल्यों को राजा या फिर सरकारें, अपने निजी स्वार्थों की रक्षा के लिए

हमेशा बलि देने के लिए तत्पर रहते हैं। जबकि वास्तव में इन लोकतान्त्रिक मूल्यों की रक्षा ही राष्ट्रवाद है।

लेकिन जब लोकतन्त्र या फिर प्रजातन्त्र चन्द बड़े व्यापारियों की जागीर बनकर रह जाए तो फिर प्रेमचन्द्र का यह कहना यूँ ही निरर्थक नहीं रह जाता है—

"जिसे हम डेमोक्रेसी कहते हैं, वह व्यवहार में बड़े-बड़े व्यापारियों और जमीदारों का राज्य है और कुछ नहीं। चुनाव में वही बाजी ले जाता है जिसके पास रुपये हैं। रुपये के ज़ोर से उसके लिए सभी सुविधाएँ तैयार हो जाती हैं। बड़े-बड़े पण्डित बड़े-बड़े मौलवी, बड़े-बड़े लिखने और बोलनेवाले जो ज़बान और क़लम से पब्लिक को जिस तरफ चाहें फेर दें, सभी सोने के देवता के पैरों पर माथा रगड़ते हैं।"

प्रेमचन्द (गोदान)

राष्ट्र की कल्पना संकुचित या सीमित इसलिए है, क्योंकि ऐसे बड़े-बड़े राष्ट्र जिनके नागरिकों की संख्या कई करोड़ है वे भी लचीली ही सही ऐसी पूर्व निर्धारित भौगोलिक और राजनीतिक सीमाओं से बँधे हैं, जिनके परे एक-दूसरे राष्ट्र की सीमा आरम्भ हो जाती है। कोई भी राष्ट्र मानवता का सहसीमावर्ती नहीं होना चाहता। विश्व का सबसे कृपालु राष्ट्र भी इस बात की इज़ाज़त नहीं देगा कि किसी एक सम्भव तरीके से एक खास अवधि के लिए ही सही, मानव जाति के सभी लोग उसकी राष्ट्रीयता का अंग बन जाये। क्या ईसाई धर्म के सभी अनुयायी एक ही ईसाई राष्ट्र की नागरिकता ले सकते हैं?

'रामधारी दिनकर'

मेरी दृष्टि में, मनुष्यता के अभाव में राष्ट्र चेतना या फिर राष्ट्रवाद एक विनाशक हथियार के अतिरिक्त कुछ भी नहीं है। राष्ट्रवाद एक सार्वकालिक और सार्वभौमिक परिकल्पना है, इसे नकारा नहीं जा सकता। राष्ट्र या राष्ट्रीयता का बोध राष्ट्र में रहनेवाले लोगों कलुआ-रमुआ और बुधिया की वास्तविक दशा-दिशा और स्थिति पर निर्भर करता है, कि उन्हें दो जून की रोटी मिल पा रही है, जिसे खाकर वह राष्ट्र और राष्ट्रीयता का बोध स्वतः कर सकें अथवा राष्ट्र और राष्ट्रीयता का बोध कराने हेतु राष्ट्रवाद की लाठी लेकर तथाकथित राष्ट्रवादी लोग लाठी के दम पर उन्हें राष्ट्र और राष्ट्रीयता का बोध यूँ ही कराते रहेंगे?

राष्ट्र के प्रति सम्मान, राष्ट्र-गौरव राष्ट्र की श्रेष्ठता का अभिमान, राष्ट्रभक्ति आदि यह सब, भूख, भुखमरी और दरिद्रता के अभाव में ही शायद जायज़ हैं अन्यथा बेमानी। ख़ासतौर पर जब बेरोज़गारी, अशिक्षा, स्वास्थ्य की अव्यस्था एवं न्यायहीनता जैसे दानविक शत्रु अपने ही देश के भीतर देश के नागरिकों, रमुआ-कलुआ और बुधिया को दिन-प्रतिदिन निगल जाने के लिए बेक़रार दिखते हों। मनुष्यता के अभाव में राष्ट्रवाद का वास्तविक आधार हो ही नहीं सकता। इसे राष्ट्र और राष्ट्रवाद की बिडम्बना ही कहेंगे

जहाँ व्यक्ति के मूल्यों को दरकिनार करके काल्पनिक राष्ट्रवाद में आदमी अपना सिर फोड़ता नज़र आ रहा रहा है। राष्ट्र को सर्वोच्च प्राथमिकता देने से पहले, हमें राष्ट्र और राष्ट्रवाद को जानने और समझने की आवश्यकता है।

सार्वभौमिक राष्ट्रवाद एक ऐसी अवधारणा है, जिसका केन्द्र निश्चित तौर पर मनुष्यता ही है क्योंकि किसी राष्ट्र की खोज एवं निर्माण में दरअसल मनुष्यता ही वह सबसे मज़बूत जैविक तन्तु है जो हम सबको आपस में जोड़ने का कार्य करता है। इसलिए राष्ट्रवाद आज भी एक खोज है, जो सर्वकालिक, सर्वग्राही और सार्वभौमिक के साथ-साथ हम सबके लिए एक चुनौती भी है। जिसका उद्देश्य प्रेम की भावना को संचारित करना है। राष्ट्रवाद का लक्ष्य प्राप्त करने हेतु हमें कुछ बिन्दुओं का ध्यान में रखना आवश्यक है—

वह बिन्दु हैं—

(1) मनुष्यता की खोज

(2) जाति के रूप में मानव

(3) धर्म के रूप में मानवता

(4) संस्कृति—जो सबको समेटकर रख सके।

(5) समाज—यह न सिर्फ़ व्यक्तियों का समूह हो, अपितु समूह के व्यक्तियों द्वारा अन्तः क्रिया की जटिलता को आपसी सहमति से सुलझाने की व्यवस्था रखता हो।

(6) क्षेत्र—भौगोलिक रूप से, जो एक सीमा-रेखा से न बंधा हो।

(7) भाषा—भले ही अलग-अलग हों, लेकिन मनुष्यों के विकास में बाधा न बने।

(8) राजनीति—ऐसी नीति जो राज्य और राज्यों से निर्मित होकर देश से होते हुए राष्ट्र के लोगों के लिए लाभदायक एवं हितकारी हो।

(9) विचार—तेरा-मेरा, इसका-उसका होकर भी हम सबका हो, और अन्ततः किसी ईश्वर, अल्ला का न होकर मनुष्यमात्र का हो।

(10) औपनिवेश—रोटी, कपड़ा और मकान हेतु, व्यवसाय, खेती, नौकरी आदि जो रमुआ, कलुआ और बुधिया को आपस में भाई-चारे एवं बन्धुत्व के धागे में पिरोकर अपने में समाहित कर सके, सही मायने में यही राष्ट्रवाद है।

●●●